KB233098

삶의 짐을 내려 놓고

• 김선양 지음

삶의 짐을 내려 놓고

지금 나는 여기 서 있다.
나는 무엇이 되려고 한다.
또 무엇이 되고 싶다.
순간을 몸부림치며 무엇인가 지향하고 있다.
나는 라면 누군가?
만일 내가 인간으로서의 '어떤 것'이라면
그것은 내가 생각하고,
판단하고,
느끼고,
평가하고,
존경하고,
사랑하고,
미워하고,
두려워하고,
바라고,
믿고 그리고
행동하는 것이다.

한국학술정보(주)

金善陽先生
蕭鹏
1988 spring

앞에 붙이는 글

우여곡절 끝에 1951년 1월 동래 초등학교 교정에서 이승만 초대 대통령이 입석한 가운데 방위군 소위로 입관되었다.
그 후 부산에서 병력을 제주도 제1훈련소로 차출하는 일을 거의 1년 반 동안 하였다.

하루는 군 트럭을 타고 대구 본부에 군수품을 나르라는 명령을 받았다. 그래서 군수품을 가득 싣고 대구 본부로 가서 내려놓고 다시 부산으로 귀대 중이었다.

트럭이 비었으므로 나는 길가의 피난민을 보는 대로 차에 태웠다. 그렇게 하기를 여러 차례 하면서 부산의 어구인 물금까지 와서 기름을 넣기 위하여 차를 세웠다. 짐칸을 보니 많은 피난민이 타고 있었다. 그래도 큰일을 한 것 마냥 마음이 부풀어 있었다. 연신 그들은 고맙다고 인사를 내게 하는 것이었다.

그런데 어느 남루하게 차린 아낙은 짐을 진 채로 서 있는 것이다. 나는 그 아낙에게 짐을 내려놓고 편하게 앉으시라고 하였다. 그 아낙은 차를 탄 것만 해도 미안한데 어떻게 앉을 수 있으며, 더욱이 짐까지 차에 내려놓을 수 있느냐고 하는 것이었다. 나는 더 이상 권하지 않았다. 사람은 그 나름대로 행동하게 되어 있으니 말이다.

그때 나는 인간의 삶도 이와 유사하다고 생각하였다. 무거운 삶의 짐을 그대로 내려놓으면 되는 것인데 구태여 사람들이 저 트럭 위의 아낙같이 힘겹게 그 짐을 지고 일생을 사는 사람이 허다하다고 느꼈다. 이곳에 수록한 글은 모두가 신문이나 잡지 등에 실었던 글을 모은 것이다. 지금 다시 읽어보니 부분적으로 가필할 필요도 느꼈으나 나름대로 그 당시의 순간에 충실하고 또 의미가 있었기에 그대로 싣기로 하였다.

이 작은 책이 모든 이들에게 적게나마 힘에 벅찬 삶의 짐을 내려놓고 삶을 살아가는데 일조가 되었으면 한다.

이 작은 책이 세상의 빛을 보는 데는 한국학술정보(주) 채종준 대표이사님의 도움이 절대적이었다는 점을 마음 무겁게 기록하고 이곳에 보금자리를 마련해 주신 서울시니어스타워(주) 이종균 대표이사님께도 감사의 마음을 표하고 싶다.

서울 등촌동 서울시니어스 가양타워
A동 1318호 김선양

목　차

제2부

제5부

제1부

정신지수를 강화하자

요즈음 우리 주위에서 학교붕괴, 교실붕괴의 현상이 두드러지게 드러나고 있다. 최근 고등학교 정규수업시간에 반 가까운 학생들이 아예 대놓고 자고 있는가 하면 수업도중에 학생들이 제 맘대로 들락날락하는 실정이다. 물론 모든 학급이 다 그런 것만은 아니지만 적지 않은 학급이 이런 실태에 놓여 있다.

며칠 전에는 어느 여학교에서 수업도중에 헤어드라이어를 벽면 코드에 꽂고 머리를 손질하던 학생에게 선생이 다가가서 크게 나무라자 이에 격분한 학생은 선생의 뺨을 한 대 올려붙였다. 이에 선생은 이 충격으로 사흘 뒤에야 정상 회복하여 학교에 출근할 수 있었고 이 학생은 가벼운 징계를 받는 것으로 마무리 지어졌다.

한 달 전에는 전철에서 자리를 양보하지 않는 중학생을 노인이 주의를 주었다. 이에 반항심을 품은 중학생은 그 노인이 내릴 때를 기다려 뒤를 밟았다. 한참 만에 층계를 거의 다 오른 노인에게 이 학생은 "전철에서 한 말이 내게 한 말이오?"라고 노인에게 물었다. 노인은 귀가 잘 들리지 않아 무슨 말인지 알아듣지 못하고 그저 돌아서려고 할 때 학생은 이 노인을 계단 밑으로 밀어 떨어뜨렸다. 계단을 뒹굴던 노인은 뇌진탕으로 병원에 옮기는 도중 숨졌다. 이 노인은 몇 년 전에 인천의 한 학교를 퇴직한 교장이었다고 한다. 지금 이 학생은 소년원에서 참회하고 있다. 학생은 어른이 능히 할 수 있는 말이었다고 뒤늦게

고백했다. 그러나 때는 이미 늦은 것이었다. 이 모든 책임은 반드시 일을 저지른 학생에게만 있는 것은 아니다. 우리들의 가정, 학교, 사회 모두가 크게 반성하고 참회할 때가 아닌가 싶다.

우리들의 가정이 진공상태고 우리들의 학교가 인간교육을 실시할 겨를이 없고, 특히 TV는 전체 프로의 15% 이상을 드라마로 그것도 황금시간대에 내보내고 있다. 지극히 선정적이고 어른 아이가 구별 없이 따지고 드는 해괴한 장면들을 떳떳이 내보내고 있다. 과연 방송윤리위원회가 있는지 또 있다면 그 기능은 무엇인지, 도무지 이해할 수 없는 화면이 온 가족이 모여서 보는 황금시간대에 버젓이 방영되고 있다. 이런 나라가 지구상에 또 있는지 궁금하기 그지없다.

몇 년 전 영국의 브래드포드라는 고등학교 교장실 게시판에 다음과 같은 글이 쓰였다고 한다. 학교라고 하는 교육기관에서 교사가 인간적 삶과 아무런 관계를 맺지 못하고 기능적 지식만 가르쳤을 때 나타날 수 있는 위험에 대해서 다음의 글귀는 웅변적으로 말해주고 있다.

"선생님들에게 / 나는 강제수용소에서 살아남은 사람입니다 / 나의 눈은 아무도 보지 말았어야 할 것을 보았습니다 / 가스실은 학식 있는 엔지니어에 의하여 만들어졌습니다 / 어린이들은 훈련받은 의사에 의해 독살되었습니다 / 유아들은 훈련받은 간호사에 의해 살해되었습니다 / 부녀자들과 아이들은 대학교육을 받은 사람들에 의해 / 총살당하고 불태워졌습니다 / 나는 다음과 같이 요청합니다 / 당신의 학생들이 인간이 되도록 도와주십시오 / 당신의 노력이 결코 학식 있는 괴물, 숙련된 정신병자, 교육받은 살인마 아이히만을 길러내서는 안 됩니다 / 읽기, 쓰기, 셈하기는 오직 그것이 우리의 아이들을 / 좀 더 인간답게 만드는 데 공헌할 때에만 소중한 것입니다"

위의 글은 우리가 교육을 통하여 길러내고 있는 인간이 과연 얼마나 인간의 인간다움을 위하여 공헌하고 있는가에 대한 경고라고 본다. 단순한 기능적 지식이 전달됨으로써 인간의 물질적 삶은 풍요로워졌는지 모르나, 그것이 잘못 이용되었을 때에 오는 부작용은 너무도 엄청난 인간붕괴를 가져오게 된다.

우리들은 정신지수에 보다 큰 비중을 두어 교육해야 할 것이다.

일찍이 천원 선생은 『스승』에서 교육은 사람다운 사람을 길러내야 한다고 힘주어 강조하였다. 물론 지능지수도 높여야 하고, 더욱이 미래사회를 이끌어 갈 주체는 정서지수가 고르게 조화된 위에 기능이 첨가되어야 할 것은 말할 나위도 없다. 그러나 그 저변에 정신지수가 건전히 깔려 있어서 삶의 의미와 아노미현상을 꿰뚫고 나가는 높은 가치기준과 비전을 키울 때 우리 사회는 선진사회로의 진입이 가능하다고 본다. 잠언에는 이런 구절이 있다. "비전이 없는 곳에 사람들은 멸망하리라"(Where there is no vision, the people will perish)는 가르침에 겸허히 귀 기울이면서 21세기 새 세기를 맞는 이 엄숙한 역사적 순간에, 우리들 모두는 마음속 깊이에서 이 말씀을 인각(印刻)했으면 하는 바람을 가져본다.

孤城을 지키는 天園

「외로운 城主」는 크게 두 편으로 이루어져 있다. 하나는 '孤城을 지키는 사람'의 자서전적 성격이고 다른 하나는 '老兵餘想'으로 한국사회를 중심으로 한 文明批判이라고 말할 수 있는 글이다.

전편에서는 '비극과 더불어 인생의 출발,', '목사의 아들로 동경으로', '노동의 쓴맛', '계속되는 고행', '학위라는 환영을 찾아서', '10년 만의 고국에 돌아와서', '민주교육수립을 위한 노력', '제2공화국의 고아장관 시절', '은자의 생활' 등 25편을 실었고 후반에서는 '제3문명에의 동경', '현대사회와 충·혼사상', '젊은 세대에게 남기고 싶은 말들' 등 7편의 간단하고 요약된 논문을 실었다.

여기서 필자는 몇 가지를 크게 배웠다.

첫째, 진실과 겸손한 자세이다. 흔히 자서전적인 글이란 후세에 내어놓을 만한 내용을 골라서 조직하는 것이 일반인데, 天園은 모든 것을 있는 그대로를 적었다. 이것은 쉬운 일 같기도 하지마는 참으로 엄청난 자기 드러냄이라고 볼 수 있다.

둘째, 그는 일생을 민주주의와 한국의 민주교육을 위하여 달음질치다 간 분이다. 민주주의를 정치적인 제도나 체제로 보지 않고 삶의 생활태도로 보고 이것을 실제로 널리 펴 나아가려고 진력한 점이다.

셋째, 이론과 철학을 실생활로 옮겨서 이론과 실제를 일치케 하는 귀한 길을 우리들에게 터주신 고마운 분이다.

넷째, 어떤 문제가 제기되면 먼저 그 접근방법에 대하여 숱한 노력을 한 다음 조심스럽게 결론을 이끌어가는 성실한 삶의 태도다. 그래서 그는 교육철학의 이론뿐만이 아니라 일반철학의 이론도 꿰뚫고 있고 심지어 유교, 기독교, 불교 기타 종교에 대해서까지 상당한 소양이 글 속에 번득이고 있는 것을 실감하였다.

다섯째, 민주주의의 기본원리는 자유와 평등이다. 자유를 신장하면 평등이 일그러지고 평등을 강조하면 자유가 제한을 받는다. 이 둘을 어떻게 조화케 하느냐가 민주사회건설에 관건이라고 볼 수 있고 우리네 사회는 아직도 이 조화를 이루지 못하고 때로는 한쪽으로 때로는 다른 한쪽으로 기울어지면서 역사가 전개되고 있는 실정이다. 이 밸런스가 점차 잡혀가면서 전개되는 것이 역사의 필연적인 방향이라고 본다. 우리 사회가 꼭 그런 방향으로 나아가지 못하는 데서 지금 우리 사회의 어려움이 있고 앞으로 사회가 진전되지 못한 면이 있는 것으로 생각된다.

天園은 인간관계에서도 역시 조화를 소중하게 여겼다. 天園이 미군정시대에 한국 민주교육의 기초를 닦지 않았던들 오늘의 이 정도의 우리 교육이 실재했을까를 생각해 볼 때가 가끔 있다. 당시 우리나라의 인물을 고루 모아 교육심의회를 출발시켰기 때문에 건국 후 1948년 말에 우리 나름대로의 교육법을 갖게 된 것이 아닌가 싶다.

여섯째, 天園은 한국의 산하와 민족을 끔찍이 사랑하였다. 특히 한국 교육에 의한 민족의 향상을 정신으로 몸으로 밀고 나아갔던 것이다.

天園은 「외로운 城主」 서문에서 이렇게 기록하였다. "부푼 가슴을 안고 귀국했건만 기다리는 것은 일정의 탄압과 미국 유학생에 대한 냉대였다. 뼈에 사무치는 고독이 있었다. 그렇게 기다리던 해방의 기쁨도 한때, 혼란과 투쟁과 고난이 뒤섞여 밀어닥쳤다. 이 틈바구니 속에서 학문의 길을 가는 사람, 진리를 추구하는 사람, 의를 찾으려는 사람의 생은 외로웠다."

일제 말과 해방 이후를 직접 살아보지 못한 사람은 그토록 절절히 느끼기는 어렵고 또 이 글을 읽는 데 거리가 있을 수도 있다. 그는 이렇게 글을 맺고 있다.

"어딘가 내가 일찍 만나보지 못한 동지가 있을 것이라고 생각한다. 특히 젊은 세대 가운데 필연코 이러한 전우가 있을 것으로 믿는다. 그 수효는 물론 적을 것이다. 그러나 그 소수는 물론 적을 것이다. 그러나 그 소수는 반드시 용감할 것이다. 그들이 반드시 내가 잃은 전후를 이어받아 늠름하게 싸워줄 것으로 믿는다. 비록 전투에서는 졌을지라도 전쟁에는 승리할 것으로 확신한다. 그때쯤 되면 이 외로운 성주는 이미 가고 없을 것이다. 그러나 그는 지하에서 반드시 승리의 미소를 띨 것이다. 그러는 동안 나는 계속 이 작고도 고독한 성을 지키고 있을 것이다."

필자는 잠이 안 오는 깊은 밤에 홀로 서재에 앉아 이 글을 읽곤 한다. 어떤 때는 몸이 떨릴 때도 있고 어떤 때는 소리 없는 눈물을 흘릴 때도 가끔 있었다.

天園은 한국 땅에서 자라고 있는 후배 중에서 놀라운 창조적 소수(creative minority)가 있고 또 샘물처럼 계속 이어 간다는 믿음을 굳게 믿고 눈을 감았을 것이다. 이제 엄숙한 역사의 기로(岐路)에서 우리들의 몫이 남아 있을 따름이다.

민주교육의 구현은 작은 일에서부터

天園은 민주주의를 인간관계를 규정하는 일종의 '생활방식'(a way of life)으로 보고 있다. 개인의 생활방식이 올바로 정착되지 않고 한 사회의 민주주의의 실현은 다만 암울한 터널을 헤맬 뿐이라는 것이다. 이 때문에 우리 사회도 정치·경제·사회·문화·종교·예술 등을 길러내는 민주교육의 실천이야말로 중차대하다고 아니할 수 없다.

물론 민주주의를 구축하고 있는 2대 주축은 '자유'와 '평등'이다. 이 자유와 평등이 그 사회에서 어떻게 잘 조화되어 나아가고 있는가 하는 그 정도가 그 사회의 민주화를 가늠하는 척도가 된다.

나는 경기도 일산(一山)에 살기 때문에 호수 공원을 자주 찾는데 호수 공원 주위에는 걷는 길과 자전거 길이 따로 병행되어 있다. 그런데 그 많은 자전거 타는 사람 중에서 유독 한 사람만이 자전거에 마이크를 달고 시끄러운 음악을 내보내며 지나가곤 한다. 그래서 공원 관리인에게 저 음악을 좀 중단해 줄 것을 요청하였다. 한데 이 관리인은 이곳(공원)에 나온 사람들은 모두 자유롭게 활동할 권리를 갖고 있는데 어떻게 그 음악을 중지시킬 수 있느냐고 되묻는 것이다. 공원 관리인의 이 말도 일리는 있다. 하지만 그것이 시끄러운 기계음으로밖에 들리지 않는 나 같은 사람에게는 그 '음악' 소리를 거부할 권리도 있는 것이다.

그러니까 민주사회에서는 자유가 평등을 위하여 어느 정도 제한되게 마련이다. 저녁에 집에서 책을 보고 있노라면 길가에서 확성기를 차에 달고 "동해안 오징어가 한 마리에 3000원이요" 하고 온 동네를 시끄럽게 누비고 다닌다. 그 사람에게는 상행위로서의 자유일지 모르나 다른 사람에게는 크게 자유를 침범하는 행위가 된다. 그래서 선진국들에서는 이런 개별 방송을 법으로 제한하고 있는 것이다.

얼마 전 덕수궁 미전에 간 일이 있다. 거기서 나는 집단으로 관람 온 여자 중등학생들의 미술관에서의 기본 '매너'를 무참히도 내동댕이치는 '무질서'를 보았다. 나로선 한숨짓는 수밖에 달리 할 방도가 없었다.

자유는 어떤 의미에서 질서다. 이 질서와 책임이 따르지 않는 자유는 개개인이 이 자유를 누릴 자격이 없는 것이다. 민주주의는 인간관계를 규정하는 일종의 생활방식이다. 이 삶의 방식은 어려서부터 가정에서, 유치원에서, 초등학교에서 이루어져야 한다. 질서와 책임의 생활이 몸에 익은 사람만이 참자유를 누릴 수 있는 선민(選民)이 되는 것이다.

天園은 일찍이 민주교육의 구현을 위하여 이런 것을 중요한 이슈로 꼽았다.

민주교육은 서로 다르게 태어난 개인차를 존중해야 한다. 동시에 민주교육은 모든 사람이 옳은 인생관을 갖도록 도움 줘야 한다.

민주교육은 사람의 지적 생활이 풍부하도록 지원해야 한다. 그러면서도 민주교육은 사람의 심미(審美)적 생활의 소중함을 잊지 않도록 이끌어줘야 한다.

민주교육에서는 또한 협동적인 인물로 육성하는 중요한 일이 있다. 민주사회는 협동사회이기 때문이다.

민주교육은 자기 자신을 위함과 같이 사회에 대한 충성을 최고의 미덕으로 삼으며 자기 자신에게 주어진 책임과 의무를 다하는 사람을 기르는 활동이다.

민주교육에서는 각자가 자신의 주인이 되는 길이야말로 비판적 사고의 능력과 습관을 기르는 일에서 시작된다고 믿는다.

민주주의는 그 구현의 과정과 방법도 또한 민주적이어야 한다.

　이런 의미에서 가정의 민주화, 유치원의 민주화, 학교의 민주화가 기초가 되어야 그 사회는 건전한 민주주의의 토양 위에 서게 된다.

　행길에서 횡단보도의 규칙을 어기고 함부로 건너가는 사람들, 전철이나 버스에서 자기들만이 마치 전세 낸 것처럼 마구 떠들어대는 행태, 흡연하는 장소와 경우를 무시하고 담배 연기를 뿜어대는 사람들, 이 모든 것이 균형 잡힌 자유와 평등을 지켜나갈 관습과 질서를 일찍이 확립하지 못한 데서 생기는 일이다. 특히 새로 자라나는 세대에 올바른 습관을 몸에 익혀 나아가게 하는 민주교육의 실천이 이 나라를 민주국가답게 할 수 있는 첩경이고 그 실천의 성과 여하가 국력 신장의 바로미터가 된다고 믿는다.

2003. 9. 15.

삶의 幅

레바논의 큰사람 칼릴 지브란(Kahlil Gibran)은 '가르침'(teaching)에 대하여 다음과 같이 말하였다.

제자들을 데리고 성전 그늘 밑을 걸어가는 스승은 제 지혜를 준다기보다는 제 믿음(faith)과 사랑함(Lovingness)을 주는 것이다.

그가 정말 어질다면 너희더러 자기 지혜의 안방에 들어가라고는 아니했을 것이요, 그보다도 너희를 너희 마음의 문턱으로 인도해 주었을 것이다.

음악가가 공간에 들어찬 리듬을 너희에게 노래하여 줄 수는 있으나, 그가 그 리듬을 붙잡는 귀나 거기에 맞추어 부르는 목소리를 너희에게 줄 수는 없다.

스승은 물론 일정한 교과내용을 정확히 가르치는 사람이다. 그러나 참된 스승은 그 교과내용 이상의 삶의 자세를 몸소 보여주어야 한다. 남는 것은 그 교과 이상으로 스승의 사람됨과 그 분위기일 것이다. 이런 의미에서 天園은 이 나라의 스승 중의 스승이요, 그 스승상을 우리들 마음속 깊이에 인각해 주고 가신 분이다.

여기서는 天園의 '삶의 福'을 되새김질해 보려고 한다.

그는 20세기 초 독실한 기독신자인 家親 吳基善의 아들로 태어났다. 그는 어려서부터 유교의 수직적 윤리와 기독교의 수평적 윤리를 고루 받을 수 있는 복된 환경에서 자랐다. 아버지 吳基善은 平南 江西에서 現代式 小學校를 세우고 스스로 校長이 되었다. 天園은 이 학교에 입학하여 樂隊員이 되어 현대식 교육을 익혔다. 그 후 家親은 新民會, 獨立協會 등에 참여하여 눈부신 활동을 하다가 서울로 올라가 監理教 神學校에서 修學하여 牧師가 되었다. 그는 家親의 任地인 日本 東京에 가게 되었는데, 그곳에는 우리나라 유학생을 위한 教會가 있었기 때문이다. 그는 青山學院 中學部에서부터 시작하였다. 당시 이 학원에는 方仁根, 朱耀燮, 田榮澤 등이 재학하고 있었고 이 학원 근처에 青山墓地에 자주 가서 金玉均 墓를 참배하였다고 술회하고 있다.

天園이 졸업반이었던 해에 東京에서는 '創造'라는 문학잡지가 그 모습을 드러냈다. 이 잡지는 金東仁의 발의로 朱耀翰, 田榮澤, 金煥 등을 同人으로 하고 있었다. 이들 초대 동인들의 뒤를 이어 春園, 金鑽泳, 吳天錫 등이 同人에 참가하게 되었다. 그는 귀국하여 仁川 永化女學校에서 교편을 잡았다. 그런데 하루는 역사학자 張道斌이 天園을 좀 만나자고 하였다. 그는 學生界의 主幹으로 와달라고 하였다. 처음에는 나이 등을 고려해서 거절하였으나, 결국은 그 직책을 맡게 되었다. 그로 인하여 文化界 인사들과 새로운 교류가 시작되었다. 方定煥, 金起田, 柳光烈, 李瑞求, 廉尙燮, 金岸曙, 朴鍾和, 羅稻香, 吳相淳, 卞榮魯, 金八峰 등을 들 수 있다. 天園은 한편 雜誌編輯 일을 하면서 또 한편으로는 創作活動도 꾸준히 하였고, 특히 인도의 시인 타고르의 기탄잘리를 번역 발표하였고, 기타 몇 권의 외국문학을 번역하였으며, 서양의 童話를 추려 「금방울」이라는 책도 펴내었다. 이 당시의 문학에로의 수련이 말년의 수려하고 번득이는 문필의 초석이 되었다.

그 후 그는 美洲로 건너가 코넬 대학, 컬럼비아 대학에서 수학생활을 계속하였다.

그는 다른 학생들과 마찬가지로 고학을 하였다. 때로는 유리창도 닦고, 잔디도 깎고, 벽돌작업까지 하였다. 그는 쇠망치로 일을 하다가 서툴러서 자기 손가락마저 찧는 일이 있었다고 한다. 심지어 그는 쿡도 자원해서 해보았다. 그는 鑄物工場에서 일하기도 하였다. 그는 기숙사에 돌아와서까지도 빌딩청소를 하고서야 잠자리에 들었다고 한다.

그는 이 노동생활을 통하여 자립정신을 배웠고, 근로의 신성성을 체험으로 익혔으며 민주주의의 기초가 되는 기본원리를 실생활을 통하여 터득하였다. 그는 단순히 책상 위에서 平等의 思想을 배운 것이 아니라 노동현장에서 살아 숨쉬는 平等의 原理를 몸소 익혔던 것이다.

美洲에서 修學하는 동안 張利郁의 배려로 島山과의 만남을 가졌다. 이 세 사람은 의기투합이 되어 세 차례나 모임을 가졌다고 한다. 그는 島山을 통해서 깊은 감명과 조국광복에 대한 신념을 다졌다고 술회하고 있다.

그 후 유학생활에서 徐載弼, 李承晩, 잠시 미국의 대학을 견학하러 온 金性洙 등과의 접촉에서 민족의 미래를 응시할 수 있었다고 한다. 그는 이곳에서 메트로폴리탄 박물관, 각종 미술관, 브로드웨이의 연극장, 메트로폴리탄 오페라 하우스, 뉴욕 필하머니, 카네기홀 등에서 폭넓은 소양을 쌓아 나갔다. 그는 오페라 감상을 할 때는 제일 싼 꼭대기 층에서 망원경으로 보았고 연극을 관람할 때는 立席을 사서 보면서 정통영어를 익혔던 것이다.

그는 미국의 농촌에서, 한때는 도시의 郊外에서 그리고 나중 수년 동안은 뉴욕 한복판에서 미국의 문화를 고루 접촉할 기회를 가졌었다. 뉴욕은 미국의 반이라는 말이 있듯이 그는 미국문화의 메카 뉴욕에서 미국의 전 생활을 결산할 수 있었다.

그는 귀국하여 仁村의 배려로 普成專門에서 兪鎭午, 金浣鎭 등과 함께 敎授生活을 하였다. 그것도 잠시고 日帝末年에는 黃海道 一帶를 두루 살피다가 白川溫泉에 머무를 때도 있었고, 上京하여 北阿峴洞 집에서 祖國의 光復을 맞기도 하였다.

筆者도 1950년대에 北阿峴洞으로 天園을 몇 차례 방문한 바가 있다.

해방 후 그는 The Korea Times의 사설을 쓰다가 E. L. Lockard 大尉의 방문을 받고 생각 끝에 敎育次長과 나중에 敎育部長으로 활약하면서 우리나라 民主敎育에로의 토대를 굳건히 다졌다.

그 후 1948년 大韓民國 政府가 수립되고 第1共和國이 탄생되면서 6·25전쟁 등 허다한 난관을 거쳐 1960년 4·19를 통해서 第1共和國은

終止符를 찍고 새롭게 第2共和國이 탄생되었다. 당시 張勉 總理는 文敎部를 맡도록 권고하여 天園에게 梨大大學院長職에서 새로운 敎育의 총수로 옮겨졌다. 이 길지 않은 동안 그는 民主敎育을 다지고 地域社會學校 運動을 展開하였고, 學習方法의 革新 등 많은 業績을 남겼다. 그 후 그는 집필에 열중하여 「民族中興과 敎育」이라는 力著를 펴냈다. 당시 大統領까지도 天園과의 討論時間을 가질 정도였다. 그는 第3共和國에서 주멕시코 大使로 임명되었다. 국가를 위한 봉사의 마지막 기회로 여겼다. 멕시코 大使 이후 그는 末年을 오로지 집필 생활로 일관하였다. 노년기에 들어서 著述을 한다는 것이 결코 쉬운 과업은 아니었다. 그는 끈기로서 마지막 정열을 저술하는 일에 바쳤다. 그 결과 오늘에 볼 수 있는 吳天錫敎育思想文集이 集大成되기에 이른 것이다.

첫째, 그는 삶을 경건하게, 겸허하게 살다 간 선비의 대표적 표상이다.

둘째, 그는 자는 시간 이외에는 쉬지 않고 꾸준히 차곡차곡 그의 삶을 쌓아 나아갔다.

셋째, 그는 우리나라의 山下를 끔찍이 사랑하였다.

넷째, 그는 민주교육에 대한 신념이 투철하였고, 또한 이의 실현을 위해 일생을 바쳤다.

다섯째, 그는 모든 직업 중에서 교직, 성직, 법관 등을 사회의 마지막 보루로 여겼다. 그중에서도 교직을 으뜸으로 간주하였다. 사회의 모든 분야가 다 썩어가도 교직만으로 하나의 사회를 감히 혁신할 수 있다고 그는 확실히 믿었다. 이에 대한 신념은 「스승」 도처에서 찾아볼 수 있다.

여섯째, 그는 후학을 무척 사랑하였다. 그가 아무리 바빠도 강의에 빠진 일이 없고 바쁜 중에서도 學會 參與에 진력한 사실 등이 이를 증명하고 있다. 그는 말년에 이 나라의 청소년들을 위하여 「노란 손수건」 시리즈에 마지막 열정을 불태웠다. 「리더스 다이제스트」에서 아주 감명적인 글을 골라 수려한 문장으로 번역을 하였다. 이 「노란 손수건」 시리즈는 펴내는 대로 히트하였다. 이 나라 젊은이들의 정서를 순화하는 데 이보다 더 기여한 책은 아마 드물 것이다.

　일곱째, 그는 私學의 育成에 전력을 다하였다. 그는 수십 개 학원재단에 관계하면서 사학의 육성에 힘썼다.

　天園의 著書 중 그 영향력으로는 「스승」이 으뜸이라고 본다. 그는 「스승」을 맺으면서 미국의 시인 휘트먼의 「시골길의 노래」를 소개하는 것으로 맺었다.

　　말과 마음도 가볍게
　　씩씩하고 자유스럽게
　　시골길을 걷는다.
　　세계가 눈앞에 펼쳐진다.
　　앞으로 뻗친 길고 누른 길
　　가고 싶은 대로 가는 길

　　나는 부귀도 영화도 바라지 않는다.
　　울지도, 주저하지도, 원하지도 않고
　　힘차게, 유쾌하게 시골 길을 걷는다.
　　이제부터 나는 자유롭다.
　　제한도, 일정한 길도 없이
　　가고 싶은 대로, 자신의 主人이 되어

　　나는 넓은 공간의 바람을 마신다.
　　동쪽, 서쪽, 남쪽, 북쪽이 모두
　　내것이어니―.

　天園은 20세기 맨 처음에 태어나서 1905년 을사보호조약, 1910년 한일합방, 1919년 3·1운동, 1945년 조국광복, 1950년 6·25동란, 1960년 4·19, 1961년 5·16 이 역사의 소용돌이 속에서 당당하고 거룩한 삶, 삶의 정신을 우리에게 보여 주었다.

　그는 현대문명에서 상실한 로맨티시즘을 회복해야 할 것을 강하게

비추면서 「스승」을 맺은 것은 급변하는 현대사회를 살아가는 우리들에
게 엄청난 인상을 심어준 금세기 마지막 선비가 아닌가 싶다.

천원이 번역한 『노란 손수건』의 내용

이 글의 목적은 천원이 말년에 심혈을 기울여 번역한 『노란 손수건』
전 3권의 내용을 소개하는 데 있다.

노란 손수건 1의 내용은 다음과 같다.

재회, 신부에게 바치는 건배, 숲 속의 휴전, 내가 본 산타클로스, 베
로나의 두 소년, 은혜 갚음, 아우슈비츠의 선물, 코니 아주머니 만세,
진주 목걸이, 바닷가의 꿈, 버커에이드호의 전통, 대통령과 소녀, 노란
손수건, 불멸의 로맨스, 자유로의 긴 헤엄, 링컨의 수염, 동명이인이 빚
은 명연설, 새가 쓴 편지, 보다 큰 선물, 메시아의 '기적', 마지막 경주,
인간 승리, 인디언의 여름, 좀 더 높이 올라라, 기적을 날라 온 벌새,
인간 스탠리의 기적 등이다.

이 중에서 '재회'를 소개하려고 한다.

재 회

헤어진 사람들을 만나게 해 주는 것이 직업인 나는 지금까지 별의별
사람들을 다 보아왔다. 그 가운데 존 스콰이어즈 씨의 경우에서처럼 충
격을 받은 일도 없을 것이다.

어느 날 나는 그에게서 온 다음과 편지를 받았다.

<우리 부부는 1959년에 결혼을 했습니다. 아내는 나와의 그 결혼이 재
혼이었습니다. 아내의 전남편은 한국동란에 참전했다가 전사했다고 합니

다. 나와 결혼하기 4년 전쯤 아내는 전남편과의 사이에서 낳은 딸을 보살필 수 없어서 고아원에 맡겼답니다. 그 아이의 이름은 클로디어, 당시 여덟 살이었다고 합니다. 아내는 그 고아원에 딸을 맡길 때 입양 동의서에 서명을 했다고 하는데, 그 뒤로는 그 외동딸을 떠나보낸 것을 줄곧 후회해 오고 있습니다. 근래 2·3년 아내를 도와 나도 그 애를 찾고 있으나 전혀 소식을 알 길이 없습니다.>

스콰이어즈 씨의 편지에 의하면, 클로디어는 금발 머리에 눈이 파랗고 탁월한 음악적 재능을 가졌다고 했다. 고아원에서는 정기적으로 그 생모에게 아이의 성장에 대한 보고를 해 왔다고 하는데, 그 보고서에 따르면 클로디어가 재능을 인정받아 성악 레슨을 받게 되었노라고 씌어 있었다는 것이다. 그러나 고아원에 들어간 지 1년쯤 지난 뒤 클로디어는 어느 집의 양녀로 입양되어 갔으므로 따라서 고아원의 보고도 끊기게 되었다고 했다.

그리고 12년의 세월이 흐른 것이다. 정당한 수속을 밟아 입양된 아이를 찾는다는 것은 여간 까다로운 일이 아니다. 하지만 나는 일단 일을 착수했다. 우선 클로디어가 있었던 그 고아원에 가 보았다. 물론 아무런 단서도 얻어 낼 수 없었다. 그러나 전혀 소득이 없었던 것은 아니었다. 고아원 측 사람이 무심결에 내뱉은 한 말, 클로디어가 지금 자기 일을 가지고 있으며 호강하고 있다는 한 마디 말을 나는 놓치지 않았다.

'일'이란 혹시 그 아이가 프로 가수가 되었다는 뜻이 아닐까. 나는 추리를 해보았다. 그리고 음악가, 가수 명단을 모조리 뒤지기 시작했다. 금발, 파란 눈의 21세 안팎인 사구 중에 클로디어라는 이름의 인물이 세 명 있었는데, 직감으로 나는 그중 하나를 짚었다.

클로디어 블레어, 로스앤젤레스의 작은 나이트클럽에서 노래를 부르고 있다고 소개 기사에 씌어 있었다. 나는 먼저 그녀에게 편지를 내고 곧장 그곳으로 달려갔다.

쇼가 끝나기를 기다려 나는 무대 뒤로 그녀를 찾아갔다. 금발 머리의 아름다운 아가씨였다. 그녀는 다소곳이 앉아 뜨개질에 열중해 있었다.

"안녕하세요? 제게 주신 편지는 잘 받아 보았습니다. 매니저가 읽어 주었지요. 전 장님이거든요."

그녀의 첫마디에 깜짝 놀란 나는 당황한 김에 겨우 "……저 대단히 미안하게 되었습니다. 전 그걸 미처 몰랐었습니다.”라고 떠들거렸다. 얼마 후 나는 마음을 진정시키고 나서 내가 그녀를 찾게 된 자초지종을 차근차근 이야기했다. 이야기를 하고 있는 사이에 그녀의 표정이 눈에 보이게 차갑고 사나워져 가고 있는 것을 나는 알 수 있었다.

“나예요! 내가 바로 여덟 살 때 어머니한테서 버림을 받은 바로 그 아이예요. 어머니는 내가 장님이 되어 간다고 버렸던 거예요.”

클로디어는 격렬하게 어머니를 원망하고 있었다. 어머니가 지금 어디에 살고 있는지조차 모르며 또 알고 싶지도 않다고 내뱉었다. 그러나 반면 양부모에 대해선 끔찍한 애정을 갖고 있었다. 단 한 번만이라도 좋으니 생모를 만나드리는 것이 어떻겠느냐는 나의 마지막 청을 그녀는 단호하게 거절했다.

나는 할 수 없이 그냥 그곳을 물러 나왔다. 나는 존 스콰이어즈 씨에게 클로디어의 근황을 알려 주었다. 클로디어는 장님이며 가수로서 그런 대로 잘 살고 있으나 생모를 원망하고 있다는 것도 물론 덧붙여 말해 주었다.

한동안 잠잠하게 앉아 있던 스콰이어즈 씨는 “정말 섭섭하군요. 그러나 이왕 시작한 일이니 그 애의 마음을 좀 더 돌봐 주십시오.”라고 부탁했다.

“따님의 마음은 아마 변하지 않을 걸요. 클로디어의 말에 의하면 자기를 고아원에 넣을 땐 부인께서는 그 애의 눈이 나빠지고 있다는 걸 알고 있었다던데, 사실입니까?” 나의 물음에 스콰이어즈 씨는 잠시 주저했다.

“그건 아마 사실일 겁니다. 그렇지만 여러 가지 말 못할 사정이 있었다더군요. 아무튼 단념 마시고 좀 더 힘써 봐 주십시오.”

다음으로 나는 클로디어의 양부모를 만나기로 했다.

양부모 블레어 부부 역시 클로디어의 생모에 대해서 상당히 험악한 감정을 품고 있었다. 한 시간 이상이나 설득한 끝에 겨우 클로디어를 한 번 타일러 보겠다는 정도의 승낙을 얻을 수 있었다. 클로디어가 마음속에 품은 한이 그 인생에 불치의 암이 될지도 모른다는 나의 말이 주효한 모양이었다.

다음 날 그 가부를 묻는 나의 전화를 받은 클로디어는 처음부터 노발대발 악을 썼다.

“아시겠어요? 난 버림받은 거란 말이에요!”

그녀는 격렬하게 흐느껴 울었다.

"내가 엄마를 가장 필요로 할 때 엄마는 날 버렸던 거예요. 장님 딸이 거추장스러웠던 거죠. 그런데 이제 와서 날더러 엄마를 용서해 주라고요?"

"그렇지만 어머니는 어머니대로 사정이 있었을 테고 또 할 말도 있다니까 한 번쯤 만나 소원을 풀어드리는 것이 좋지 않을까요?"

전화기 저쪽에서는 흐느낌 소리만 간간이 들릴 뿐 긴 침묵이 계속되었다.

"알았어요. 지금의 양친을 기쁘게 해 드리기 위해서라고 생각하고 만나보겠어요. 그러나 딱 한 번뿐이에요. 거듭 말하지만 내 맘은 절대로 변치 않아요. 절대로!"

나는 스콰이어즈 씨에게 곧 전화를 걸었다. 스콰이어즈 씨는 그날 밤 당장 부인과 함께 로스앤젤레스로 오겠다면서 덧붙여 이렇게 말했다.

"처음에는 아내 혼자 만났으면 좋겠군요. 나란히 붙은 방으로 두 개만 예약해 주십시오. 내일 아침 다시 전화 드리겠습니다."

약속은 이행되었다. 다음 날 아침 나는 클로디어를 스콰이어즈 부인의 방으로 데리고 갔다. 그 걸음걸이라든가 굳은 몸가짐으로 보아 클로디어로는 그것이 조금도 마음 내켜 하는 일이 아님이 분명했다.

클로디어는 혼자서는 어머니 방에 들어가지 않겠노라고 고집했다.

방 안에는 커다란 소파에 파란 눈의 여인이 조용히 앉아 있었다. 머리에 흰 머리칼이 다소 섞여 있었지만 클로디어의 언니 정도로밖에 보이지 않을 만큼 젊었다.

클로디어가 먼저 떨리는 목소리로 "안녕하세요?" 하고 들릴 듯 말 듯 말했다. 그러자 스콰이어즈 부인이 떠듬거리며 "몇 년 만이지? 널 만나면 여러 가지 할 얘기가 많은 것 같았는데 어찌 된 셈인지 도무지 생각이 안 나는구나. 네 목소리는 옛날하고 조금도 다르지 않구나……." 하고 말했다.

"그만 좀 둬요!" 클로디어가 소리쳤다.

"이리 가까이 온. 널 찬찬히 좀 보고 싶구나."

나는 클로디어의 손을 이끌어 그 어머니 곁으로 데려갔다. 어머니가 소파에서 일어나 두 팔을 벌렸다. 딸을 끌어안으려는 동작인 줄 알고 나는 좀 뒤로 물러섰는데 그것이 아니었다. 클로디어의 어깨에 손을 얹더니 그 손이 딸의 얼굴로 올라가는 것이었다. 그리고 손가락으로 재빨리 얼굴을 더듬고 나서는 다정하게 말했다.

"어쩜, 아주 컸구나. 게다가 아주 예뻐지고……."

클로디어가 머뭇머뭇 제 얼굴을 더듬고 있는 어머니의 손을 만지며,

"어머니도……, 어머니도……, 눈이……."라고 더 이상 말을 잇지 못했다.

"그래, 안 보인단다. 그렇지만 너라면 어디서 만나더라도 꼭 알아볼 수 있을 거라고 생각하고 있었지."

클로디어가 와락 울음을 터뜨렸다.

"아, 엄마가 앞을 못 보는 줄 진작 알았더라면……. 날 데리러 오지 않은 것도 무리가 아니었군요. 날 버린 것도……. 그렇지만 아무도 나에게 그런 사실을 가르쳐 주지 않았단 말이에요."

스콰이어즈 씨는 부인이 장님이라는 사실을 내게 알려 주지 않았다. 어째서?

"아내는 당신이 딸애한테 혹시 그 말을 할까봐 겁을 먹었던 거예요. 딸애가 동정심 때문에 만나주는 것은 어머니의 입장에서 참을 수 없다는 거였어요."

장님에다 미망인의 몸으로 더 이상 시력을 잃어 가는 딸의 보호자가 되기를 고집한다는 것은 현명치 못한 일이라고 스스로 판단한 어머니의 깊은 마음을 클로디어는 비록 원망 가운데 12년이라는 세월을 보낸 뒤이긴 하지만, 그날에야 비로소 이해할 수 있게 된 것이다.

이 '재회'를 읽고 필자는 크게 감동을 받았다.

노란 손수건 ②의 내용은 다음과 같다.

고향으로 가는 길, 마지막 노래, 기적은 있다. 어떤 약속, 사랑은 아름다워라, 교사의 하루, 밤새 자란 나무, 바다에서의 하룻밤, 황금의 예루살렘, 어떤 초상화, 이웃, 케티의 승리, 한 줄기의 빛, 절망은 없다, 기이한 인연, 조그만 행복, 핏줄, 나는 볼 수 있어요, 불가능 후에 오는 기적, 모정은 기적을 낳는다, 끊임없는 반항과 창조, 현대의 성자 슈만, 챔피언 죠프레이저, 참다운 산 사나이 힐라기, 전 세계 어린이의 친구 디니 케이.

노란 손수건 ②에서는 '마지막 노래'의 전문을 소개하고 싶었다. 지면 관계로 생략하기로 한다.

노란 손수건 ③의 내용은 다음과 같다.

아이 러브 유, 낯모르는 여인을 찾아서, 바닷가의 결혼식, 어떤 모자의 대화, 하루 종일 앉아서, 네 추억을 말해 주렴, 제발 도와 드리게 해 줘요, 사랑이 있는 곳, 내 어찌 그대를 사랑하는지, 자신의 길을 찾아서, 눈보라 속에서, 트럭 운전사에서 젊은이의 황제로, 크리스마스에 핀 꽃, 사랑이 빛나는 불멸의 죽음, 동심의 과학자 아인슈타인, 유머의 위인 간디, 버려진 이들의 천사 테레사 수녀, 죽음의 예술가, 소년 도공이 만든 도시 마아슬렘, 고속도로는 따뜻하다, 아들과 함께 산에 오르다, 꽃송이로 가득 찬 작은 가슴, 어둠 속에서 그리다, 상처받은 사랑, 사랑의 시그널을 보내라, 성처녀의 결단, 축제가 끝날 무렵, 녹색 혁명가, 제시 오웰스의 수기, 평민 대통령 르그먼, 부정한 돈에 손대지 마라, 노벨 평화상을 탄 장군.

노란 손수건 ③에서는 '부정한 돈에 손대지 마라'의 전문을 싣고 싶었다. 이것도 지면 관계로 생략하기로 한다.

다만 여기서는 노란 손수건 ①, ②, ③의 서문을 발췌하여 천원이 이 나라 젊은이에게 보냈던 메시지를 재편집하여 소개하는 것으로 마치려고 한다.

"나는 이 책자를 감흥과 눈물로 엮었다."

"여기 실린 이야기들은 내가 과거 30년 동안 외지(外誌)를 읽는 가운데 폐부를 찌르는 실화들만을 번역도 하고 또 내가 새로 엮기도 하였다."

"……이 극적인 따뜻한 인간 실화를 읽고, 느끼고, 감흥하며 우리 글로 옮기는 일은 행복하고 즐거운 역사(役事)였다. 이 실화들을 우리 겨레, 특히 젊은이들과 함께 읽을 수 있게 되리라는 것을 생각할 때 우연히 이 일을 내가 맡게 된 행운에 대하여 감사의 염이 복받쳐 올라오기도 한다.”

　“이 책은 읽는 가운데 감격과 더불어 한 사람이라도 더 착한 사람이 많아졌으면 하는 소망에서 만들어졌다. 만일 이 책이 읽는 이의 마음에 조그마한 혁명을 일으킴으로써 한 사람뿐이 아니라, 몇몇의 소수들만이 아니라, 모든 사람이 다 함께 행복하게 어울려 살 수 있는 사회, 국가를 만드는 데 털끝만큼이라도 도움이 된다면 나로서는 정말 그보다 더한 기쁨이 다시없을 것이라고 생각한다.”

　“우리 모든 인간이 눈물 어린 생활 속의 진실과 아름다움을 찾는 데 얼마나 성공하였는지 가늠해 보는 것은 이 책을 읽어보지 않고는 불가능하리라고 생각한다.”

　이로서 천원의 글을 마감하고 필자 자신이 느낀 점을 있는 그대로 몇 자 적어보려고 한다.

　사람이 인연 속에서 왔다가 인연 속에서 가는 것이 인간의 전 삶이 아닌가 싶다.
　현대교육은 ‘난 사람’을 만들지언정 ‘된 사람’을 만들지 못한다는 데 큰 문제가 있다. 인간의 삶의 총체는 이지적인 면보다는 정서적인 면이 크게 작용한다고 본다. 요즈음 IT요, 컴퓨터 인터넷이요, TV·라디오 등으로 지적인 면은 계발되고 있어도 정서적인 면의 계발은 아직 원시적인 단계에 있다. 멜로드라마는 오락거리는 될지언정 인간의 심성을 깊이 계발하는 데는 크게 부족한 것 또한 사실이다. 이러한 사회적 분위기와 기후 속에서 필자는 천원이 말년에 혼신을 다해 펴내 놓은 ‘노란 손수건 시리즈’가 우리국민 사이에 크게 읽히기를 간절히 바라는 마음에서 이 글을 「민주교육」에 올리는 바이다.

어디로 가는가! 한국교육

−天園 선생 탄신 100周年 紀念의 意味−

민주사회와 국시(國是)

민주사회는 인류가 역사 속에서 찾아내고 또 다듬고 선택한 최선의 질서라고 말할 수는 없다. 인류가 경험한 과정 중에서는 다만 아직까지는 민주질서 이상을 발견치 못하였다. 이런 의미에서 민주사회는 최선의 사회라기보다는 차선(次善)의 사회라고 볼 수 있다. 그렇기 때문에 민주사회는 그 나름대로 많은 모순과 결함을 내포하고 있다. 그러나 우리가 간과하지 않으면 안 될 것이 있다. 그나마도 우리가 향유하고 있는 민주사회는 결코 하루아침에 쉽게 이루어진 것이 아니라는 점이다. 오늘날의 민주사회를 건설하기 위하여 영국의 명예혁명 이후 많은 민주투사들이 목숨을 잃고 피를 흘린 대가로 얻어진 은물(恩物)이다.

민주사회를 정신적 사회라고 한다면 공산사회는 물질적 사회라고 할 수 있다. 천원은 이에 대해 명확하게 정의하고 있다.

민주사회의 주인은 사람이다. 마치 모든 별들이 해를 중심으로 돌아가듯이, 민주사회에서는 모든 것이 사람을 중심으로 돌아가고 있다. 만물이 사람을 위하여 있고, 또 사람이 이를 지배한다. 이에 반하여 공산사회에서 가장 높은 자리를 차지하는 것은 이데올로기이다. 이데올로기라는 것은 한 사람이나 한 집단이 가지고 있는 주의나 사상을 말한다. 공산사회에서는 이데올로기가 주인이므로 다른 모든 것은 그 종이다. 여기에 사람도 포함된다. 사람이 공산주의의 이데올로기에 동의하지 않거나 이에 항거할 때는 즉시 숙청의 대상이 된다. 따지고 보면 공산주의의 이데올로기도 사람의 복리를 위하여 발생했으나, 도리어 그 종이 된 것이다. 동시에 공산주의의 이데올로기를 운영하는 것은 공산당의 지배자나 그를 둘러싼 몇 사람의 동료다.

그렇기 때문에 공산주의는 지배자나 그 집단에 따라서 엄청나게 변할 수 있는 위험성을 내포하게 된다. 우리나라의 국시(國是)는 헌법에 규정한 대로 민주공화국이다. 우리나라의 국시의 제일의(第一義)가 반공이 될 수는 없다. 왜냐하면 공산주의가 이 세상에서 존립하건 소멸하건 관계없이 우리나라는 존속해야 하기 때문이다. 그러나 우리나라 국시 중에서 반공이 제일의가 아니더라도 반공은 우리나라 국시에 반드시 포함되어야 한다.

요즈음 햇빛정책이라고 하여 북한을 국제사회로 끌어내고 또 개방화의 방향으로 유도하는 것은 옳은 일이다. 하지만 햇빛정책을 쓴다고 하여 갑자기 6·25는 남침이라는 말도 삼가야 하고 북한에는 6·25전쟁 당시의 국군포로가 한 사람도 없다는 등 북측의 주장에 동조하는 일부 사람들의 주장은 한심하기 그지없다.

오늘날 민주사회의 건설을 위하여 영국·불란서·미국 등 선진국가 사람들이 목숨을 바치고 피를 흘린 것과 마찬가지로 우리나라를 지키기 위하여 수십만의 군대, 전 세계 각국의 수많은 젊은이의 희생, 수백만의 국민이 목숨을 잃고 또 치유할 수 없는 부상을 안고 살아가는 상이군경, 미망인 가족들이 허다하다. 필자도 6·25참전 전사(戰士) 중의 한 사람이다. 국시를 분명히 하고 주적(主敵)개념을 정확히 해야 국군의 정신자세를 하나로 응집할 수 있는 것이다. 국시를 명확히 해야 자라나는 새 세대를 올곧은 사람으로 키울 수 있는 것이다.

정치논리와 교육논리

의약분업은 언젠가 해야 할 과제인 것만은 분명하다. 그러나 충분한 준비과정 없이 정치논리로 밀어붙여 우리사회의 엘리트집단인 8만 명의 의사와 6만 명의 약사를 한순간에 갈라놓고 결국 국민건강을 위한 약물과다 사용도 막지 못하면서 국민에게 불편만 안겨준 것으로 현 정부의 대표적인 실책이다. 교원정년은 65세 그대로 두어도 좋고 62세나 63세 등으로 개정해도 무방하다. 다만 이에 대한 준비의 기회를 주지 않고 일시에 시행했다는 데 문제가 있다고 하겠다.

무조건 63세로 정하여 하루아침에 그 많은 선생들을 내보내고 이에 대한 교원수급이 제대로 따르지 못하여 교육일선에서는 공동상태(空洞狀態)를 빚고 있으며 나이 40대 후반만 되어도 젊은 교사와 학부형들의 눈치를 보게 만든 작태는 한심하기 이를 데 없다. 교원정년을 62세로 내리건 63세를 그대로 두건 교직사회에서는 그리 큰 문제가 되지 않는다. 다만 정치논리에서는 영향이 있는 듯하다. 결국 교원정년에 대한 양당의 상충은 40여만 교직사회를 찬반으로 갈라놓았고 여기에다 의견을 달리하는 전 국민에 해당하는 학부형까지 갈라놓는 결과를 가져왔다.

한편 제7차 교육과정은 지금까지 제정된 교육과정에 비해 획기적이고 시의 적절하며 월등한 교육과정임에는 틀림이 없다. 외국 어디 내어놓아도 손색이 없다. 선택과정을 다양하게 두어 학생들의 창의성을 극대화할 수 있게 하였고 같은 학교과정을 이수하여도 서로 장처(長處)가 다르게 구안(構案)되어 있다. 그러나 이 교육과정을 적용하기 전에 교원에 대한 충분한 소양교육이 필수적이고, 이 과정을 시행하기 위해서는 전보다 학급단위가 다양해져야 하고, 교육공학이 강화되어야 하고, 또 이에 대한 교원의 수급 및 교실증축이 필수적인데 아무런 준비 없이 무조건 시행하겠다니 교육현장에서는 크게 반발하는 것이 당연하다고 하겠다.

뿐만이 아니라 학급을 국제적 규모로 축소하여 35명으로 내년부터 시행하겠다니 학교마다 교실증축에 쫓기게 되어 졸속건축을 전국규모로 짓고 있으며 또한 이에 따라 교원충원이 부족하여 중등교사자격증 소지자를 일정한 교육을 시켜서 초등학교 교원으로 임명한다는 안에 전국 교육 대학생이 반발하여 계속 농성을 하고 있어 전교대생이 유급 직전까지 와 있는 실정이다. 왜 이렇게 되었느냐 하는 데는 교육을 교육논리로 풀어야 하는데 교육을 정치논리로 풀기 때문에 이런 필요 없는 교육의 난맥상을 드러내게 된 것이다. 35명으로 학급을 축소하는 데 반대할 사람은 물론 없다. 그러나 이것도 연차적으로 지역적으로 단계적으로 시행해도 무방할 것을 정치논리로 접근했기 때문에 생기는 현상이라고 본다. 지금 정치논리에 의한 교육개혁이 교육자 집단에 준 상처는 거의 치료 불가능한 중증에 걸려 있다는 데에 대해 정치계는 침통한 반성이 요청된다고 하겠다.

학부모 중 일부는 '당신도 돈 받고 하는 직업이 아니냐' 하며 학생 앞에서 선생에게 삿대질을 하며 망신을 주는 일이 비일비재하다. 교육계는 노·중·소가 조화롭게 공존해야 함에도 '나이 많은 교사는 나쁘고 무능하고 부패했다'고 떠들어 대고 '60대 교사 한 명을 몰아내면 젊은 피 2.5명이 새로 들어갈 수 있다' 하며 전 생애를 교직에 바쳤던 교사를 마구 몰아내는 대상으로 전락시켰다. 늙은 교사가 따로 있는 것이 아니라 40대, 50대도 10년이 지나면 늙은 교사가 되게 마련이다. 이에 그 꼴이 보기 싫어 40대, 50대 교사들의 교직이직률도 심히 걱정해야 할 수준에 와 있다.

학교붕괴·학력저하·교육이민

교사의 잡무는 늘어만 가고 새벽 일찍이 집을 나와 하루 종일 수업을 하고 밤늦게까지 근무하여도 잡무가 끝나지 않아서 보따리를 집으로 싸가지고 가야 하고, 봉급은 대학을 같이 졸업한 동기생에 비해 비할 바가 못 되며, 교실은 설익은 '열린 교육'으로 난장판이 되고 '공부를 안 해도 한 가지만 잘하면 대학에 간다'고 떠벌이고 다녔던 교육책임자가 있었는가 하면 수업시간대에 붉은 띠를 두르고 데모하는 교사집단까지 등장하기에 이르렀다. 데모하기 위하여 종이 한 장 써놓고 교단을 비웠던 교사집단, 또 수업시간에 교사집단이 모여서 회의를 하는데 아무리 교육에 바람직한 내용을 논의한다고 해도 교사는 교단을 비워서는 결코 안 된다. 교사에게는 아무리 현실이 절박해도 수업보다 더 절박한 경우는 있을 수 없기 때문이다.

수능고사의 난이도는 해마다 널뛰기를 하고 있어 고등학교 교육이 갈피를 못 잡고 있으며 대학의 선발기준이 달라지기 때문에 정기 모의고사가 필요 없다고 했으나 뚜껑을 열어보니 모의고사를 더 강화했어야 했다는 후회가 앞서게 만들었다. 금년에는 예년과 같이 학원에서 준비하였던 재수생집단이 재학생을 훨씬 능가하는 기현상을 가져왔다. 이래 갖고 어른이나 책임 있는 사람들의 말을 학생들이 그대로 믿고 따를 수 없다는 데 보다 큰 문제가 도사리고 있다고 하겠다.

한편 국내에서 교육제도에 대해 실망을 느낀 나머지 교육이민으로 미국, 캐나다, 호주, 뉴질랜드 등으로 학생들이 대거 이동하고 있다. 그 나라 학생들은 공교육까지는 그 나라에서 교육받는 것이 원칙이다. 고등교육 이상에서는 보다 심도 있게 연구하기 위하여 선진국에 배우러 갈 수도 있으나 중등교육을 받기 위하여 또는 대학에 진학하기 위하여 교육이민에 줄을 서는 현상은 다시 한번 되새겨 볼 만한 사건이 아닐 수 없다. 이러한 교육의 난맥상은 그 모두가 3·4년 이내에서 일어난 현상에 주목해야 한다. 앞으로 우리나라의 교육개혁은 점진적으로 지속되어야 한다. 교육개혁에 대한 국민적 동의를 넓혀 나가려는 노력보다 그 개혁성과를 앞질러 예단하고 자기평가와 큰집에 가서 브리핑하는 자기도취와 눈치에 빠져 독주했던 지난날이 아닌지 교육을 총 책임졌던 이에게 묻고 싶다.

대안학교와 자립형고등학교

구체적으로 학교교육의 제 문제를 해결 내지 보완하기 위한 방편으로 대안학교의 시도가 있은 지 오래다. 그 대표적인 것으로는 독일의

발도르프학교, 이와 관련된 영국의 에머슨학교, 그리고 썸머힐학교, 일본의 기노구니학교(木の國學校) 등을 들 수 있다. 우리나라에서도 간디학교, 풀무농업기술학교, 창원고등학교, 그리고 앞으로 분당에 들어설 비교적 대규모인 이우학교 등 대안학교의 설립이 활발해지고 있다.

대안학교에 대해 당국은 아직 지원도 통제는 할 필요가 없다고 생각한다. 다만 현행제도 아래서 대안학교의 시도는 활발하게 추진할 수 있는 자율성을 부여할 필요는 있다. 앞으로 몇 년 사이에 대안학교군은 생멸을 거듭하면서 그런대로 일정한 질서가 형성될 것이다. 그때에 가서 지원할 것은 지원하고 또 장점을 공교육에 도입할 것을 고려할 수도 있을 것이다. 최근 교보생명문화재단에서 전국 8개 대안학교의 우수 프로그램을 선정하여 지원금을 전달한 것은 퍽 고무적인 일이다. 이런 민간단체의 지원을 유도하는 것도 의의 있는 일이라고 본다.

한편 자립형 고등학교는 당국에서 지정한 것은 잘된 일이라고 볼 수는 없다. 새로운 시도는 해볼수록 좋은 일이다. 그렇지 않아도 평준화 지역과 미 평준화 지역의 차이, 특수고등학교의 확대 등 고등학교의 현격한 차이에다 특수 실험적인 사립고등학교를 육성하는 방안은 고등학교 전체에 긍정적 또는 부정적 영향을 미칠 수 있다. 지금 교육현장에서는 새로운 제도와 내용을 실행할 여력이 아주 고갈되어 있는 것을 당국은 이해하기 바란다. 지금은 어떤 교육개혁도 결행할 시기가 아니다. 가능한 대로 당분간 조용히 그대로 밀고 나가면서 교사집단의 상처를 치유하면서 교사를 도와주는 시책이 아쉽다.

교육자에 대한 정성 어린 격려가 요청된다. 교사집단을 격려하기 위하여 당국에서는 성과급제도를 도입하려고 하였다. 열심히 하는 사람에게 보상을 더해 주는 데는 반대할 사람이 있을 수 없다. 어떤 발상에서 나왔던 간에 성과급제도 자체는 합리적이라고 볼 수 있다. 기업체에서는 이미 이 제도를 도입한 지 오래된다. 하지만 그 평정척(rating scale)을 어떻게 설정할 것인가의 문제가 남아 있다. 평가에는 기본적으로 타당도(validity), 신뢰도(reliability), 객관도(objectivity)가 충족되어야 한다. 이 과정 없이 단순히 기관장에게 일임하면 객관적인 척도에서 정확히 평가하는 이도 있으나 대부분인 경우 주관적인 평가가 될 가능성이 크다. 이것을 결행하면 또 하나의 교직사회를 갈라놓는 요인이 될 수 있다. 이 때문에 일선 교사들은 이 제도에 반대하는 것도 당연한 귀결이라고 본다.

요즈음 서대전고의 학부형들은 다음과 같은 내용을 결의한 바 있다.

"우리는 우리 자식들을 가르치는 선생님을 진심으로 존경하며, 아이들 앞에서 선생님과 어른들을 낮추는 어떠한 언행도 하지 않을 것을 결의한다."

모든 교육관계자들은 이런 자발적인 운동이 "교육을 바로 세우는 첩경"임을 이제라도 깨달았으면 한다. 교원을 교육개혁의 대상으로 삼을 것이 아니라 교원을 교육개혁의 주체요 동반자로 진심으로 간주할 때 '첫 단추를 잘못 끼운 교단의 위기'를 극복하는 길임을 교육당국은 새롭게 각성할 필요가 있다. 교사들이 신명나게 가르칠 수 있고 그들을 마음속 깊이에서 존경하는 환경조성이 이 나라 교육의 틀을 바로 세우는 길이다. 이것이 치유된 연후에 그 위에서 새로운 교육개혁이 시도되어야 할 것이다.

천원이 제시한 한국교육의 삼대방향

천원은 한국교육의 방향을 민주주의 한국화, 민족주의의 민주화, 근대화의 인간화로 들면서 바람직한 한국교육의 지표설정을 위하여 통정(統整)된 인품의 완성, 자율적 의사결정능력, 변화에의 능동적 적응력, 고차적 가치에 대한 동일체 의식조성, 영원한 성장에로의 발돋움, 창조세계에의 참여 등을 그 시사점으로 제시하였다. 나중으로 천원의 가장 즐겨 인용하였던 율곡 이이(栗谷 李珥)의 '민의의 창달(民意 暢達)'을 재인용하면서 이 글을 맺으려고 한다.

공론(公論)은 나라의 원기다. 공론이 조정(朝廷)에 있으면 그 나라가 다스려지고, 민간에 있으면 그 나라가 어지러워진다. 만일 조정에도, 민간에도 공론이 없게 되면, 그 나라는 망한다. 왜냐하면 위에 있는 자가 공론을 주제하지 못하여 공론이 민간에서 일어남을 싫어하는 나머지 말을 못하게 하고, 그 죄를 다스린다면 그 나라가 망하지 않을 수 없기 때문이다.

새로운 교사상의 정립을 위하여

학교교육의 성패관건은 교사의 질에 달려 있다. 그러기에 교사자질의 논의는 여러 형태로 연구되고 또 제기되어 왔다.

콤스 등(A. W. Combs, et al., 1978)은 훌륭한 교사란 무엇보다도 한 사람의 인간일 것을 강조하면서 개성이 뚜렷한 인간을 지적하였다. 그들은 창조적이고 생각하는 사람, 복잡한 문제를 다루는 데 세련되고 신뢰할 만한 도구로써 그들 자신을 활용할 줄 아는 사람이라고 하였다. 즉 긍정적 자아관의 소유자이며 자율적이고 자아 지향적이고 책임성 있는 사람, 다른 사람의 입장을 이해할 수 있는 감수성의 소유자가 곧 인간다운 인간이라는 것이다.

매스로우(A. H. Maslow, 1956)는 자아실현(self-actualization)을 해내는 사람을 건전인격이라고 보았다. 건전인격을 지닌 사람은 제반 생리적 욕구를 비롯하여 안전감, 소속감, 애정 존경심 및 자존심 등을 충족시키는 기본적 욕구를 보다 충분히 채우고 있기 때문에 자기성취에 전적으로 몰두하게 된다고 하였다.

하이에트(G. Highet, 1971)는 좋은 교사의 인성적 자질요건으로 기억력, 강한 의지, 친절성을 들고 있다.

天園 吳天錫(1973)은 교사가 지녀야 할 요건을 첫째로 가르침을 받는 자에 대한 사랑, 둘째로 그가 하고 있는 일에 대한 사랑, 셋째로 진리에 대한 사랑을 든 바 있다. 즉 교사는 학생에 대한 사랑, 교직에 대

한 사랑, 진리에 대한 사랑을 강조하고 있다.

인간애, 교육애, 진리애는 교사에게만 요청되는 특성이다. 삶을 살아가면서 "배우며 가르치고 그 속에서 삶을 즐기는 사람"만이 교사의 직분을 바로 수행할 수 있다고 본다. 예부터 교사는 "배우는 데 염증이 없고, 가르치는 데 권태롭지 않다(學而不厭 敎而不倦)"라고 하였다.

교성 페스탈로치(J. H. Pestalozzi)는 교육활동의 근본적 정신을 정신력(Geisteskraft)·심정력(Herzenskraft)·기술력(Kunstkraft)이라고 하였다. 이것을 정신적(geistig)·도덕적(sittlich)·신체적(physisch) 등 세 가지 힘 또는 지(Kennen)·의(Wollen)·행(Können)으로도 표현하였고, 머리(Kopf)·가슴(Herz)·손(Hand)이라고도 하였다.

이 인간성의 세 개의 근본력은 서로 평등한 것이요, 서로 결합되어 있어서 분리되는 일 없이 상호 조화적(harmonish) 또는 완전한 균형(Gleichgewicht) 속에서 삼위일체(Dreieinigkeit)를 이루어 발전되는 것이라고 하였다(Pestalozzi, Die Schwannengesang, 1825).

슈프랑거(E. Spranger)는 '천부적 교사(Der geborne Erzieher)'(1958)에서 교사 자질에 대해 다음과 같이 말하고 있다. 천부적 교사는 보다 높은 것(das höhre)이 무엇이라는 부동의 신념이 그의 내부에서 작동해야 한다고 하였다.

이 고차적 자아(höher Ich)에 대하여 그는 세 가지를 들고 있다.

첫째로, 보다 고차적인 자아란 단순히 보고 느끼고 하는 자아를 넘어서 생각하는 자아인 것이다. 사색이라고 하는 것은 그 주체가 공간적으로 시간적으로 제약되어 있는 위치를 놀랄 만큼 큰 범위로 확대할 수 있는 것이다.

둘째로, 보다 고차적인 자아는 엄밀히 객관적으로 사색된 세계 이외에 가치의 세계 또는 상대개념에 대한 가치의 질서를 가지고 있다.

셋째로, 보다 고차적 자아는 정신의 형이상학적인 속박에 기인하는 여러 가지 영향에 대하여 제공하는 장소이다. 아무리 천재적인 교육을 한다 할지라도 성장하는 양심을 만들어주는 일은 할 수 없다. 정신의 정열이 약동하는 곳에만 다른 사람을 교육할 힘이 생기는 것이다. "이 세상에 위대한 일 치고 정열 없이 이룩된 것은 없다."(Nicht Grosses in der Welt ist ohne Leidenschaft vollbracht worden)

니일(A. S. Neill)은 교사에게 필요한 소양을 「문제교사」(The Problem teacher, 1939)에서 다음과 같이 들고 있다.

> 첫째로, 어린이들을 이해하기 위한 아동심리학과 자기 자신을 알기 위한 성인의 행동에 관한 연구를 한다.
> 둘째로, 모든 종류의 창작활동은 학생을 위해서가 아니라 자기 자신을 위하여 계속한다.
> 셋째로, 인간 연구를 위하여 한층 가치 있는 것으로 학교라는 것과는 관계없는 내면의 실제문제를 공부한다.
> 넷째로, 과학보다는 인문과학, 창조적인 활동에 비중을 둔다.
> 다섯째로, 유희에 대해서 계속 연구한다.
> 여섯째로, 유머 감각을 익힌다.
> 일곱째로, 자유교육에 대한 신념이 투철해야 한다.

그가 이상적으로 생각한 교사는 사랑의 교사로서 인간 특히 아동에 대한 풍부한 지식을 가지고 예술을 이해하는 창조적인 사람, 넓은 세계관을 알고 사회와 인간활동의 제 현상을 정확히 이해하고 분별할 줄 알며 편견에 사로잡히지 않은 사람, 어린이들에게 있어서 학과보다도 유희가 더 중요함을 인정하고 유머가 풍부한 사람, 올바른 교육은 출석 같은 것을 강요하지 않는 자유 속에서 이루어진다고 믿는 자유교육의 선봉자여야 한다고 하였다.

콤스는 진정한 교사에 대해서 다음과 같이 말하고 있다. 진정한 교사란 부단히 자기 수양을 통해 스스로 인격을 연마하고 배우는 사람과 일체감을 조성할 수 있어야 한다.

교사에게 요구되는 이러한 인격이란 단순히 도덕성이나 시민적 자질 또는 사명감이나

敎員의 길

　　現代社會는 급격하게 변해가고 있다. 지금 이 순간에도 사회와 역사는 급격한 속도로 변화 창조되어가고 있으며 우리 주변의 생활이 시시각각으로 변화되고 있다. 人口는 도시로 몰리고 거주지는 마구 이동되고 있으며 세계 어느 구석에서 일어난 사건이 바로 한두 시간 뒤에는 전 세계로 알려질 정도로 세계는 점차 좁혀가고 있다. 또한 이러한 사회변화에 의해서 기존의 慣習·道德·價値觀이 변모해 간다. 뿐만 아니라 현대사회는 民主化의 방향으로 나아가고 있어 이 세상 사람 모두 平民(common man)의 사회로 건설되어 가고 있다. 헤겔(F. W. Hegel)은 역사의 발전과정을 「한 사람만이 자유로운 사회에도 일부가 자유로운 사회로, 일부가 자유로운 사회에서 만민이 자유로운 사회로 나아가고 있다」고 하였다. 구시대를 특권층의 세상이었다면 새 시대는 분명히 시민의 세상을 지향하고 있다고 하겠다. 이러한 체제의 사회에서나 독재자는 차차 물러나고 민주주의적인 政治體制가 수립되어 가고 있는 추세는 역사의 필연적인 섭리일 것이다.

　　다음으로 현대사회는 그 어느 때부터 상호 협동의 시대를 맞이하고 있다. 개인이나, 집단이나, 사회나, 국가를 막론하고 고립주의와 배타정신으로는 살아갈 수 없는 세상이 되었다. 이 세상의 모든 사람들은 고립생활을 계속할 수 없음을 깨닫기 시작하였다. 근래에 다서 國際理解의 교육이 세계 각국의 교육과제로 등장하고 있다. 유네스코는 東西文化 가치의 상호이해를 위한 10개년 계획을 수립하여 추진하여 왔고 이에서 한 걸음 더 나아가 인간의 마음속에 진정한 국제이해가 이루어질 때에 영구적인 국제평화가 가능하다고 생각하여 국제협동학교 계획을 추진하여 왔다.

모름지기 새 시대의 교원은 종전보다 차원 높은 교육관이 요청된다. 과거의 교사는 학생만을 교육하였고 그 활동 범위는 학교 담 안으로 국한되었으며 교육 내용은 교과서의 틀을 벗어나지 못했다. 새 시대의 교사가 대상으로 하는 바는 아동이요, 아동을 둘러싼 물적 인적 환경에까지 미쳐야 하고 그 활동범위는 학교 담을 헐어서 지역사회에까지 확장되어야 하며 그 政府는 인간의 전 생활범위 모두를 포괄하여야 한다. 세계는 그만큼 넓어져 단순한 현상유지의 태도로부터 진보적 적극적인 태도로써 인류의 오랜 소원이던 꿈과 이상을 실현해야 한다.

우리나라 교원들의 관심이 너무도 학교 안에만 쏠렸기 때문에, 각양각색으로 펼쳐지고 있는 지역사회와의 관계에 등한히 했기 때문에, 학교에서는 열심히 가르치되 사회의 무지를 방심했기 때문에, 교실에서는 도외질서를 강조하되 썩어져가는 사회에는 과감히 뛰어들지 않았기 때문에, 위생과 보건을 입으로는 부르짖었으나 자기 마을의 정화를 위해서는 별로 정성을 경주하지 않았기 때문에, 교내에서는 부지런히 식목을 하였으나 지역사회의 산과 들을 녹화하는 데는 게을렀기 때문에, 이 나라의 많은 敎員의 진력에도 불구하고 사회변화와 사회개혁에 이 나라 교육이 미처 못 따라가고 있는 면을 보이고 있다.

새 시대의 교원은 민족이 직면한 위기를, 국가사회의 요청을 돌아보지 않고 마치 남의 일처럼 바라만 보아서는 안 되겠다고 생각한다. 기울어져가는 사회를 바로잡는 일이 물론 교원만의 책임은 아니다. 정치인은 정치를 잘해야 하고, 경제인은 산업을 잘해야 하고, 군인은 나라를 외적으로부터 잘 지켜야 할 것이다. 그러나 훌륭한 정치가, 훌륭한 경제인, 훌륭한 군인을 만드는 일은 다름 아닌 교육의 과제다. 그 나라의 교육이 바로 서서 그 사회를 선도할 때에 그 나라는 이미 반 이상의 발전과업이 수행되고 있다고 보아도 무방할 것이다.

　서기 2000년대에는 현재의 기성세대는 물러가고 현재 각급 학교에서 공부하는 학생들이 우리 사회의 主役을 담당하게 될 것이다. 이러한 막중한 과업을 수행하기 위하여 교육의 역할은 자못 크다고 하겠다.

　우리 교육은 한편으로는 現代化, 또 다른 한편으로는 人間化의 兩面에 도전을 받고 있다. 산업을 발전케 하는 것은 경제의 문제이나 이 산업을 발전케 할 수 있는 인간을 기르는 것은 교육의 문제이다. 아직 보수적 교육의 굴레를 벗어나지 못한 우리나라 교육의 실제는 하루 빨리 교육의 효율화를 이루어야 할 것이다. 교육의 효율화란 교육이념과 교육목표를 효과적으로 달성하는 수단으로서 교육방법의 총체를 포함한다. 그러기 위하여 학생들의 교육수준을 향상시키는 방법 및 투자와 합리적 교육내용의 운영과 나아가 교육체계 전반을 강화해야 할 것이다. 우리나라 교육체제를 효율화로 전환하게 되면 자연적으로 교권의 확립에도 크게 기여될 것으로 믿는다.

　나중으로 우리나라의 人間化의 문제를 근대화 작업에서 필연적으로 얻어지는 人間疎外의 現象과도 관계가 깊다. 과학기술의 발전과 보급이 가속화하면 할수록 그 중요한 사회가 돌아올 수는 있으나, 인간이 손쉽게 생의 목적, 생의 의의를 찾으면 찾을수록 인간 본래의 목적과 의의는 퇴색되게 마련이다. 이와 같은 변화무쌍한 현대사회의 氣流에서 올바른 자아를 확립하는 교육이 일층 더 강화되어야 할 것이다. 정직한 행동을 말했으면 그것을 행동으로 옮기는 사람을 길러야 할 것이다.

　나는 왜 살며, 무엇을 해야 하며, 어떤 목표를 향해 어떻게 살아야겠다는 統整된 인품을 길러야 할 것이다. 이에 더하여 물질적으로 풍요한 생활을 누리면서 동시에 생활의 참된 의의와 가치를 부여하며 보다 풍성한 정신적 창조의 생활을 해야 할 것이다.

　창조는 반드시 위대한 사람이 할 수 있으되 생활의 작은 창조는 누구나가 다 할 수도 있다. 비좁은 버스 안에서 부녀자에게 자리를 양보하는 것도 하나의 내면적 가치의 창조다. 바쁜 시간에 틈을 내어 번민하고 괴로워하는 사람의 말을 듣고 그에게 생의 용기를 주는 것도 하나의 값진 정신의 창조다. 인정이 메말라 가는 현대 사회는 다름 아닌 이 같은 내면적 가치의 창조를 요청하고 있다. 발전하는 국가를 건설하는 데 구경만 하는 사람이 아니라, 이 벅찬 역사의 광장으로 뛰어들어 지극히 겸손한 마음으로 새로운 창조의 사회에 참여하는 사람을 길러내야 할 것이다.

平生敎育과 敎師의 姿勢

平生敎育(lifelong education)의 淵源은 人類의 歷史를 더듬어 올라가서 찾아야 한다. 東方의 스승이었던 佛陀의 경우와 수천 년 동안 계속된 生活의 叡智를 가르친 孔子와 아테네라고 부르는 게으른 암소를 채찍질하여 일으킨 소크라테스의 경우 등은 모두 平生敎育의 선구자로 생각할 수 있다. 佛陀는 Caste制度의 궁핍 속에서도 人類의 平等을 가르쳤고, 소크라테스는 男女老少 누구에게나 인간의 魂속에 성스러운 불꽃이 있음을 가르쳤고, 누구나 전 일생을 걸고 이 성스런 姿勢를 몸에 익히기를 바랐다.

萬人은 한 가지로 敎育되어야 할 것이라고 基督은 생각하였다. 가난한 자나, 부자나 學問이 높은 자나, 學問이 없는 자나 모두 한결같이 교육되어야 할 사람들로 여겼다.

그는 위대한 敎師로서 언제나 단순한 方法을 사용하였다. 그는 무수한 比喩를 들었고, 듣는 사람들로 하여금 많은 心情이 올라오게 하는데 힘썼다. 산비탈이나 해변가의 사람들이 모이는 市場이 곧 그가 즐겨 선택한 敎場이었다.

人類의 위대한 敎師들은 佛陀나 孔子나 基督이 한가지로 弟子들에게 個別的으로 接近하였다. 그들은 누구나 배워야 하고, 또 眞理가 두루 전해져야 한다고 생각한 점에서 人道的인 見解를 가졌다고 할 수 있다. 그들은 確信을 가지고 이야기하였고, 단순한 論爭者가 아니었다.

그들은 內面的인 照明에 의하여 靈感을 받았고, 또 이것을 그들의 弟子들에게 전해 주었다.

에라스무스(Erasmus)는 끊임없는 배움만이 새로운 平和의 世界를 創造할 수 있다고 하였다. 페스탈로치(J. H. Pestalozzi)는 언제나 가난한 아동들에게 마음이 이끌려, 그들의 敎育과 保護에 일생을 바쳤다. 프뢰벨(F. Fröbel)은 兒童에 대한 누를 수 없는 사랑으로부터 유치원을 창설하였던 것이다.

특히, 近代에 들어와서 듀이(J. Dewey), 화이트헤드(A. N. Whitehead), 토인비(A. Toynbee), 그룬트비히(N. F. S. Grundvig), 오웬(R. Owen) 벗틀러(R. A. Butler), 버벡(G. Birkbeck) 등은 오래전부터 오늘의 平生敎育 體制를 뒷받침할 理念的 根據를 그들의 著書와 實際活動을 통해 보여주었던 것이다.

그리하여 1949년 이후 유네스코가 주최한 세 번째의 成人敎育 專門家들의 國際大會를 통하여 世界各國의 國民들이 가지고 있던 傳統的 敎育觀을 근본적으로 革新할 必要性을 再確認하게 되었다.

그리하여 널리 알려진 바와 같이 랭그랑(Paul Lengrand)이 제시한 平生敎育의 原理를 要略하면 ① 敎育의 傳過程을 통한 活性化, ② 個人의 全 生涯를 통한 계속적인 敎育, ③ 統合的 連擊組織의 必要, ④ 生의 全期間을 통한 垂直的 統合과 個人 및 社會生活의 모든 국면을 포함한 水平的 統合 등이다.

포르(Edgar Faure)는 傳統的 敎育觀이 붕괴되지 않을 수 없는 必然性을 다음과 같이 說明하였다.

첫째로, 現代는 人類歷史上 처음으로 敎育의 伸張率이 經濟成長을 앞지르는 傾向을 보이고 있다.

둘째로, 오늘날의 學校가 20년 후, 30년 후를 對備한 敎育을 실시한다는 現代와 같은 不確實性을 특징으로 하는 時代에 있어서는 근본적으로 不可能한 일이기 때문에 종래 우리가 學校敎育이 수행해 줄 것으로 기대했던 傳統的 機能은 이제 사실상 기대할 수 없게 되어 버렸다.

셋째로, 敎育的 産出과 社會的 要求간의 乖離現象이 날로 크게 벌어질 수밖에 없는 것이 現代 産業社會의 特徵이다. 따라서 學校敎育을 통해 傳授한 技術이나 資格은 그 實社會에 나왔을 때에는 이미 無用之物이 되어, 어차피 끊임없는 再敎育을 받지 않고서는 개인적으로나 국가적으로 한 個體의 生存이 어렵게 되어가고 있다.

넷째로, 교육은 끊임없이 變動하는 社會·經濟的인 需要와 學習者의 慾求와 適性에 적응할 수 있도록, 보다 다양하고 彈力的인 內容과 體系를 갖추지 않으면 안 될 것이다. 즉, 現代의 敎育制度는 形式的 프로그램과 非形式的 프로그램 할 것 없이, 모든 段階, 모든 種類의 敎育課程이 垂直的으로나 水平的으로 統合되어 보다 탄력 있고, 다양한 樣態를 構造的인 轉換을 斷行하지 않으면 안 되게 되었다.

다섯째로, 교육은 따라서 그 자체가 계속적인 更新을 필요로 한다는 것이다. 그는 요컨대 교육의 궁극적인 目的이 죽은 知識이나 틀에 박힌 行動樣態의 傳授에 있지 않고, 個人과 國家, 또는 全人類의 生存을 위한 全 生涯的인 '學習方法의 學習(learning to learn)'과 '生活方法의 學習(learning to live)'을 지향하는 것이어야 한다고 강조하고 있는 것이다.

이제, 1980년대의 중반을 맞아 未來社會가 要求하는 우리 國民의 資質을 韓國敎育開發院팀의 研究結果는 다음과 같다.

① 새로운 知識을 消化할 수 있고 나아가 새로운 知識을 創出할 수 있는 사람.
② 變化하는 未來社會의 趨勢를 豫見하여 이에 대처하는 사람.
③ 進步的이고 開放的인 精神姿勢를 갖춘 사람.
④ 普遍妥當的인 價値體系를 樹立하고 이를 바탕으로 價値選擇下에 自主的 自己決定 能力을 기르는 사람.
⑤ 全 生活에서 美的 追求와 美的 表現能力을 갖춘 사람.
⑥ 卓越性을 追求하는 國民的 資質의 一般化가 이루어진 사람.
⑦ 이미 받은 學校敎育을 바탕으로 平生동안 敎育을 지속하겠다는

熱意를 가진 사람.

⑧ 過去와 未來, 家族과 國家와 世界, 그리고 藝術까지도 現在의 삶 속에서 統合한 自我統一性을 成就한 市民을 더 많이 길러내는 사람 등을 들었다.

이에 맞추어 期待되는 敎師像을 아래와 같이 抽出하여 보았다.

① 자기가 가르치는 敎科에 대하여 넓고, 깊은 知識을 계속 키워 나아가야 하며

② 敎師는 學生을 사랑하고, 학생 개개인을 바르게 理解하고 있어야 하며

③ 敎師는 스스로 自己의 品性과 資質, 能力 등을 發展시켜 나아가야 하고

④ 敎師는 어떠한 경우라도 敎職에 대한 矜持를 가져야 하며

⑤ 敎師는 敎育革新에 能動的으로 參與하여 改革에 主體가 되어야 하고

⑥ 敎師는 새로운 國際化時代, 世界속의 韓國으로 크게 부각하고 있는 開放的 社會指向의 時代的 要請을 意義있게 받아서 보다 넓은 視野에서 國民과 學生들을 이끌어 나아갈 수 있는 眼目과 能力, 態度 등을 지녀야 할 것이다.

食卓敎育과 終禮敎育

　　현대사회에서 가정생활은 갈수록 인간관계의 단절 속에서 단선화 내지 개별화되어 가고 있다. 아침에 신문을 본다든가 저녁에 TV앞에서 화면을 본다든가 심지어 독서까지도 자아와 個物과의 관계이지 끈적한 가정관계는 갈수록 퇴색되게 마련이다.

　　온 식구가 하루에 단 한 번만이라도 모여서 서로의 의견을 주고받는 순간이란 거의 가질 수 없는 것이 현대산업사회에서 살아가는 가정의 모습이다.

　　물론 가족성원의 구성상 아침이나 저녁식사 때 함께 모일 수 없는 사정은 이해할 수 있으나 그럴수록 매일은 못해도 자주 온 가족이 함께 모여서 서로의 의견을 주고받는 시간을 갖도록 노력해야 할 것이다.

　　처음 만나는 사람끼리도 그저 악수하고 헤어지는 것보다 무엇인가 함께 먹으면 서로 간격의 벽이 제거되는 법인데 한 가족끼리 저녁에 식탁에 둘러앉아 하루의 지난 일과 내일의 해야 할 일, 그리고 지금, 여기에서 갈등 내지 좌절 속에 있을 때, 주고받는 대화는 퍽 의미가 있고, 행동수정에 나아갈 수 있고, 생활의 활력소가 될 수 있다.

　　특히, 할아버지, 할머니의 추도일이나, 아버지, 어머니의 결혼기념일, 또는 가족성원들의 생일 등 특별한 날에 온 가족이 모여 지난날을 회상하고 또 그때의 일을 마치 녹화한 것처럼 이야기가 펼쳐질 때 가정의 전통을 이해하게 되고, 30년 전 부모님의 삶을 되새겨 보는 데 크게 보탬이 되어 시대나 세대를 뛰어넘어 서로가 서로를 포용하고 하나에로 응집하는 데 귀한 순간이 될 수 있다.

식탁교육은 비록 그것 자체는 지극히 범상한 일이지만 또 시간적으로도 비교적 짧은 것이지만 이 식탁교육을 의식적으로 끈기 있게 밀고 나아갈 때 그 교육적 효과는 엄청나리라고 생각한다. 우선 남의 이야기를 경청하는 습관, 그리고 세대를 메워나가는 대화에서 비단 자녀들뿐만이 아니라 가장과 가모에게도 딴 곳에서 배울 수 없는 특이한 교육의 장이 될 것이다. 이 가까운 관계의 힘은 나아가 직장에서의 인간관계, 그리고 사회에서의 인간관계의 크나큰 기대(基臺)가 될 것이다. 가정에서 식탁교육이 이토록 소중하다면 학교에서 종례교육 또한 학교생활의 핵이라고 느껴진다. 세월이 흐르고, 또 지나도 학교에서 배운 지식이나 정보는 쉽게 잊어버려도, 종례 때 하시던 선생님의 말씀과 그 속에서 전 학급이 일체가 되어 웃었던 기억은 마음속 깊이에 인각으로 남겨지게 마련이다. 담임선생님의 그 인간의 모습은 담당한 교과시간보다도 이 종례 속에서 드러나게 마련이다. 물론 행정적인 지시사항이나 내일에 해야 할 일을 통고 및 전달하는 것도 빼놓을 수는 없다.

그러나 다만 5분간이라도 두고두고 생각하고 느끼고 다짐했던 응결된 내용을 작게나마 소개하는 것이 참으로 소중하리라고 본다.

종례교육을 성공적으로 이끌어 나아가기 위해서는 우선 시간이 짧아야 하고, 같은 말을 반복할 필요가 없으며, 학생 속에 선생 자신의 온몸과 마음이 있는 그대로 내어 던져져야 한다.

물고기와 대화를 하기 위해서는 사람은 물속에 들어가 물고기의 생태와 같아져야 한다.

그러기 위하여 선생 자신의 겉옷을 벗어버리고 알몸 그대로 학생들에게 뛰어들어 부닥쳐야 한다. 중등학생들이 좋아하는 노래를 함께 부를 수 있는 선생은 평시에 수고롭게 노력하는 사람만이 가능하다.

또한 자기 자신의 체험담, 즉 자기 자신을 일인칭으로 하여 그 경험을 실감 있게 펼쳐 나아갈 때 그 내용은 생생하게 학생들의 가슴에 전달된다.

이때에 기억할 것은 비록 그것이 사실이라도 학생들 앞에서는 자기 자랑을 되도록 축소하고 피하면서 말을 이어 나가야 할 것이다.

그리고 지금까지 살아오는 동안 짙은 경험을 했는데 그것이 성공적이든, 실패했던 경험이건 관계없이 진솔하게 이야기를 할 때 학생들의 가슴에 잔잔한 파장을 일으킬 수 있는 것이다. 이에 더하여 학생들이 미처 모르는 세계, 또는 새로운 지식이나 정보를 주는 것도 크게 학생들에게 도움이 될 것이다.

학생들의 반응이 좋다고 하여 종례시간이 다른 학급보다 길어지면 그 내용이 다시 무효로 되돌아가게 되는 것을 유념해 두어야 할 것이다.

담임선생은 주어진 학생들의 온갖 삶을 위임 맡은 분이다. 학생들의 젊은 날의 감격을 위임 맡은 직분이라는 것이 교사만이 갖는 특권이라고 하겠다.

의사는 수술을 잘못했다든가 주사를 잘못 놓았을 때 그 부작용은 현실로 곧 반응하게 마련이다.

그러나 교육이라는 이름의 장은 그 잘잘못이 곧 드러나지는 않는다. 그러나 콩 심은 데 콩이 나고 팥 심은 데 팥이 나게 마련이어서, 언제나 그 행위의 결과는 반드시 열매가 되어 맺어지게 되어 있다. 잘못된 경우는 그 원인이 분명하게 드러나지 않는다. 또 그 원인이 복합적으로 이뤄졌을 가능성도 크기 때문이다.

그러나 어떤 결과가 맺어졌을 때, 그 원인은 어떤 분의 힘이었던가는 분명해지게 마련이다.

이 세상에 큰일을 한 사람들은 모두가 지난날의 스승의 인격과 상을 되씹게 되는 것은 결코 우연이 아니라고 본다.

현대사회는 산업사회화되면서 가정과 학교의 분위기는 한층 더 삭막해지고 있다. 이런 한계상황에서 가정에서는 식탁교육, 학교에서는 종례교육을 강화하여 정신적 오염의 사회에 청상한 대기를 뿜어내어 오

염된 대기, 오염된 우리 정신세계를 밝혀야 할 푸른 꿈이 우리들 교사
에게 주어진 거룩한 짐이 아니겠는가?

교육자의 윤리의식

교육은 한갓 사회발전의 뒤만 따라가는 습속에서 벗어나 오히려 사회를 선도·선양하는 역할로 크게 변해야 할 것이다. 이를 위하여 교육 내적인 요인을 올바로 재정비·강화할 필요가 있다.

1. 교사의 자질

학교교육의 성패 관건은 교사의 자질에 달려 있다. 그러기에 교사자질의 논의는 여러 형태로 연구되고 또 제기되어 왔다.

콤스(A. W. Combs)는 훌륭한 교사란 무엇보다도 한 사람의 인간일 것을 강조하면서 개성이 뚜렷한 인간을 지적하였다.

그들은 창조적이고 생각하는 사람, 복잡한 문제를 다루는 데 세련되고 신뢰할 만한 도구로써 그들 자신을 활용할 줄 아는 사람이라고 하였다. 즉 긍정적 자아관의 소유자이며 자율적이고 자아 지향적이고 책임성 있는 사람, 다른 사람의 입장을 이해할 수 있는 감수성의 소유자가 곧 인간다운 인간이라는 것이다.

매슬로우(A. H. Maslow)는 자기실현(self actualization)을 해내는 사람을 건전인격이라고 보았다. 건전인격을 지닌 사람은 제반 생리적 욕구를 비롯하여 안전감, 소속감, 애정, 존경심 및 자존심 등을 충족시키는 기본적 욕구를 보다 충분히 채우고 있기 때문에 자기성취에 전적으로 몰두하게 된다고 하였다.

하이에트(G. Highet)는 좋은 교사의 인성적 자질요건으로 기억력, 강한 의지, 친절성을 들고 있다.

天園 吳天錫은 교사가 지녀야 할 사랑은 첫째로 가르침을 받는 자에 대한 사랑, 둘째로 그가 하고 있는 일에 대한 사랑, 셋째로 진리에 대한 사랑을 든 바 있다. 즉 교사로서 학생에 대한 사랑, 교직에 대한 사랑, 진리에 대한 사랑을 강조하고 있다.

人間愛, 敎育愛, 眞理愛는 교사에게만 요청되는 특성이다. 삶을 살아가면서 '배우며 가르치며 그 속에서 삶을 즐기는 사람'만이 교사의 직분을 바로 수행할 수 있다고 본다. 예부터 교사는 '學而不壓敎而不倦'이라고 하였다.

요즈음 걸프 사태에 온통 신경이 쏠려 있는 동안 국내에서는 참으로 어처구니없는 사건이 터지고 말았다.

하나는 국회의원들의 뇌물성 해외여행으로 결코 그냥 넘겨버릴 수 없는 중차대한 사건임에는 틀림없으나, 이미 정치가들의 양식은 그 신뢰도가 땅에 떨어진 지 오래되었기 때문에 그렇게 충격적인 것으로 받아들여지지는 않는다.

다른 하나는 그동안 소문만 무성하던 예·체능계 입시부정이 마치 스커드 미사일의 위력만큼이나 큰 폭음으로 우리의 심장부를 강타하였다. 예·체능계 대학교수 및 강사들의 입시부정에 대한 결과는 교육자의 도덕성에 대한 크나큰 생채기를 주었다. 이 결과는 대다수 선량한 예·체능계 교수들의 명예뿐만이 아니라 대학인 교수 전체의 명예를 실추시켰던 것이다.

이 두 사건으로 '관례'라고 보아 넘길 수 없는 우리 사회의 참담한 실체가 있는 그대로 드러났던 것이다.

2. 참담한 道德 마비 실례

　우리 사회도 이제는 그런 일들이 더 이상 '관례'로서 간주되고 용인되지 못하는 '몸부림'의 시점, 나아가 그 썩은 부위가 '깨어짐'의 징후로 줄줄이 속출하고 있는 것이다.

　그렇다고 이 시대적 변화의 진척을 낙관적으로만 보는 것은 결코 아니다. 우리 사회 비리의 구조가 일부라면 그것만을 도려내면 되지만, 지금 우리의 환부는 뿌리가 깊고 이미 전신으로 퍼져 있다. 어디서부터 어떻게 메스를 가하느냐가 극히 막연하다고 할 것이다. 그러나 모든 부조리는 가정과 학교에서부터 건선한 도덕교육의 생활화로 치유가 시작되어야 할 것으로 본다.

　윗물이 맑아야 아랫물이 맑을 것은 지극히 당연한 귀결이나, 윗물이 흐리면 아랫물이라도 맑아야 그 전체를 올바로 걸러낼 수 있을 것이 아닌가?

　이런 의미에서 한 사회의 보루를 교육으로 보는 데도 그만한 타당성이 있는 것이다. 결국 정치인도, 경제인도, 사회인도, 기업인도, 노무자도 이 모두가 교육을 통해서 길러내고 있다고 볼 때 정치인의 오염과 교육자의 오염은 그 질에 있어서 크게 구분되어야 할 것이다.

　敎聖 페스탈로치(J. H. Pestalozzi)는 교육활동의 근본적 정신을 정신력(Geisteshraft), 심정력(Herzenshraft), 기술력(Kunsthraft)이라고 하였다. 이것을 정신적(geistig), 도덕적(sittlich), 신체적(physisch) 세 가지 힘, 또는 지(kennen), 의(wollen), 행(können)으로도 표현하였고, 머리(Kopf), 가슴(Herz), 손(Hand)이라고도 하였다.

　이 인간성의 세 개의 근본력은 서로 평등한 것이요, 서로 결합되어 있어 분리되는 일 없이 상호 조화적 또는 완전한 균형 속에서 삼위일체를 이루어 발전되는 것이라고 하였다.

3. 교육자의 오염

쉬프랑거(E. Spranger)는 '천부적 교사(Der geborene Erzieher)'에서 교사자질에 대해 다음과 같이 말하고 있다.

천부적 교사는 '보다 높은 것(das höhere)'이 무엇이라는 부동의 신념이 그의 내부에서 작용해야 한다고 하였다.

이 '고차적 자아(höher Ich)'에 대해 그는 세 가지를 들고 있다.

① 보다 고차적 자아란 단순히 보고 느끼고 하는 자아를 넘어서, 생각하는 자아인 것이다. 사색이라고 하는 것은 그 주체가 공간적·시간적으로 제약되어 있는 위치를 놀랄 만큼 큰 범위로 확대할 수 있는 것이다.

② 보다 고차적 자아는 엄밀히 객관적으로 사색된 세계 이외에, 가치의 세계 또는 상대개념에 대한 가치의 질서를 가지고 있다.

③ 보다 고차적 자아는 정신의 형이상학적인 속박에 기인하는 여러 가지 영향에 대하여 제공하는 장소이다. 아무리 천재적인 교육을 한다 할지라도 성장하는 인간에게 양심을 만들어주는 일은 할 수 없다. 다만 양심의 소리를 강화할 수 있을 따름이다. 정신의 정열이 약동하는 곳에서만 다른 사람을 교육할 힘이 생기는 것이다.

"이 세상에 위대한 일치고 정열 없이 이룩된 것은 없다(Nicht Grossen in der Welt ist ohne Leidenshaft vollbracht worden)."고 하였다.

니일(A. S. Neill)은 교사에게 필요한 소양을 '문제교사(The Problem Teacher)'에서 다음과 같이 들고 있다.

① 어린이들을 이해하기 위한 아동심리학과 자기 자신을 알기 위한 성인의 행동에 관한 연구를 한다.

② 모든 종류의 창작활동은 학생을 위해서가 아니라 자기 자신을 위하여 계속한다.
③ 인간 연구를 위하여 한층 가치 있는 것으로 학교라는 것과는 관계없이 내면의 실제문제를 공부한다.
④ 과학보다는 인문과학, 창조적인 활동에 비중을 둔다.
⑤ 유희에 대해서 계속 연구한다.
⑥ 유머의 감각을 익힌다.
⑦ 자유교육에 대한 신념이 투철해야 한다.

그가 이상적으로 생각한 교사는 사랑의 교사로서 인간, 특히 아동에 대한 풍부한 지식을 가지고 예술을 이해하며 창조적인 사람, 넓은 세계관을 갖고 사회와 인간활동의 제 현상을 정확히 이해하고 분별할 줄 알며 편견에 사로잡히지 않는 사람, 어린이들에게 있어서 학과보다도 유희가 더 중요함을 인정하고 유머가 풍부한 사람, 올바른 교육은 출석 같은 것을 강제하지 않는 자유 속에서 이루어진다고 믿는 자유교육의 신봉자여야 한다고 하였다.

콤스는 진정한 교사에 대해서 다음과 같이 말하고 있다.

"진정한 교사란 부단한 자기 수양을 통해 스스로 인격을 연마하고 배우는 사람과 일체감을 조성할 수 있어야 한다. 교사에게 요구되는 이러한 인격이란 단순히 도덕성이나 공민적 자질, 또는 사명감이나 천직의식의 고취만으로 형성되는 것이 아니다."

교사의 인격에는 일반적 덕성에 더하여 사물에 대한 정확한 이해능력, 모든 탐구활동에 있어서의 진지성, 인간과 자연에 대해 끊을 수 없는 애정, 그리고 인생을 살아가는 태도와 일에 있어서의 공명정대성들이 온몸으로부터 체질적으로 우러나오는 전인적 덕성이 요구된다고 하였다.

鄭範謨는 "교사에게 흔히 강조되고 있는 德과 誠과 愛는 사실은 모든 직업인에게 필요한 것이며 갖출수록 좋은 것이다. 그러나 교사는 인간에 대한 흥미, 무엇이든 가꾸고 기르고 고치는 데 대한 흥미, 그리고 강인한 계획에의 흥미가 요구된다.”고 하였다.

李寅基는 “교사가 아이들에게 바람직한 영향을 끼치는 데 필요하다고 생각되는 특성을 상식적·경험적으로 나열해 가다보면 수십 수백 가지의 특성을 헤아릴 수 있게 되고, 그 가운데는 성실, 정직, 책임, 공정 등의 추상적 덕목에서부터 관찰력, 기억력, 사고력, 언변, 명랑, 해학 등 심리적 특성이 열거되는가 하면, 경우에 따라서는 당당한 외모, 명확한 음성, 기민한 운동 등 신체적 조건이 이상적 자질로 등장한다.”고 하였다.

4. 교육의 質, 교사의 수준

학교교육의 질은 주로 교사의 질에 의거한다. 교사자질에 대한 이상의 내용을 요약한다면

첫째, 교사자질의 준거로서 人間化를 들 수 있다.

페스탈로치는 ‘조화적 인간’이라고 하였고, 쉬프랑거는 ‘고차적 자아’라고 하였다. 콤스는 ‘훌륭한 교사란 먼저 한 사람의 충실한 인간일 것’을 강조하면서 개성이 강력한 인간을 들었다. 다시 말하면 도덕성, 공정성, 책임성을 강조했는데 이들 모두는 인간화에 귀속되는 특성들이다.

둘째, 교사자질의 준거로서 健康化, 즉 신체적·정신적 건강을 들 수 있다.

매슬로우는 교사자질로 ‘건전인격’을 들었고, 吳天錫도 교사의 ‘신체적 건강’을 들었으며, 鄭範謨도 ‘신체적·정신적 건강’을 들었다.

교사자질의 특성에서도 흔히 지도력, 실천력, 통찰력, 판단력, 창의력, 탐구력 등을 들고 있는 학자들이 많은데 이 모두도 신체적·정신

적 건강에서 마련되는 제 특성이라고 볼 수 있다.

셋째, 교사자질의 준거로서 自覺化를 들고 있다.

콤스는 "진정한 교사란 부단한 자기 수양을 통해 스스로 인격을 연마하고 진리를 자각하며, 배우는 사람과 일체감을 조성할 수 있어야 한다."고 하였다. 교사자질의 특성으로서 신뢰성, 자신감, 솔직성, 일관성 이 모두는 개인을 깨우치는 자각과정에서 드러나는 특성이다.

넷째, 교사자질의 준거로서 知力化를 들 수 있다.

하이에트는 '교과에 대한 충분한 실력'을 강조하였다. 콤스도 '학습목표와 과정에 대한 풍부한 지식'을 들고 있다. 교사는 담당교과에 대한 정확한 지식과 이에 대한 계속적인 연구를 위하여 근면하게 노력해야 하는 특성을 들지 않을 수 없다.

다섯째, 교사자질의 준거로서 人情化를 들 수 있다.

니일은 유머 감각을 교사자질의 요건으로 들었다. 니일은 교육에 있어서는 지적인 능력과 함께 정서적인 능력도 개발되어야 한다고 하였다. 신체적·지적·사회적인 것보다 도덕적·정서적인 발달을 강조하여, 정서적인 감화를 주기 위해서 교사의 정서적 특성이 강조되어야 할 것이다.

여섯째, 교사자질의 특성으로 人間愛化를 들 수 있다.

콤스는 교사자질로서 "학생을 이해할 수 있는 감수성의 소유자여야 한다."고 하였고, 매슬로우도 "자기실현을 해내는 사람은 제반 생리적 욕구를 비롯하여 소속감, 애정, 존경심 등을 충족시킬 줄 아는 사람이어야 한다."고 하였다.

또한 하이에트도 좋은 교사자질의 하나로서 '친절성'을 들고 있으며, 吳天錫도 '가르침을 받는 자에 대한 사랑'을 으뜸으로 삼고 있다. 학생에 대한 이해, 친절, 봉사, 자애 등의 모두가 인간애에 그 기반을 둔 것으로 이해되어야 할 것이다.

즉 교사자질의 준거로서 人間化, 健康化, 自覺化, 知力化, 人情化, 人間愛化 등으로 정리할 수 있다.

5. 국가사회의 보루

어느 사회에나 다 부패할 가능성을 지니고 있다. 정도의 차이는 있 겠으나 부패나 비리는 어디에나 다 있게 마련이다. 사람이 사는 사회 가 완전할 수는 없기 때문이다.

그러나 한 사회의 보루는 교원, 성직자, 사법계 종사자들로 볼 수 있다. 교원과 성직자와 법관이 건전하면 그 사회는 아직 희망이 있다고 하겠다.

더욱이 한 사회에서 교육이 제 걸음으로 나아가면 그 사회의 반 이 상이 이루어지고 있다고 하여도 과언이 아니다. 왜냐하면 정치도, 경제 도, 사회도, 문화도, 종교도 이 모두가 교육이라는 이름의 나무에서 그 열매를 맺게 되기 때문이다.

이런 의미에서 국회의원 뇌물외유사건, 수서사건과 대학 예능계 입시 부정사건을 한 차원에서 볼 수 없는 이유가 바로 여기에 있는 것이다.

유명대학들이 저지른 이번 예·체능계 대학 입시부정사건에 그 당사 자, 참여자는 물론 당국의 책임도 막중하다고 할 것이다. 대학들의 파 행적 입시관리에 대해 해당 대학교수는 물론 당국도 그 책임을 통감해 야 할 것이다.

지난 1980년부터 실시해 온 서울지역 예·체능계 입시 실기고사 공 동관리제가 그렇게 허술하기 이를 데 없는 것은, 그 대학은 물론 학사 행정 당국도 크게 반성해야 할 것이다. 스스로 교육자이기를 포기하는 예·체능계 인사들을 입시과정에 집단 배정했는데도 이를 묵인한 당국 은 어떤 해명이 있어야 할 것이다.

체육특기자의 조작, 끼워 넣기 합격 케이스도 감사 소홀히 빚은 입시 부정이라고 하겠다. 수련의 선발, 교·강사 채용, 학위 수여 등을 둘러싼 대학비리도 단순히 해당 대학에만 그 책임이 있는 것은 아니다.

흔히 構造的 惡이란 말을 하거니와 그 구조를 새롭게 재정립하지 않 고는 이 누적된 부조리를 척결하기가 지극히 어려울 것이다.

사람들은 많은 말과 판단을 하거니와 이를 크게 정리하면 세 차원으로 구분된다. '좋다, 좋지 않다', '된다, 안 된다', '옳다, 그르다.'는 차원이 있다.

6. 유보된 가치교육

오늘날 가정과 학교에서 '좋다, 좋지 않다', '된다, 안 된다'는 차원의 내용은 많이 가르치면서 '옳다, 그르다'는 가치판단은 거의 유보하고 교육하는 상태이다.

다시 말하면 요령주의, 눈치주의, 방편주의, 야합주의 등이 발전되어 상대적 빈곤과 열등의식을 촉진시켜 시기와 질투, 갈등과 원한 등 화합을 모르는 대결심리로 치닫게 됨으로써 단순한 기능인, 남의 일마저 빼앗아 하는 사람을 소위 능력 있는 사람으로 보아왔다.

불건전한 생각을 계속하게 되면 그 생각이 행동화되고 이를 반복하면 불건전한 습관을 낳게 되고, 또다시 이를 반복하면 자기 자신도 모르게 타성화·습성화·성격화된다.

이번 국회뇌물외유사건도, 수서사건도, 대학 예·체능계 입시부정사건도 모두 그 행동이 반복되어 습관이 되고 또 습관이 반복되어 타성화·성격화된 일단면을 볼 수 있다.

옳고 그른 가치판단 없는 '된다, 안 된다' '좋다, 나쁘다'의 판단은 위험하기 그지없다. 소위 선진국에서는 옳고 그른 판단이 기초되기 전의 모든 판단에서 나온 행위는 유보되게 마련이다. 그러나 옳고 그른 판단 없이 그 기능이 빼어나면 그대로 수용한다는 우리의 사회의식이 재구성되어야 할 것이다.

부정직하게 살아가는 어떤 사람은 통과케 하고 뒤에 가는 마지막 사람만을 붙들어서 정죄한다면, 그 사람은 마음속 깊이에서 우러나오는 참회를 하지 않을 것은 너무도 당연한 것이다.

한마디로 말한다면, 온갖 가치의 전도된 사회로 진단할 수 있을 것이다. 이 전도된 사회를 바로 일으켜 세우는 작업이 우리의 교육계에서부터 비롯되어야 할 것이다.

교육은 한갓 사회발전의 뒤만 따라가는 습속에서 벗어나 오히려 사회를 선도·선양하는 역할로 크게 변해야 할 것이다. 이를 위하여 교육 내적인 요인을 올바로 재정비 강화할 필요가 있다. 형식적이고 권위주의적인 보수의 의상을 벗고 인간중심적이고 삶의 질을 중심으로 한 교육내용으로 재편성되어야 할 것이다.

앞에서 든 바와 같이 교사의 자질이 人間化, 健康化, 自覺化, 知力化, 人情化, 人間愛化로 무장하여 새로운 사회를 선도하는 막중한 책무를 다해야 할 것이다.

7. 사람을 키우는 것

교사에게 필요한 적성이란 인간행동과 그 성장변화의 과정과 이를 계획하고 수행해 나아가는 적성을 말한다.

교사에게 필요한 신념이란 인간의 존엄성, 주체성, 잠재가능성을 믿고, 인간의 행동도 바람직하게 변화시킬 수 있다는 확신에서 인간행동의 발달과 성장을 위해 계획할 수 있는 신념을 말한다.

교사에게 필요한 이론이란 인간행동을 과학적으로 이해·파악하여 이를 바람직한 방향으로 변화시킬 수 있는 방법과 이론의 터득을 말한다.

교사에게 필요한 예술이란 인간행동을 계획적으로 변화케 할 수 있는 기술 내지 창의성을 말한다. 교육 프로그램은 단순히 이론적·과학적인 것뿐만이 아니라 교육 프로그램의 작성과정에는 예술성과 창의성이 많이 작용하기 때문이다.

결국 교육은 인간형성이라는 종합예술이요, 또한 새로운 창조라고 할 수 있다. 佛家에서도 가능하면 무엇을 키우는 직업이 좋다고 하였다. 나무를 키우는 것보다는 동물을 키우는 것이 더 낫고, 동물보다는 사람을 키우는 것이 더 낫다고 하였다.

이번 대학 예·체능계 입학비리는 반드시 그 해당자만의 문제가 아니다. 너, 나, 모두가 옳고 그른 판단에 둔화되고 습성화된 고질적 병에서 과감히 헤어 나오는 과제가 남아 있을 따름이다.

인간에 대한 존엄성, 지극한 정성이 없고 파랗게 새로 돋아나는 새 순을 바로 보지 못하고 교사는 그 자리에서 물러나야 한다.

일찍이 괴테(Y. W. Goethe)는 '빌헤름 마이스터 편력시대'에서 다음과 같은 말을 하였다.

"누구나 일을 바로 할 때는 그 일의 옳고 그름을 나름대로 판단하기는 어려운 법이다. 그러나 그 일이 잘못된 일일 때에는 그 과정에서 누구나 다 알게 마련이다."

잘못된 일을 그 순간에 느끼지 못할 때에는 그만큼 그 개인의 양심이 녹슨 것이다. 그 일이 잘못된 줄 알면서도 이해관계 때문에 그대로 밀고 나간다면 그는 이미 인간을 키우는 교육자는 아닌 것이다.

이런 의미에서 교단에 서는 모든 교사들은 마치 목욕탕에서 옷을 벗은 적나라한 모습으로 사회와 민족과 神 앞에 서는 경건성을 뉘우쳐 배워야 할 것이다.

人間性回復을 위한 教育

1. 인간주의 교육의 역사적인 예증[1]

어느 시대를 막론하고 위대하고 훌륭한 교사는 인간주의 교육을 예증해왔다. 그들은 학습이란 단순히 인지활동에 국한되지 않음을 알고 있었다. 학습이란 사실이나 정보나 지식의 습득 이상의 것이라는 사실을 직관적으로 깨닫고 있었다.

그리스인에게 있어 교육은 바람직한 특성(excellence) 즉 arete의 습득과 전달에 있었다. arete라는 말은 흔히 덕성(virtue)으로 번역되는데 이것은 이보다 더 넓은 의미를 갖는 것으로서 단순히 도덕적 특성뿐이 아니라 지적인 탁월성과 나아가 신체적인 탁월성까지도 내포하는 것이었다.

Aristoteles는 교육의 목표를 arete의 개념을 초월하는 것이었다. 그에 의하면 선이 행복을 의미하며 이 행복이란 eudaimonia 즉 "잘사는 것(living well)"을 의미한다. 그것은 바로 모든 인간이 추구하는 궁극적인 목표이다.

르네상스의 논리에 인간주의자라고 말할 수 있는 집단의 교육가들이 배출되었다.

Erasmus는 덕성(virtue)이 가르쳐야 할 '가장 훌륭한 자질(finest quality)'

---

1) C. H 패터슨저, 張相浩역, 인간주의 교육, 博英社, 1989, PP.53 – 66 參照

로 간주하였다.

코메뉴스도 "교육이란 모두가 크나큰 즐거움을 가지고 유쾌하게 가르치는 종합적인 예술이다."고 하였다.

그는 감각적 지각을 강조하고 경험과 실제적인 지식에 관심을 보이면서 고전적 인간주의 교육과정에 반기를 들었고 이러한 생각은 Locke에 의하여 계승되었다.

그에 의하면 아동은 수용적이고 가변적이어서 "글자가 적혀 있지 않은 더판(tabula rasa)이나 백지상태로 있기 때문에 그 위에 경험을 새길 수 있다"고 주장하였다. 따라서 "우리가 대변하는 사람들 가운데 9할 정도는 그들이 선하든 악하든 혹은 유용하든 무용하든 상관없이 그들의 교육에 의해서 형성된 것"으로 간주하였다.

실로 록크는 인간주의자였다. 개인은 자신을 위하여 존재하는 것으로 보았다.

그의 관심은 아동의 지적 발달에 국한된 것이 아니라 그보다도 먼저 아동의 마음속에 길러져야 할 자질을 덕성, 진리에 대한 애착심, 지혜 및 훌륭한 교양 등을 들었다.

Aristoteles와 Locke의 영향을 받은 Rousseau은 아동은 본래 선하다는 데 역점을 두었다. 그에 의하면 인간은 본래 선한 본성을 가지고 있으나 사회나 제도가 선한 인간을 타락케 한다고 하였다. 교육은 인간본성을 따름으로써 이러한 타락을 막아야 한다고 하였다. 그는 삶의 불확실성을 시인하고 미래를 위해서 현재를 희생시키는 교육, 그리고 즐기지 못할 수도 있는 미래의 멀고 먼 행복에 대비시켜 아동을 괴롭히는 교육을 잔인한 것으로 느꼈다. "당신이 지켜야 할 첫 번째 의무는 인간다워지는 것이다." 그러나 인간다워지는 것은 방종을 의미하는 것은 아니다.

Rousseau와 마찬가지로 Pestalozzi는 Comenius와 Rousseau의 업적과 통찰에 많은 영향을 받았다. 그러나 Locke와 Rousseau가 철학자였던 것과는 대조적으로 Pestalozzi는 교육자였다. 그는 교육적 실천을 이론적 토대 위에 올려놓으려는 데 관심을 가졌다.

Rousseau는 인간주의자이자 온화한 성품을 가진 사람이었다. 그의 이론과 철학은 인간에게는 누구나 선천적으로 박애와 사랑의 정신이 깔려 있다고 보았다.

이러한 숨겨진 자질은 적절한 환경이 주어질 때에 계발되고 표현된 다고 보았다. 그는 부모 특히 어머니에게 아동의 사랑을 일깨워주는 일차적인 책임이 있다고 보았다. 그가 운영하였던 학교들은 학교라기보 다는 많은 아동들을 거느린 가정들의 집합소와 흡사하였다.

2. 인간주의 교육의 최근 동향(Summerhill의 경우)

섬머힐은 A. S. Neill에 의해 1921년 영국런던에서 약 100마일 떨어 진 곳에서 창립되었다.

여기서는 아동이 반드시 수업에 출석해야 할 조건이 없다. 학급은 연령에 따라 때로는 흥미에 따라 구성된다. 시험이 전혀 없고, 도덕 혹 은 종교수업도 없다.

E. Fromm은 Neill의 교육적 입장을 다음과 같이 요약하였다.[2]

① 니일은 '어린이는 선하다(in the goodness of the child)'는 것을 굳 게 믿고 있다.
② 교육의 목표는 기쁘게 일하여 행복하게 되는 데 있다.
③ 교육에 있어서는, 지적인 능력과 함께 정서적인 능력도 개발되어 야 한다.
④ 교육은 어린이의 정신적 욕구와 능력에 알맞은 것이어야 한다.

---

2) A. S. Neill, Sunmerhill: A Radical Approach to Child Rearing, New York: Hart publishing Co. Inc, 1960. foreword ii − iv

⑤ 아동에게는 학과를 강요하는 것은 벌을 주는 것과 똑같은 불안을
   낳게 된다.
⑥ 자유란 방종이 아니다.
⑦ 지금은 교사들의 참된 진실성(true sincerity)이 요청된다.
⑧ 아동은 하나의 개인으로서 사회에 대처해 나가는 방법을 익혀 나
   아가야 한다.
⑨ 죄악감이 무엇보다도 아동들을 권위에 매달아 놓는 기능을 다하
   고 있다.
⑩ 섬머힐 학교에서는 종교교육을 과하지 않는다.

이 학교는 6세에서 16세까지로 이 시기의 아동은 수시로 입학이 허락된다.

다시 세 집단으로 구분되어 제1집단을 6세에서 7세까지 제2집단은 8세에서 20세까지 제3집단은 11세에서 16세까지로 되어 있다.

이 학교의 특징은 건강한 아동, 자유로운 아동의 곳이라는 것인데, 처음 이 학교를 찾는 아동은 공포와 증오로 가득 차 있는 것을 심리적 무장해제를 하여 그들에게서 키울 수 없는 여러 요인을 두루 찾아 바로 자라게 하는 것이었다.

그가 섬머힐을 시작할 때 중요한 사상은 종래와는 달리 "아동을 학교에 맞추는 것이 아니라 학교를 아동에게 맞추어 보겠다."3). (the make the school fit the child instead of making the child fit the school)는 것이다.

그는 여러 해 동안 일반학교에서 교사생활을 하는 동안 많은 문제의식을 갖고 그 해결에 번민하였다. 그는 마침내 더 잘 가르치는 방법을 깨우쳤고 교육 실제가 온통 전도되어 있다는 신념을 굳혔다.

"학교가 노이로제에 걸린 한 사람의 학자를 배출하는 것보다 차라리

---

3) Ibid, p.4

한 사람의 행복한 거리의 청소부를 배출하는 것이 좋다(I would rather
see a school produce a happy street cleaner them a neurotic scholar)."
고 하였다.

아무렇게나 걸어온 성인들의 과거를 그대로 현시점의 아동들에게 맞
추라는 것은 옳지 못한 것이라고 생각하였다.

그 당시 영국의 사회적, 시대적 배경의 보수성에서 이처럼 과감히
실천과 결단을 할 수 있는 것은 아동은 악하지 않고 선하다는 신념을
그가 지녔기 때문이다.

그는 거의 50여 년을 이 교육사업에 종사하면서 아동이 선하다는 이
신념은 그에게는 변함없는 최종적 신조였다.

아동들 자신이 필요를 느껴서 하는 공부는 매우 열성이 들어 있기
때문에, 강제로 공부해야 하는 아동들에 비해 훨씬 단시일에 좋은 성
과를 본다고 그는 말하였다. 그러나 대체적으로 아동들은 갱 연령(gang
age)을 지내고 난 14세경부터 본격적으로 공부하기 시작하여 대학 입
시에도 잘 합격한다고 말하면서 오늘날의 학교는 아동들의 창조성을
크게 말살시키고 있다고 주장하였다.

학자의 능력을 타고난 아동은 학자를 청소부의 능력을 타고난 아동
은 청소부로 기르는 곳이 섬머힐 학교이다. 그러나 여기서 중요한 것
은 우울하고 적성에 맞지 않는 학자를 억지로 하기보다는 그의 적성에
맞는 직종에서 행복하게 종사하는 것이 더 좋은 것이라고 하였다.

discipline은 그에게 의하면 목적을 위한 수단이라고 여겼다.

그는 두 가지의 discipline이 있다고 하였다. 하나는 군대에서의 discipline
이고 다른 하나는 orchestra에서의 discipline이다.

전자는 전쟁을 승리로 이끄는 것이 목적이고 개인은 따라서 그 대전
제에 종속되고 여기서 개인이란 문제가 되지 않는다. 그러나 후자인
경우 제1 violinist는 지휘자와 같은 훌륭한 연주에 민감하기 때문에 지
휘자에 순종하고 어떻게 하면 전 member가 지휘자에 순종하여 전체적
인 조화음을 생성하기에 이른다. 전자는 공포로 다스려지고 복종하지

않으면 처벌을 받는다는 것을 군인들은 안다. 학교의 discipline은 orchestra와 같을 수 있다. 흔히 우리 주위에서 군대의 discipline과 같은 학교를 흔히 볼 수 있다. Neill이 discipline을 말할 때 가정의 discipline의 중요성을 강조하였다.

"아동들은 가정에서 항상 무엇을 배울 수 있어야 한다(In the home, the child in always being taught)."4) 행복한 가정은 orchestra와 같이 집단정신을 즐기고 불행한 가정은 증오와 억압으로 다스려진다.

그는 discipline이 없는 경지를 최상의 것으로 생각하였다.

가정에서의 discipline이란 그 가정성원이 개인적 권리를 지켜지는 형태의 discipline을 말한다. 부모와 자녀는 한집에서 친구이고 협력자이다. 불행한 가정에서는 discipline이 증오의 무기로 사용되고 복종은 미덕이 된다. 이런 가정에서 아동은 소유적이고 소유주인 부모에게 잘 보여야 한다.

자녀가 성적이 부족하다고 걱정하는 부모는 성적부족이 인생의 미래를 실패로 이끈다고 본다. 자녀에게 엄한 훈련을 해야 한다고 믿는 부모는 스스로를 알지 못하는 사람이다. 가정에서 엄한 discipline은 자기증오의 투영이다. 성인이 권하는 기준에 맞추기 위하여 엄한 discipline을 과하는 것은 그릇된 것이다.

"벌이란 항상 미움에서 생기는 행동이다(Punishment in always an act of hate)."5)

특히 Neill이 강조한 것은 어려서부터 가정에서 자기조정(Self-regulation)을 해온 아동은 새삼스럽게 discipline이 필요치 않다고 하였다. 사랑이 충만한 가정에서 자란 아동은 부모가 들려주는 말을 잘 듣는다.

그러나 증오로 가득 찬 가정에서 자란 아동은 아무것도 받아들이지 않거나 아니면 부정적으로 받아들인다. 그런 아동은 파괴적이고 무례하고 부정직하다.

---

4) Ibid, p.25
5) Ibid, p.105

"미움은 미움을 낳고, 사랑은 사랑을 낳는다(hate breeds hate, and love breeds love)."6)

"그들은 사랑에는 사랑으로 증오에는 증오로 반응한다(They will react to love with love, and will react to hate with hate)."7)

그렇기 때문에 Neill은 일생동안 아동을 때려본 일이 없다고 술회하고 있다. 때리는 것은 위험하기 때문이고 때리는 것은 뒤에는 증오가 따르기 때문이라고 하였다.

섬머힐에서는 아동의 개인·인격을 성인과 같이 존중하였다. 그는 아동의 본래의 존엄성을 조심히 다루어야 한다고 믿었기 때문이다.

3. 인간주의적인 교사8)

Pestalozzi나 Neill과 같은 훌륭한 교사의 성공사례는 그들의 방법이나 체제에서 비롯되었다기보다는 그들의 사람됨에서 기인한 것이라고 전해지고 있다. 가르친다는 것은 하나의 체제나 방법들을 응용하는 것이 아니고 바로 하나의 인간적 관계인 것이다.

인간주의적인 교사는 솔직하고 진실하다. 그는 가면과 허식을 싫어한다.

훌륭한 교사란 어떤 주어진 방법으로 행동하는 사람이 아니다. 그는 아동들에게 있어서 효율적인 성장을 촉진시키는 데에 능숙한 한 예술가이다.

인간주의적인 교사는 사람을 그대로 모방하지 않고 그 자신의 강열하고 개인적인 무엇을 가지고 있다. 훌륭한 교사는 그의 아동들과 그

---

6) Ibid, p.8
7) Ibid, p.160
8) A. W. 콤스저, 김선양등역 교사교육의 혁신, 서론: 교육과학사, 1988. pp.97 − 102. pp.121 − 122參照

자신이 만족을 얻은 데에 도움이 되는 방식으로 그 자신의 재능과 그
환경조건을 사용하는 방법을 배운 사람이다. 능률적인 교사는 정식으로
정의하자면 그는 다른 사람을 교육함에 있어서 그 자신과 사회의 목적
을 수행하기 위하여 그 스스로를 효율적으로 사용하는 방법을 배운 독
특한 인간이라고 할 수 있다.

인간주의적인 교사는 고정된 방식으로 행동하지 않는다. 그의 행동
은 아동들의 욕구가 그가 처한 상황과 그가 도달하려고 하는 목적과
그가 사용할 수 있는 방법과 자료에 끊임없이 원활하게 적응하면서 순
간마다 날마다 바뀔 것이다.

인간주의적인 교사는 자신을 다음과 같은 방법으로 지각한다.

① 훌륭한 교사는 다른 사람과 격리되어 있기보다 함께 있어서 일체
감을 느낀다. 훌륭한 교사는 자신을 인류전체의 한 부분으로 생
각하고 자신을 숨기거나, 멀리하거나, 소외감을 느끼기보다는 남
과 더불어 살아간다고 생각하고 그것을 삶의 보람으로 여긴다.

② 훌륭한 교사는 부족함과 충족감을 느낀다. 대개 유능한 교사는
자신의 문제가 제기되었을 때 자신은 충분히 해결할 수 있다고
느끼며 자신이 부족하여 주목할 수 없다고 생각하지 않는다.

③ 훌륭한 교사는 본질적으로 자신을 불신하기보다는 신뢰하고 있다.
훌륭한 교사는 자기의 유기체를 굳게 믿고 있다. 어떤 반격을 가
할지라도 자기의 유기체는 믿을 만하고 신뢰할 만하여 어떤 사건
도 주목할 수 있는 가능성이 있음에 의심하지 않는다.

④ 훌륭한 교사는 다른 사람들이 자신을 불필요하게 여기기보다는
필요한 존재로 알고 있다고 생각한다. 자신은 주위에 호감을 받
으며, 나아가서는 마력이 있어서 자신이 중요하게 여기는 사람들
로부터 따뜻한 반응을 얻어낼 수 있다고 생각한다.

⑤ 훌륭한 교사는 자신을 무가치하게 여기기보다는 가치 있게 여긴
다. 유능한 교사는 자신이 기대해 볼 만한 결과를 가져올 수 있
는 사람으로 여기고 존엄, 통합 값어치 있는 일을 존중하며, 결과

를 기대하지 않거나 존엄, 정직 등을 무시하거나 하찮은 것으로 아낌을 배격하고 있다.

⑥ 훌륭한 교사는 자기가 가르치는 목적이 아동을 통제하는 데 있지 않고 오히려 자유롭게 하기 위한 것이라고 자각하고 있다.

⑦ 훌륭한 교사는 작은 주제보다는 큰 것에 관심을 쏟으려 한다. 사건을 협소한 측면으로 생각하기보다는 폭넓게 보려고 한다.

⑧ 훌륭한 교사는 자기를 숨기기보다는 자신을 드러낸다. 자신을 개방할 때는 의지가 있다는 것이다. 자신들의 감정이나 부족감을 숨기고 덜어두기보다는 보다 중요하고 유의미하게 다루며 자신의 의지를 자유자재로 활용한다.

⑨ 훌륭한 교사는 목적성취보다는 앞으로의 과정에 더 관심이 있다. 찾아내고 발견하는 과정에서 용기를 북돋고 촉구하는 데서 적합한 역할이 무엇인가를 볼 줄 알 때 개인만의 목적을 갈구하거나 선입관을 가지고 문제를 풀어가려는 것을 배척한다.

⑩ 훌륭한 교사는 고립되기보다는 인간적인 참여를 시도한다. 돕는 과정에서 하나의 동조자로 적합한 역할을 발견하며, 상호작용을 하려는 의지가 있으며 활동에서 멀리 떨어지며 혼자 있거나 무관심하지 않다.

4. 앞으로 해야 할 교육의 방향

우리가 진단해야 할 교육의 실제는 첫째로 지식중심의 교육을 탈피하는 일이다. 지식은 어디까지나 교육의 자원으로 고려되어야 할 것은 당연하다. 그러나 지식은 수단적인 가치를 다룰 것이요, 목적적인 가치를 다룰 수는 없는 것이다. 지식은 앎과 관계가 깊고 지혜는 행과 관계가 깊다. 행동은 모든 사상의 종착지란 말이 있듯이 앎에서 행으로 나아가려면 학(學)에서 각(覺)으로 나아가야 한다. 아는 것에서 알아서 깨달아 행하는 차원으로 비상해야 할 것이다. 둘째로, 종래의 지식중심교육에서 인간중심교육에로 크게 전환되어가야 할 것이다. 물론 상급학교에서 요구하는 지식을 하급학교에서 이를 무시할 수는 없다. 현대교육은 전연 영감(靈感)없는 교육을 하고 있다. 마치 아동들을 컴퓨터 기계처럼 다루고 있다고 하겠다. 깨끗한 혈액이 흐르는 인간으로 키우기 전에 먼저 차가운 기계처럼 교육시키고 있는 것이 시정되어야 할 것이다. 셋째로, 우리 교육이 전통적 교육관에서 벗어나 교육을 한갓 출세지향적으로 보는 폐단을 없애야 할 것이다. 과거 우리사회에서 과거제도, 문관시험, 오늘날의 고등고시 등이 지금까지도 장려되고 있는 실정이다. 이러한 경향은 다른 나라들에서도 볼 수 있으나 특히 우리나라에서는 교육을 사회상승의 수단으로 보는 데서 우리나라 특유의 교육열에 대해서 반성해 볼 과제가 아닌가 싶다.

이러한 당면과제를 두고 천원(天園) 오천석(吳天錫)은 다음과 같은 방향을 제시하고 있다.9)

① 통정(統整)된 인품의 완성을 위하여
② 자율적 의사결정 능력의 배양을 위하여
③ 변화에의 능동적 적응력을 기르기 위하여
④ 고차적 가치에 대한 동일체의식을 조성하기 위하여
⑤ 영원한 성장으로의 발돋움을 위하여
⑥ 창조세계에의 참여를 위하여, 이상 여섯의 제시한 내용을 구체적으로 설명을 첨한다면 다음과 같다.

---

9) 오천석, 발전 한국의 교육이념 탐구, 서울: 배영사 1973. pp.311−333參照

① 통정된 인품의 완성을 위하여

우리 주위에는 성품이 융화되고 통합되는 것에 등한히 하면서 살아가는 사람이 허다하다. 가령 다른 사람이 보는 데서는 정직한 행동을 하면서 혼자 있을 때, 타인이 보지 않을 때는 부정직한 행동을 예사로 한다면, 그의 인품은 통정되었다고 보기는 어려울 것이다. 작중 인물에 대해서는 눈물을 흘리면서 보나, 그와 유사한 사건들이 우리 주위에서 일어날 때는 곧 냉혈동물이 된다면 그는 통정된 인품을 지녔다고 볼 수 없으며 동시에 확고한 인생관을 가진 사람이라고 보기는 어렵다. 밖에서는 민주주의를 강조하면서 가정에서는 폭군으로 군림한다면 그는 분명히 견실한 생활철학 위에 서서 살고 있다고 보기는 힘들 것이다.

사람은 누구나 우선 자주성 위에 서서 자아실현을 구현하여야 할 것이다.

또한 사상과 생활에 통일을 기해야 할 것이다.

그리고 사고나 행동은 합리적이요, 상식적인 준거를 지켜야 할 것이다. 합리적 행동은 다만 합리적 사고에 의해서만 가능한 것이다. 이런 의미에서 통정된 인품을 그 첫째로 꼽은 것은 바로 이런 근거에서 말하는 것이다.

② 자율적 의사결정 능력의 배양을 위하여 남의 힘을 빌리지 않고 자의에 의하여 자기의 의사를 결정하는 것을 의미한다. 전통사회는 권위의 사회와 권위가 있는 곳에 맹목적인 추종이 따르게 마련이다. 여기에 자율성이 있을 수 없다. 여기에 자아의 사고·비판·선택이 있을 수 없다. 오로지 권위에 대한 맹목적인 복종만이 있을 뿐이다. 이에 반해서 고대사회에서는 저마다의 사고·행동을 남의 간섭이나 통제를 받지 않고 스스로 결정할 것을 요청한다. 모든 의사결정이 남이 아닌 자신에게 있을 때 그에게 필요한 것은 독립된 독자적인 사고의 힘이다. 이 사고의 과정을 거치지 않은 결정은 무모하고 위험한 일이다.

우리 교육은 지금까지도 생각하는 사람을 기르는 데 미흡하였다고 볼 수 있다. 사고 없는 생활은 현시대에 부적합할 뿐만 아니라, 사람

자신을 스스로 비하(卑下)케 하는 일이기도 하다. 자율은 민주사회의 생활을 가능케 하는 원리이기도 하다. 자율로써 전제를 막아야 할 의무가 우리 모든 사람에게 있다고 하겠다.

③ 변화에의 능동적 적응력을 기르기 위하여 A. Toffler는 인류의 농경사회를 제1의 물결로 보고 이 과정을 거치는 데 거의 1만 년이 걸린 것으로 본다. 제2의 물결은 산업사회인데 약 300년의 과정을 거친 것으로 본다. 이 산업사회의 특징을 규격화, 분업화, 동시화(同時化), 집중화, 거대화, 중앙집권화로 보았다. 제3의 물결이란 전자가정(electroric cottage)이 생활의 거점이 된다. 뿐만이 아니라 제3의 물결에서는 가족제도의 변화를 들 수가 있다. 다시 말하면 자녀가 없는 생활을 선택하는 사람들의 수가 급증한다는 것이다. 다음으로 탈규격화에로의 움직임이 일어난다는 것이다. 그중에서도 flextime 제도의 보급은 두드러진 특징이라고 할 수 있다. flextime이란 근로자가 자기 노동시간을 편할 때 선택할 수 있는 체제를 말한다. 이러한 변화과정을 제1의 물결에서 제2의 물결을 거쳐 제3의 물결 속에서는 사회의 변화가 급증한다는 것이다. 조만간 이러한 현상은 이미 다가오고 있고 또 닥쳐 있다고 볼 수도 있다. 이 변화에의 적응력에는 신축성, 탄력성이 요청된다. 이 속에서 개개인은 능동적이고 비판적인 것을 키워가야 한다. 우리의 비판정신에 의한 선택적, 능동적, 건설적인 것이어야 한다. 물론 변화라고 하여 모두 호적(好適)한 것만은 아니다. 그렇다고 이를 또한 무시할 수도 없다. 이에 대한 능동적 적응력을 길러야 한다.

④ 고차적 가치에 대한 통일체 의식의 조성을 위하여

현대사회의 윤리는 자아를 초월하여 고차적인 가치에 대하여 통일체 의식을 가져야 한다는 것이어야 한다. 이것은 자아를 부정하거나 단순한 희생을 요구하는 전통사회의 윤리의 일면을 말하는 것이 아니라 자아를 확대하고 자아보다 높은 가치 생활에로의 발전을 의미한다.

종래의 윤리교육은 지나치게 개인의 희생을 강요하였다. 자아와는 동일체감을 지닐 수 없는 공(公)을 위하여 사(私)를 멸할 것을 요청하였다. 고차적 가치에 대한 동일체 의식의 함양을 오직 자아의 초월 위에서 비로소 가능하다. 자아를 초월한다는 것은 개인의 이익을 버리고 국가의 이익을 존중한다는 것을 말한다. 외부로부터의 강요에 의하여 성취될 수 없고 저마다의 개인의 협력에 의하여 가능해진다. 우리가 이룩해야 할 도덕적 윤리는 무턱대고 나를 죽이라는 것이 되어서는 안 된다. 나도 살고 사회, 국가, 민족, 인류가 다 같이 사는 교육이 되어야 한다.

나의 이익이 곧 사회의 이익이요, 사회의 이익이 곧 나의 이익이라는 통일체 의식을 기르는 것이 되어야 한다.

⑤ 영원한 성장에로의 발돋움을 위하여 교육이 목적하는 변화란 무의도적인 것이 아니라 거기에는 뚜렷한 계획이 있다. 교육이 의도하는 변화는 바람직한 목적을 향하는 성장이다. 성장에는 이를 가능케 하는 여건이 마련되어 있어야 한다. 그 가장 중요한 여건은 성장할 수 있는 자유의 풍토이다. 따라서 교육은 이러한 풍토를 확보하여야 한다. 교사의 임무는 강요에 의하여 몇 권의 책을 읽히는 일이 아니라 독서를 즐기는 마음씨를 심고 키움으로서 아동으로 하여금 일생을 두고 독서를 즐기게 하는 데 있다. 교육의 임무는 아동을 끊임없는 성장자로 만드는 일에 기여하는 데 있다고 하겠다.

⑥ 창조세계에의 참여를 위하여

인간이 인간다운 생활, 인생의 생활에서 진정한 의의와 가치를 찾는 생을 영위하는 데는 창조적 생활에의 참여라고 본다. 현대인의 생활에 결여되어 있는 부분은 창조의 생활에 대한 무관심이라고 하겠다. 다시 말하면 현대인의 생활을 풍요하게 하는 데는 물질적 생활 이상으로 정신적 생활의 계발이 소중하다. 창조라면 흔히 거창하게 성현, 발명가, 예술가 등을 생각하게 되는데 이 모든 분들이 위대한 창조를 해낸 것은 틀림없는 사실이다. 그러나 소수의 위대한 인물들의 독점물만은 아니다. 우리는 누구나 창조자가 될 수 있다. 창조는 반드시 밖으로 나타나는 것에 국한할 필요는 없다. 내면적 정신적 가치 창조는 인간사회를 미화하고 개인의 생활을 풍부하게 한다. 메마른 현대사회에서 흐뭇한 정을 느끼게 하는 행동은 하나의 창조이다. 탁월한 인물만이 해낼 수 있는 창조도 좋지마는 모든 대중이 지어 나아갈 수 있는 친절, 정직, 진실, 봉사, 애정, 정의, 존경, 협동, 동정, 관용 등 작지마는 값있는 창조의 생활에 대한 참여가 더욱 절실하지 않겠는가?

교육대통령에 바란다

"미래의 세기는 어느 나라나 막론하고 교육의 세기로 접어들 것은 거의 틀림이 없다. 이에 발맞추어 보다 정밀하고 체계적이며, 실현가능한 범위 내에서 교육투자가 논의되고 실현되기를 바란다."

民自·民主·國民 등 3당은 대선공약의 하나로 교육재정의 GNP 5% 확대를 내놓고 있다.

民自黨은 대학입시제도를 자율역량을 갖춘 대학에 한해 학생선발권·정원조정권 등을 완전 일임하고 내신 반영비율을 적정화하고 복수지원제를 허용하고 야간학과 정원을 대폭 늘리고 산업체 근로자를 특별 전형하여 비율을 50%까지 확대하기로 하며, 교육체제에서는 개방대학을 지역별로 설립하고 정원을 증원하며 방통대 정원을 증원하며 학과를 신·증설하고 독학학위취득의 기회를 확대하고, 종합사회교육원을 건립하며 교원처우개선에는 교원보수를 타전문직 수준으로 인상하고 교원증원으로 주당수업시간 감축과 연구시간을 확대하여 교원주택 구입 및 생활안정자금융자를 대폭 확대해 나가기로 하였다.

民主黨은 대학의 입시제도를 대학의 전일제 수업과 모든 지원자를 수용하고 국가학력고사와 내신성적 중심의 입시제도로 과외가 필요 없는 입시제도를 실현하여, 교육체제에서는 직업교육에 대한 국고지원을 강화하고, 평생교육을 위한 시민대학을 설치하며, 교원처우로는 교원보수의 대폭인상과 독자적 보수체계의 수립과 근무부담 경감과 복지·후생시설의 확충 등을 들고 있다.

國民黨은 대학입시제도에서는 대학정원을 철폐하고 선지원 후시험제도를 유지하며 전공계열 내에서 대학복수지원을 가능케 하며 입시전형 방법과 시기를 대학에 일임하여 전문성과 독립성을 갖춘 고교학력평가제를 위하여 전문 상설기구를 설치·운영하기로 하며 교육체제에서는 산업(개방)대학의 확대, 기업체 사내대학 설립을 권장하고 학위를 인정하며, 방통대의 활성화와 독학 학위취득제도를 개선 확대하며 교원처우로는 교육공무원 보수·수당국정을 분리·독립운영하며 호봉등급 회수를 연4회로 확대하며 교원자녀 대학등록금 지원을 위한 장학기금조성과 무주택 교원의 주택자금 처리융자 등을 내어 놓고 있다.

각 정당이 제시하고 있는 내용들은 겉으로는 차이가 많은 것 같으나 그 실상을 심층 분석해 보면 서로 맥을 같이하는 부분이 적지 않다.

이미 제시된 교육공약 중에는 법령, 제도 그리고 구조의 개정 보완으로 가능한 사항도 있으나 그 대부분은 막대한 투자가 소요되는 사항이 그 대부분이라고 하겠다.

92년 현재 GNP의 3.5% 수준이고 93년 예산안을 기준으로 할 때 GNP의 3.7% 수준이 될 것으로 전망되고 있다.

또한 G7프로젝트를 비롯하여 과학기술 투자도 GNP의 5% 확보를 공언하고 있기 때문에 그 실효성이 매우 불투명하다고 보겠다. 각 정당에서 제시하고 있는 GNP의 5% 수준의 교육예산을 임기 내로 실행하겠다는 것인지 아니면 21세기를 목표로 하고 있는지조차도 가늠하기 어렵다.

물론 지방교육재정 교부금법의 내국세의 11.8%를 15%이상으로 상향조정하고, 교육세의 세원을 배로 늘려서 국토개발이익 환수금제도를 실시하겠다는 방안을 제시하고는 있으나 이 정도로는 거의 空約이 될 가능성이 높다.

물론 교육재원의 확보는 아무리 강조해도 지나침이 없으나 그 구체적 실행절차의 제시 없이 단순히 선언적인 의미에서 맴돈다면 지난 과 거와 전연 다를 것이 없다.

지금까지는 교육예산은 국방예산 다음에 고려되어 온 것이 사실이다. 지금도 거의 변화가 없다고 하겠다.

국방에 대해서는 전문가들의 지혜가 총동원될 것이지마는 지금의 국군의 규모를 우리 국민이 감당하기에는 벅찬 현실을 직시해야 한다.

대폭적인 감군을 하면서 단계적으로 기계화, 정예화, 최첨단 기제의 무기화 등을 지향하면서, 동시에 예비군의 효율적 운영에 깊은 관심과 연구가 요청된다고 하겠다. 그리하여 당장은 어려우나 점차적으로 국방의 소요예산이 교육예산으로 옮겨지는 과정이 적게나마 시작되어야 할 것이다.

이에 대한 대안이 없이 무조건 선언적 의미만 띤 공약이라면 이 역시 空約이 될 가능성이 높다고 하겠다.

한 나라의 발전과정을 살펴보면 그 어느 분야나 소홀히 하고 넘길 수 없으나 교육 그 자체가 올바로 定着되었으면 그 나라 과업 중 반 이상이 해결된 것이나 다름이 없다.

民自黨은 77개 공약사항 중 55번째 항에 "교원지위향상으로 신뢰받는 교직사회를 이룩한다."는 제하의 교육정책을 제시하고 있고 民主黨은 100개 공약 중 70번째에 "해직교원복직허용과 교원에 단체교섭, 단결권허용"의 교원정책을 제시하고 있다.

國民黨도 교육 분야 공약의 기조를 "정직하고 진취적인 인간형성"으로 삼고 교원의 근무조건과 처우개선에 대한 구체안을 공약으로 내세우고 있다.

지난 과거에 비하면 이러한 변화가 전보다는 진일보하였다고 볼 수는 있다.

미래의 세기는 어느 나라나 막론하고 教育의 世紀로 접어들 것은 거의 틀림이 없다. 이에 발맞추어 보다 정밀하고 체계적이며, 실현 가능한 범위 내에서 교육투자가 논의되고 실현되기를 바란다.

현대적인 백화점, 최첨단기기가 도입되는 은행, 거리마다 초현대식 건물이 그 웅장함을 자랑하는 현실에서 학교의 교실은 너무도 춥고, 교무실의 설비는 1세기 전과 거의 변한 것이 없다.

이와 같이 열악한 현실에서 미래의 장미꽃을 키워서 꽃피게 하기에는 40만 교원은 너무도 힘에 겹다는 것을 당선된 大統領, 敎育大統領은 직시해 주기를 바라는 것이다.

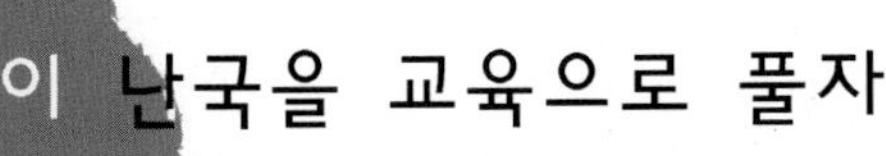 이 난국을 교육으로 풀자

- 인간성 회복을 위하여 -

우리는 지금 5년만 지나면 대망의 21세기를 맞게 된다. 20세기 특히 후반부터는 상상할 수 없을 정도로 급격한 사회변화를 맞이하였다. 이 엄청난 변화의 충격 속에서 1995년을 맞고 있는 것이다.

우리나라가 농경사회로부터 산업사회로 전환하기 시작한 기점을 대체로 1960년으로 보는 견해가 타당하다. 경제계획을 시작한 지 34년 동안 외형적으로는 세계 21위로 큰 나라가 되었으며 세계 10위권의 교역대국이 되었고 경제규모가 15위로 괄목할 발전을 한 것 또한 사실이다.

산업사회의 과정을 살펴보면 영국은 180년, 불란서 160년, 독일 140년, 미국 120년, 일본 100년의 기간을 두고 오늘의 산업사회를 각각 건설하였다. 단지 그 시기만을 갖고 비교한다면 선진제국가의 산업화 과정은 우리보다 3배 내지 6배의 기간을 거쳐 오늘에 이르렀다고 볼 수 있다.

너무 급격하게 산업사회를 이루어가는 과정에서 우리는 많은 사회적 부작용을 겪고 있다.

여기서 일일이 예거하기도 싫은 각종 범죄행위, 비행현상, 파렴치한 사건의 증가, 건전한 상식과 양식이 무력화되면서 우리 사회는 총체적 난국, 총체적 위기를 맞고 있다.

청소년의 음주, 끽연, 자살률이 상승하고 있으며 암으로 사망률, 이혼율이 세계에서 아주 높은 수치를 나타내고 있다.

지금 말썽이 되고 있는 세계의 행정은 그 도세의 정도가 세계에서 그 유례를 찾아볼 수 없을 정도다. 많은 사람들이 제 사회규범을 아무런 가책 없이 위반하고 있고 또 그 가해자가 용인되는 사회문화적 풍토에서 병들어가는 사회임을 실감 개탄케 하고 있으며 반사회적, 반윤리적 행위를 저지른 파렴치범이 범람하면서 인격의 해체, 사회의 해체를 확인받을 때 저마다 깊은 잠을 설치고 놀란 가슴으로 출근 전 조간 신문을 근심스럽게 훑어보는 국민이 그 대부분이다.

급격한 인구의 도시집중화 현상으로 사회적 공동체가 근본적으로 흔들리고 있다. 특히 직업공동체, 기능공동체가 제대로 맞물려 돌아가지 못하고 있다.

가부장 제도의 가족규범이 그 구속력을 상실해 가고 있으며 가족마다 일정한 가풍, 학교마다 전통적인 교풍, 회사마다 그 나름대로의 사풍이 아직 그 뿌리를 못 내리고 있으며 이에 따라 각 직장마다 이직률이 올라가고 있고, 또한 각 직장마다 전문 기능인의 대폭 부족상태를 드러내고 있다. 산업계를 본다면 전문 기능인이 약 7분의 6이 부족한 현상이다. 그러니 우리나라 제품이 국제적으로 햇빛을 볼 수가 없을 것은 너무도 당연한 일이다.

일본의 자율교육 행동과 경험에 의한 학습

　1995년 6월 4일에서 6일까지 2박 3일 일정으로 '한국 니일 연구회'에서는 김은산·조남숙 회장단을 중심으로 회원 25명이 <木の國子どもの村學園>을 참관하고 돌아왔다.

　이 학교는 和歌山縣에 있다. 大板에서 기차를 타고 약 50분 가면 하시모도역이 되는데 이곳에 내려서 버스로 산길을 30분 정도 가면 이 학교에 도착하게 된다.

　길은 퍽이나 험하고 이때는 특히 우기여서 일부 길이 무너져 버스에서 내려서 걷다가 다시 타기도 하였다.

　우리 일행은 이 학교에서 가장 큰 교실인 '工務店'의 방으로 안내되었다. 학생들이 점심식사를 하는 동안 堀眞一郎(대판시립대 교수, 일본 니일 연구회 회장)교장과 지사적 인상이 풍기는 연로한 이사장, 그리고 일부 선생들과 인사를 하고 선물을 교환하였다.

　이 학원은 1984년에 발족한 '새로운 학교를 만드는 회'에 의해 설립되었다고 한다. 그 후 사철 산속의 빈집을 빌려, 미니스쿨, 체험합숙을 하면서 소중한 경험을 쌓고 때로는 모금도 하고 학교설치 기준령에 대한 검토도 하였다. 이러한 과정과 8년의 준비를 거쳐서 1992년 4월에 큰 뜻을 품고 이 학교가 개교하였다고 한다.

　1995년 6월 현재 재학생수는 초등부가 92명, 작년에 개교한 중등부가 33명으로 1개 학년에 약 15명 내외로 돼 있다.

교사는 17명(시간강사 4명 포함), 기숙사 보모가 7명, 기타 사무직원과 운전기사가 5명으로 총 교지원 수는 29명이다.

전교생의 4분의 3이 기숙사에서 생활하고 4분의 1이 부근 마을과 하시모도시에서 학교 버스로 통학하고 있으며 전교생의 반 이상이 화가산현에서, 그리고 멀리는 동경이나 천엽현에서 오는 아이들도 있다고 한다.

이 학교의 입학조건은 첫째, 학생 본인이 2~3일간 숙식하고 체험하면서 이 학교에서 생활하고 싶은 강한 의지를 지닌 경우, 둘째, 부모와의 면접을 통하여 이 학교의 교육이념에 전적으로 찬동하는 경우, 셋째, 이 조건이 충족된 경우에 한해 이 학교에서 결원이 생기면 순서에 의해 입학이 허가된다.

이 학교의 학생들은 대체로 일본 사회에서 중류에 해당하며, 평범한 일반 학생들로 구성되어 있으며, 일반 학교에서 문제아라든가, 또는 학습이 부진한 아동들이 오는 곳은 아니라고 교장은 강변하였다.

한편 소학교의 경우 입학금 20만 엔, 수업료는 월 3만 5천 엔으로 년 42만 엔, 기숙사비는 년 54만 엔, 기타 약 20만 엔이다. 학교운영비의 80퍼센트는 수업료로, 20퍼센트는 현에서 보조금이 나온다고 한다. 연간 학생 1인당 13만 엔씩의 보조금을 현에서 받고 있다고 한다.

이 학교의 교사가 되는데도 필요한 조건이 있는데 개교 초기에는 1) 교사자격증의 소유자, 2) 자동차를 운전할 줄 아는 자, 3) 반려자나 정해진 상대자가 있는 자, 4) 술을 약간 마실 줄 아는 자, 5) 이상이 너무 좁지 않은 자 등으로 정했으나 시간이 흐르면서 3), 4) 항이 무너지면서 '가난한 생활을 견딜 수 있는 자'가 추가되었다고 전한다.

이 학교 교직원의 대우는 교장이나 신임교사나 같은 급료를 받으나 일반 학교에 비해 높은 가족 수당을 지급받고 있다고 한다. 누구나 평등하게 대하면서 높은 데서의 평등이 아니라 최저 수준에서의 평등이란 표현을 쓰면서 교장은 큰 웃음을 웃었다.

그는 정년 13년을 남기고 대학의 연구실을 떠났던 것이다. 그는 경도대학을 졸업하고 조교로 출발하여 교수에 이르기까지 대판시립대학에서 25년간 근무하였다. 그 자신은 1년 전 교수직을 떠나서 이곳 교장만을 맡게 되자, 급료가 3분의 1로 줄었다고 한다.

이 학교의 교육내용은 물론 문부성이 정한 규정에 의하지만 최근에는 문부성 자체에서 많은 융통성을 해당 학교에 맡기고 있어 실제로는 담당교사가 책임을 지고 교육을 실시하고 있다고 한다. 전체적으로는 50퍼센트를 체험 학습, 20퍼센트를 기본 학습, 20퍼센트를 자유 학습, 10퍼센트의 나머지 시간은 전교회의 또는 학습회의로 충당한다고 한다.

이 학교는 감성교육 면에서는 영국의 섬머힐(summerhill)을 모델로 하고 있으나 지적 교육의 면에서는 듀이(J. Dewey), 길패트릭(W. H. Kilpatrick)의 사상을 받아들이고 있다.

'행동에 의한 학습(Learning by doing)', '경험에 의한 학습(learning by experience)'의 방법에 따라 지적 교육은 프로젝트(project)를 중심으로 체험학습을 주로 하고 있는 것이 이 학교의 특징이다.

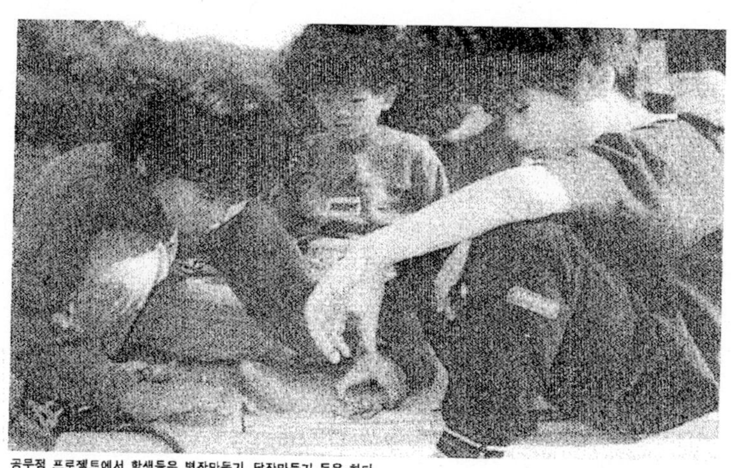

공무점 프로젝트에서 학생들은 별장만들기, 닭장만들기 등을 한다.

이 학교의 독특한 교육방법은 프로젝트를 통한 학습방법과 전교회의를 통한 생활지도이다. 이 학교에서는 연령에 따라 학급을 편성하는 것이 아니라 학생들의 흥미와 관심에 따라 편성하는 프로젝트에 의한 학습활동을 한다.

지금은 초등부에는 탐험클럽, 맛있는 것을 만드는 클럽, 농장, 공무점(工務店)인 4개의 프로젝트만을 운영하고 있다.

중등부에는 전자클럽, 출판, 탐험의 3개의 반으로 되어 있다.

초등부의 각 반에는 2명씩의 교사가 배정되어 있다. 학년 초에 교사들이 구상한 테마의 내용들을 소개하면 학생들을 처음 1~2주 동안 이곳저곳에 들어가서 테마와 교사와 그 반에 소속한 친구들을 보고 학급을 선택해서 1년 동안 활동한다. 개교 초기에는 기본학습만은 일반학교의 동학년생들끼리 모아 가르쳤었다. 그랬더니 학생들이 싫어하여 기본학습마저도 프로젝트 활동 속에서 하고 있다. 즉, 진도와 수준이 다른 여러 연령의 학생들이 뒤섞여서 공부를 한다. 마치 우리나라 서당에서 하였던 것과 흡사하다.

현재 초등부에서 가장 인기 있는 반은 공무점인데 여기에는 30명이 넘는 학생들이 속해 있어 교실도 가장 큰 방을 차지하고 있다.

호리 교장은 이 공무점 담당 두 교사 중의 한 사람이다. 이 반에서 그동안 해온 중요한 활동을 열거해 본다면, 공무점 기지(基地)만들기, 화초와 병아리 키우기, 온실과 닭장 만들기, 베란다 만들기, 별장 만들기(사방 1평 크기), 연못 만들기, 찻집 만들기, 과자 등 간식 만들어 팔기 등이 있다.

4개의 반에서 모두 매월 자신들이 만든 잡지들을 발간하고 있다. 거기에는 어린 학생들이 그린 그림부터 원고지에 서툰 글씨로 쓴 글들, 워드 프로세서로 깨끗하게 친 조리 있는 글들까지 그대로 복사되어 실려 있다. 이 잡지들은 돈을 받고 파는 데 그 수익금은 다음 잡지 발간비로 쓰고, 연장을 사거나 짧은 여행경비로 쓰인다.

자유학습은 모든 학생들이 20여 개가 넘는 서클(스포츠, 무용, 영어

회화, 과학실험, 미술, 간식 만들기, 인형 등 장난감 만들기, 카드놀이 등)에 나뉘어 들어가 자기의 흥미와 재능을 살려서 활동한다.

우리 일행은 비탈진 곳에 교묘하게도 세워진 기숙사를 둘러보고 보모와의 궁금한 사항을 의논하고 내려오니 이미 전교회의가 시작되고 있었다. 학생들이 미리 제시하여 홀의 게시판에 게시되어 있던 두 안건이 의제였는데 하나는 '개 산보시키기'와 '망가진 운동장가의 하수도 덮개'에 대한 의논이었다. 열띤 토론을 하는 학생도 있었고, 무관심한 학생들도 있었다. 신기한 것은 별로 관심이 없는 학생들도 끝까지 인내심을 갖고 앉아 있는 모습이었다. 회의 중 어린 학생 몇 명은 교직원, 보모, 그리고 큰 학생들의 무릎에 안겨 있는 자세도 퍽 인상적이었다.

단체로는 처음인 한국인 방문객들을 맞아 이날의 프로젝트 활동의 대부분은 한국에 관한 것이었다.

우리가 참관하는 동안 어떤 반에서는 한국의 태극기를 그리고 무궁화에 색칠을 하고 있었고, 또 다른 반에서는 한국을 소개하는 일본어판 비디오를 보고 있는 반도 있었다.

운동장 가 언덕에는 나무에 달아놓은 밧줄이 있어서 많은 학생들이 앞 다투어 그 밧줄을 당기며 언덕을 오르는 모습도 볼 수 있었으며 운동장 한복판에는 자전거를 타면서 갑자기 점핑하게 나무를 만들어 흥미를 만끽하는 모습은 더욱 새로웠다.

이 학교의 교육방법으로 주로 사용하고 있는 프로젝트란 무엇인가 하고 말한다면 자기 결정, 개성, 체험의 삼 원칙의 종합이라고 하겠다.

프로젝트란 주로 실생활에서 부닥치는 제 문제에서 추출하여서, 시간을 걸려서 이 문제의 해결을 이끌어내는 그 자체가 목적이다. 학습지도요령이나 교과서 중심을 체험 중심으로 접근해 나아가는 것이라고 하겠다. 이때 잘못하면 교사 중심 또는 획일적인 작업으로 떨어질 위험성을 조심해야 한다.

자기 자신의 머리와 손과 몸을 동원하여 그 과정에서 희열을 느끼고, 성장을 실감하며 그 과정을 배우는 즐거움과 친구들과 서로 어울려 즐거움을 서로 나누는 것이다. 이 프로젝트 학습을 반복하면서 자기 자신도 모르게 충실해지는 결과를 찾아 나아가자는 것이다.

마지막으로 평가에 대한 이야기를 부가하고자 한다. 교육에 있어서 평가의 대상은 학생들이 아니라 교사 자신이다. 무엇을 할 수 있는 아이와 할 수 없는 아이를 구분하는 것이 평가의 목적이 아니다. 더욱이 순위를 매기자는 것은 더욱 아니다. 오로지 교사자신이 교육활동의 성과를 점검하고 자기의 계획이나 방법에 대해서 반성하고 보다 충실하게 나아가게 하는 데 평가의 의의가 있는 것이다. 만일 그 반이 산수의 평균이 65점밖에 안 되었다면 그 교사자신의 가르치는 방법이 65점밖에 안 된다고 보아야 할 것이다.

이 학원의 이상은 자유스런 인간을 기르는 데 있다. 그렇기 때문에 평가의 목적은 학생들이 자유롭게 커가고 있는지 아닌지에 그 관점을 놓아야 할 것이다.

이 학교의 교육평가는 학생들이 자유로운 사람으로 키워지고 있는지 아닌지를 평가해야 한다.

우리들이 이상으로 하는 자유로운 학생이란 감정적으로 해방된 사람, 자유로운 지성을 극대화하는 사람, 민주적인 사회 속에서 도덕성을 기르는 사람으로 요약된다.

우리가 이 학교교육에서 어떤 시사를 받을 것인가를 예거하면서 이 글을 매듭짓고자 한다.

첫째, 이 학교에 들어서면서 느끼는 것은 만나는 사람들의 표정이 누구나 밝고 평안스럽다는 것이다. 어떤 학교를 방문하면 무엇인지 모르게 감정이 짓눌리고, 무표정하고 가슴이 답답해지는 경우가 허다한데 이 학교는 그렇지가 않았다.

둘째, 프로젝트 학습을 통하여 자기 활동의 원리를 실제화하고 있는 것에 주목할 필요가 있다.

셋째, 실험을 마음대로 할 수 있도록 교육행정이 배려하고 있는 데 충격을 받았다. 우리나라도 그 많은 사립학교와 부속학교에서 자유롭게 문자 그대로 과감하게 실험을 할 수 있는 선택의 폭이 주어져야 한다.

넷째, 사람은 날 때도 평등하게 나고, 죽을 때도 평등하고, 또 잘 때도 누구나 평안한 자세를 취하고 평등하게 잔다. 이 삶의 원리를 그대로 적용하는 평등적인 삶에 대해 재음미해 볼 필요가 있다.

다섯째, 사람은 누구나 정직하게 부닥치면 정직하게 반응한다는 단순한 이론을 실천하는 데 위대성이 있다고 보았다.

여섯째, 교사 자신이 학생들을 대할 때 사랑으로서, 끊임없는 인내심으로서 학생 자신이 다가오도록 시간을 기다리는 마음의 자세는 크게 돋보인다.

일곱째, 남이 간 길을 따라가기는 쉽다. 그러나 눈이 쌓인 처음 발자국을 내는 데 어려움이 있다. 일본에서는 새로운 세기를 열기 위한 시도가 곳곳에서 실험되고 있다.

우리나라에서도 영훈국교, 덕성대 병설국교, 이대부속학교, 그리고 창원고등학교 등에서 자율교육이 과감하게 실험되고 있는 것은 퍽 고무적인 일이 아닐 수 없다.

앞으로 이 열린 교육이 우리나라에서도 그 틀을 잡아가도록 분위기를 조성하는 데 본 연구회의 활동이 보다 활성화되어야 할 것으로 본다.

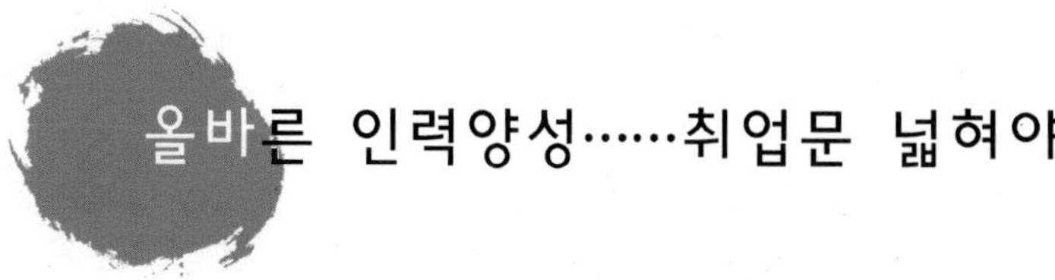

올바른 인력양성……취업문 넓혀야

우리나라의 경제상황은 어두운 터널을 지나고 있다. 정부, 기업, 국민 모두의 노력에 의해 이 어두운 터널에서 벗어나야 한다.

작년까지는 중소기업이 줄지어 쓰러지더니 금년 들어서는 대기업마저 흔들리는 경우가 꼬리에 꼬리를 물고 있다.

이에 따라 예년과는 달리 기업의 취업문도 축소되고 있다. 취업을 지망하는 젊은이는 늘고 있는데 이와는 반비례로 취업의 길은 좁아지고 있다. 최근 9급 공무원 응시자는 전년에 비해 약 3배가 늘어났다. 그래서 취업의 문은 금년 들어 바늘구멍이 되었다는 말도 유행하고 있다.

그러나 대부분의 기업은 활성화가 덜 되고 있으나 계속 그 나름대로 과업을 진행하고 있다. 물론 우리에게는 지하자원이 부족하고 고품질의 생산성이 덜 개발되어 있고 세계에 내놓을 민예품 하나 제대로 되어 있지 않다.

이런 상황에서 인력개발의 차원을 재점검할 필요가 있다.

첫째로 개인의 수월(excellence)을 극대화하는 일이다. 지금까지 평범화, 평준화하던 길을 지양(止揚)하고 저마다 수월성의 추구로 그 방향이 전환되어야 한다. 필자는 최근 스탠포드 대학을 중심으로 한 실리콘 밸리를 돌아보고 느낀 바가 자못 컸다. 새롭게 형성되고 있는 샌디에이고 생화학 밸리를 찾아보고 생동하는 미국을 온몸으로 느꼈다. 이 벤처 그룹을 이끌고 가는 주역은 30대 초반 청년들이었다.

둘째로 외국어 하나는 정확하게 구사, 비즈니스에 임하는 데 전연 지장이 없도록 숙달해야 한다. 이웃나라는 이웃나라로 있는 것이 아니라 옆에 사는 마을로 그 관계가 밀착되어 가고 있다. 세계가 한 덩어리가 되어가고 있는 실정이다. 세계에서 어떤 분야나 일등만이 살아남는 무한 경쟁에 돌입한 것이다.

셋째로 컴퓨터를 자유롭게 다루는 능력을 길러야 한다. 앞으로의 세기는 컴맹은 일상생활에서 문맹과 마찬가지인 사회가 도래하고 있다. 이러한 현상은 지금 도처에서 늘어나고 있다.

넷째로 새로운 감각, 참신한 감수성을 길러야 한다. 틀에 박힌 의식구조의 틀을 부수고 온몸으로 수용하고 느끼고 감격하는 감각을 기르자는 것이다. 늙은이가 따로 있는 것이 아니다. 의식의 전환을 못하는 젊은이는 모두가 늙은이로 간주하는 사회가 오고 있다. 그래야 사회가 젊어지고 활기 넘치는 국제경쟁력을 고양하기에 이른다.

지금의 경제적 상황은 어떻게 보면 우리 자신이 이런 결과를 낳게 하는 역할을 하였다고 볼 수 있다.

그 원인과 결과는 냉혹하리만큼 실제로 드러나게 마련이다. 최근 한국의 축구는 여러 가지로 시사해 주는 바가 크다.

개인의 능력 그 자체로만 본다면 우리들은 과연 세계적이라고 할 수 있다. 이 저력을 결집할 때 우리나라의 축구는 이웃나라를 석권할 수 있었다. 사회의 발전도 이와 흡사하다고 본다.

올바른 인력의 양성이 시급하다. 우리들의 노력에 의해 이 경제의 터널을 쉽게 빠져나올 수도 있다. 국제적인 상황은 우리들에게 그렇게 불리하지만은 않다. 반도체, 자동차, 조선 등은 자신 있게 밀고 나가면서 새로운 세계로 도약해야 한다. 이에 맞추어 정부나 사회에서도 벤처 그룹의 육성 및 지원대책을 적극 펴 온 정성과 몸으로 부닥치는 젊은이의 열정을 뒷받침해주어야 한다. 원효는 "석가래 백 개를 뽑을 때에는 내가 빠졌으나 용마름보 하나를 고를 때에는 오직 내가 뽑혔노라"고 하였다. 기업의 인사 담당 이사는 사람의 체취에 민감하다. 기업은 결국 사람이 아니겠는가?

수직적 사고와 수평적 사고

에드워드 보노(Edward de Bono)는 "수평적 사고"라는 책을 펴낸 일이 있다. 여기서 그는 수직적 사고와 수평적 사고를 다음과 같은 이야기로 풀어 나갔다.

어떤 상인(商人)이 불운을 당해 어느 고리대금업자로부터 거액의 돈을 빌려 쓰고 갚지 못해 고통을 당하고 있었다. 한편 흉측스러운 고리대금업자는 그 상인의 예쁘고 아름다운 딸에게 눈독을 들이고 있었다. 이 늙은이는 급기야 이 상인에게 빚 대신 그의 딸을 자기에게 주면 빚을 갚은 셈으로 치겠다고 흥정을 제의해 왔다. 상인과 그의 딸은 이런 제의에 질겁하고 이를 거절하였다.

그러나 이 교활한 늙은이는 신의 뜻으로 결정하는 방법을 택할 것을 다시 제의해 왔다. 신의 뜻으로 결정짓는 방법이란, 그가 돈지갑 속에 흰 조약돌 하나와 검은 조약돌 하나를 넣어두고 상인의 딸이 그중에 하나를 집어내되, 소녀가 검은 조약돌을 집어낼 경우에는 늙은이의 아내가 되는 반면 빚을 갚지 않아도 되며, 만일 그녀가 흰 조약돌을 집어낼 경우에는 아버지와 함께 살고 빚 역시 갚은 셈으로 해주겠다는 것이었다.

상인은 하는 수 없이 이 제의에 동의할 수밖에 없었다. 그러자 이 늙은이는 그들이 이야기를 하고 있던 상인의 집 정원, 조약돌이 깔려 있는 오솔길에서 검은 조약돌 두 개를 집어 돈지갑에 넣었다. 이때 소녀는 겁에 질려 있으면서도 늙은이가 검은 조약돌 두 개를 집어 돈지갑에 넣는 것을 예리한 눈초리로 얼핏 보게 되었다. 이 엉큼한 늙은이는 돌을 지갑에 넣자마자 그 딸과 아버지의 운명을 결정짓게 될 조약돌 한 개를 골라낼 것을 재촉하였다.

수직적 사고를 하는 사람들은 이 문제의 해결 방법으로 다음의 세 가지 가능성을 생각할 수 있을 것이다.

① 소녀가 조약돌을 집어내는 것을 거절하는 방법
② 소녀가 돈지갑 속에 있는 두 개의 검은 조약돌을 내어 보임으로써 늙은이의 속임수를 폭로하는 방법
③ 소녀가 아버지를 감옥에 보내지 않기 위해 검은 조약돌 하나를 집어내어 자신을 희생하는 방법

그러나 이러한 방법들이 소녀에게는 전혀 도움이 될 수가 없다. 만일 소녀가 조약돌을 집어내는 것을 거절한다면 소녀의 아버지는 당장 감옥에 가게 될 것이며 조약돌을 집어내게 될 경우에는 두 개의 검은 조약돌 중 어느 하나를 고를 수밖에 없기 때문에 어쩔 수 없이 그 추악한 늙은이와 결혼을 하지 않으면 안 되는 실정에 놓이게 되는 것이다. 이때 수직적 사고를 하는 사람은 이 소녀가 조약돌 하나를 집어내야 한다는 사실에만 부심하게 된다. 이에 반해 수평적 사고를 하는 사람은 돈지갑 속에 남게 될 조약돌에 보다 큰 관심을 갖게 된다. 하지만 이 소녀는 손을 돈지갑에 넣어 조약돌 하나를 끄집어 보이지 않도록 잽싸게 오솔길에 떨어뜨려 다른 조약돌과 섞여 도저히 찾을 수 없게 하였다. 그리고는 "어머나! 내가 실수를 했네요. 그렇지만 염려 마세요. 돈지갑 속에 남아 있는 조약돌의 색깔을 보면 제가 지금 떨어뜨린 조약돌의 색깔을 알 수 있을 테니까요."라고 소녀는 말하였다. 물론 돈지갑 속에 남아 있는 조약돌은 검은색일 테니까. 소녀가 집어내어 떨어뜨린 조약돌은 흰색이라고 단정하지 않을 수 없다.

또한 처음부터 흰색과 검은색 두 개의 조약돌을 주머니에 넣게 되어 있었으므로 늙은이는 역시 체면 때문에 감히 자기가 저지른 속임수를 이야기할 수가 없었다.

이와 같이 상인의 딸은 수평적 사고를 함으로써 헤어날 수 없을 것처럼 보였던 상황을 아주 유리한 상황으로 바꾸어 놓았으며, 수평적 사고의 실천에 의하여 아버지와 함께 살게 되고 빚도 갚은 셈이 되었던 것이다.

만약 이 늙은이가 처음에 이야기한 대로 흰 조약돌 하나와 검은 조약돌 하나를 정직하게 돈지갑 속에 넣었다면 수평적 사고의 여부 이전에 그런 상황에서 헤어날 수 있는 확률은 단지 50%밖에 없었을 것이다.

수평적 사고는 앞서 말한 조약돌 이야기처럼 행동으로 나타날 때에는 쉽게 이해할 수가 있다. 도저히 해결될 전망이 없다고 여겼던 문제를 비교적 간단히 해결했던 경험은 누구나 있을 것이다. 일단 해결책을 고안해 내면 그것이 너무 간단하기 때문에 '왜 그런 해답을 미처 생각하지 못했었나' 하고 의아해하게 된다. 그러나 문제를 수직적 사고에 의해서만 해결하려고 하는 한, 그 문제를 푸는 길은 막히게 되는 것이다.

수평적 사고는 이와 같이 문제를 해결하는 것에만 유용한 것이 아니라, 사물을 다른 각도에서 본다든가 또는 새로운 아이디어를 낳는 케이스와도 깊은 관련이 있다.

이때 수평적 사고는 새로운 아이디어의 개발과 연관되어 있기 때문에 창조적 사고와도 밀접한 관계가 있는 것처럼 보인다. 그러나 창조적 사고는 수평적 사고라는 넓은 범위의 사고방법 중 일부분에 불과하다. 수평적 사고는 순수한 창조적 사고일 때도 물론 있으며, 단순히 사물을 보는 시각을 달리하는 방향의 변경에 불과할 때도 있다.

결론적으로 수평적 사고와 수직적 사고의 차이점은, 수직적 사고에서는 논리가 두뇌를 지배하고 있음에 반하여 수평적 사고에 있어서는 논리가 두뇌의 지배를 받고 있다는 것이다. 천부적으로 수평적 사고의

재능을 지니고 있는 사람은 극소수에 불과하다. 하지만 이와 같은 능
력은 노력 여하에 따라 누구나 개발할 수가 있는 것이다.

人間의 목소리

　1808년, 지금으로부터 176년 전 페스탈로치는 노구를 이끌고 사랑하는 학생, 교직원 앞에 서서 구전강연(柩前講演)을 하였다. 그는 놀랍게도 자기의 영구(靈柩)를 만들게 하여 그것을 앞에 놓고 신년강연을 시작한 것이다.

　"묵은 해가 지나고 새해가 왔습니다. 나는 여러분들의 내부에 있으나 나의 주위 사람들이 기대하는 것처럼 그렇게 명랑한 기분을 가지고 있지 않습니다. 역시 나는 내가 죽을 날이 다가오는 것을 느끼고 있을 뿐입니다. 내 머리 위에서 이런 소리가 들려옵니다. '너는 죽지 않으면 안 되므로 너의 집안 살림을 정리하여라'라고. 나는 그 일을 할 수 있겠습니까. 나는 내 집 살림을 맡아보는 家督人이었읍니까. 나는 神을 위해서 이바지한 사람이었읍니까. 나는 인류를 위해서 노력한 사람이었읍니까. 또는 나는 나 자신을 위해서 활동한 사람이었읍니까. -나는 나의 행복에 값을 부여하지 않는 사람입니다. 나는 행복하지 않습니다. 언제나 내가 확고한 걸음걸이로 나아가려 할 때에는 발밑에서 얼음이 깨어지는 것이었습니다. 나의 평생의 사업은 내가 예측하지 않은 파탄을 나타냈습니다. 우리 모두를 결합하는 유대는 가장 긴밀하게 결합되지 않으면 안 될 때에 오히려 그 긴장이 풀어지는 것이었습니다. 救濟가 깊은 기초를 가지고 있는 줄로 믿고 있었는데 오히려 파멸이 뿌리를 뻗고 있는 것을 나는 보았습니다. 平安이 확실한 줄로 생각하고 있었는데 오히려 불안이 발전하고 있는 것을 나는 보았습니다. 생활을 하기 위해서 신뢰를 필요로 하였는데 오히려 신뢰가 소멸되는 것을 나는 보았습니다. 무덤에 이르기까지 나의 마음과 밀접하게 결합되어 있는 줄로 믿었던 사람들의 마음으로부터 내가 갈라져 있는 것을 나는 깨달았습니다. ……여기에 나의 널이 있습니다. 나에게 이것 이외에 무엇이 남겨져 있겠습니까. 무덤만이 희망을 가지고 있습니다. 나의 마음은 찢겨져 있습니다. 나는 이미 어제의 내가 아닙니다.

나의 사업이 부르크돌프에서, 뮌헨부흐제에서 이벨당에서 모든 위험을 극복한 것은 거의 기적이었습니다마는 이제 또다시 새로운 위기에 직면하고 있습니다. ……그러나 나의 사업은 그 때문에 허물어지지는 않을 것입니다. 진정한 황금은 불에 타지 않습니다. 오히려 타오르는 불길 속에서 精鍊되는 것입니다. ……여기에 지금 나는 서 있습니다. 여기에 나의 널이 있습니다. 여기에 나의 위안이 있습니다. 나에게는 이미 구조가 있습니다. 우리들의 사업의 심장을 좀먹고 있는 독은 우리들 가운데 괴어 있습니다. 뜬세상의 명예라고 하는 것이 이 독을 더욱 강하게 할 것입니다. ……나는 죽을 것입니다. 그러나 그대들은 어디까지나 남아 있기를 바랍니다. 벗이여, 나보다 훌륭한 사람이 되어 주십시오. 神께서는 나에 의해서 완성하지 않은 사업을 여러분들에 의해서 완성하시기를 기원합니다.”

이윽고 이 학원에 불행한 징조가 나타나기 시작하였다. 여태까지 학원 내부에서는 불화의 잡음이 있었으나 신년 벽두부터 하나씩 밖으로 드러나기 시작하였다. 페스탈로치는 위와 같이 영구 앞에서 울부짖지 않을 수 없었다.

누가 그를 보고 위대치 않다고 할 것인가. 누가 그를 보고 교육자의 어버이가 아니라고 할 것인가.

그러나 不和의 인간관계 속에서 그는 한없이 신음하면서 때로는 긴 밤을 지새웠던 것이다.

한 가정도 돌연히 가장을 잃고 살림이 찌들대로 찌들 때에는 하나로 일치 단합될 수 있고 서로 용서하고, 이해하고, 돕는 법이다. 그러나 자녀들이 고생 끝에 다 전문직에서 이렇다 할 지위를 차지하게 되고 독립된 가정을 구며 나아갈 때 지난 동안의 이해, 용서, 사랑의 질서는 산산이 깨지게 된다. 이런 가정을 우리 주위에서 흔히 본다. 혼자 남은 늙은 미망인은 여럿의 자녀와 손자를 두었건만 형제의 불화 속에서 너무도 가슴 아파하며, 외로이 이 세상을 하직하는 일을 우리네 주위에서 얼마든지 볼 수 있는 일이다.

학교도 그렇고 기업체도 그렇다.

어려워서 봉급을 쪼개어 받고, 또 봉투 하나 시험지 하나를 아끼려고 바들거릴 때에는 그 학교와 그 기업체는 하나의 사랑의 도가니였었다. 그러나 세월이 흘러 그 사학이 명문으로 자라고 그 기업체가 손가락으로 꼽을 정도의 굴지의 기업체로 성장했을 때 거기에는 시기와 질투와 서로의 견제로 가득 차게 된다.

페스탈로치는 말년에 유명한 것에 대한 커다란 회의를 갖게 되었다. 사람이, 개인이, 학교가, 기업체가 널리 알려지기 전에는 순수한 내용으로 가득 차는 법이다. 무엇이나 데뷔작품이 그 질에 있어서 타의 추종을 불허한다. 왜냐하면 무명할 때 시간이 많고, 가슴이 순수하며, 나아가 정력을 집중할 수 있기 때문이다.

유명해지면 우선 시간에 쫓긴다. 일을 너무 지나치게 맡아서 거칠어진다. 자만심이 생기기 때문에 노력을 덜하게 된다. 주위에 공명심을 품은 자들이 모여든다. 그는 무명할 때를 아득히 앙망하였다. 생활의, 분위기의 密度가 짙을 때를 거슬려 생각해 보았다.

모든 제도는 시간이 흐르면 어쩔 수 없이 타락하는 법이다. 이 자연법칙을 페스탈로치는 너무도 끔찍이 체험했던 것이다.

물론 그의 행정력의 결함도 있었을 것으로 본다. 神은 한 사람에게 모든 것을 다 주지 않는다. 모든 것을 다 갖춘 사람같이 보이는 경우는 있으나 어디 한 곳에 빈 곳을 갖고 태어나는 것이 인간이다.

그는 인간적인, 너무도 인간적인 목소리로 후배와 제자들에게 하나 되기를 거듭 호소하였다.

그러나 많은 사람들은 이 인간의 목소리를 외면한 채 이 학원을 떠
나갔던 것이다.

인생의 황혼기에서 최후로 맺어야 할 열매는 하나도 거두지 못하였
다. 이 말은 경영적인 입장에서 하는 말이다. 그러나 그는 정신사에서
가장 빛나는 매듭을 하였던 것이다.

人間과 人間과의 관계를 최선으로 이어가는 줄은 정성과 성의와 사
랑 외엔 없다.

그는 반응을 무시한 채 뜨거운 인간의 정열을 그들에게 부었던 것이
다. 흩어졌던 제자들은 그가 탄생 백 주년이 되던 해에 묘비를 세우고
다시 하나가 될 수 있었다. 그리고 전 세계 구석구석에서 그야말로 참
기 어려운 시련 속에서도 페스탈로치를 생각하면서 선한 싸움을 승리
로 이끄는 무명교사들이 얼마나 많은가. 이루 헤아려서 무엇 하랴. 나
도 그런데.

1. 들어가는 글

이 나라의 교원을 교육개혁의 대상으로 하여, 철없이 보도를 휘두른 교육의 총수가 있었다. 그 후유증은 좀처럼 치유될 수 없는 이 나라 교육계의 병으로 만들었다. 본래 개혁이란 작용과 부작용이 있게 마련인데 그 일면만 보고 실행에 옮긴 것이 큰 화근이 되었다. 2002년의 대학입시 개혁도 원칙적으로는 찬성하나 그 시행의 단계를 소홀히 한 아쉬움이 있다. 그 파고는 전 교육계를 뒤흔들어 놓고 있다.

지금 교육 일선에서는 8판이 유행하고 있다. ① 학교는 무너질 판 ② 교장은 죽을 판 ③ 교감은 살얼음판 ④ 장학사는 닥달판 ⑤ 교사는 이판사판 ⑥ 교실은 난장판 ⑦ 학생은 개판 ⑧ 학부형은 살판 등의 말이 난무하고 있다.

우리 눈앞에 교육 붕괴의 현실을 직시할 때마다 이 나라의 대교육자 남강의 정신을 다시 되새김질하지 않을 수 없다.

2. 삶에 모범을 보인 교육자

1907년이 지나고 1908년이 돌아왔다. 오산학교는 개교한 지 며칠이 안 되어 그다음 해를 맞았다. 남강은 새해를 맞이하여 새로운 결심이 있어야 한다고 하면서 갓 쓰고 다니던 학생들을 모두 머리를 깎고 모자를 쓰게 하였다. 남강이 한번은 서울에 다녀오는 길에 태극기와 애국가를 베껴서 돌아왔다. 얼마 뒤에 여준(呂準) 선생의 발의로 교가가 지어졌는데 학생들이 모일 때마다 교가가 불려졌다. 그때 교가의 첫 절은 이러하였다.

> "뒷뫼의 솔 빛은 항상 푸르러 비에나 눈에나 변함없이 이는 우리 정신 우리 학교로다 사랑하는 학교 오산학교"

남강이 세운 오산학교는 신민회 정신 아래 민족운동의 인재, 국민교육의 선구자를 양성할 목적으로 세워졌다. 새로운 인재가 양성되어 올바로 배치되는 외에 민족의 영광을 회복할 수 있는 다른 길이 없다고 생각해서 소정의 학과 외에 민족정신 고취와 민족성 개조에 치중하였던 것이다. 오산학교에서 배운 사람들은 직접 남강으로부터 어떤 지식이나 기술을 전수받은 일은 없으나 어느덧 거기서 신의를 배웠고 열과 성을 배웠고 일상생활의 도리를 배웠고 민족의 미를 배웠고 돌 하나 풀 한 포기를 바로 옮겨놓고 가꾸는 태도를 배웠다.

그는 젊은이를 무척 좋아해서 그들과 같이 이야기하고 또 함께 일하기를 즐겨하였다.

남강은 의와 열의 사람이기에 지극한 정성과 사랑이 학생들에게 번져나가 오산학교는 높은 소원에 불타오르는 헌신의 불도가니 즉 풀무 그 자체가 되었다.

남강이 즐겨 쓴 말 가운데는 '일꾼이 되라', 나음 나음 나아가라',

'그것은 의가 아니다', '절대로 안 되는 것이다', '남의 종이 되지 말라', '먼저 사람이 되라'는 것이 대부분으로 이는 모두 남강의 전인격전 신념에서 우러나온 피어린 구절로서 어린 학생들의 가슴을 울리곤 하였다.

그는 모범을 보인 교육자요 실천의 교육자였다. 오산학교를 나온 학생들의 머리에 남은 것은 지식이 아니었고, 기술이 아니었고 오직 남강으로부터 받은 강인한 실천력에 대한 인상과 영향뿐이었다. 이 생활의 정신, 이 모범의 정신이 당시의 교사나 학생들에게 깊은 감명을 준 것이다. 남강은 학과를 가르치는 교사가 아니라 참다운 인간을 가르치는 교육자였다.

그 인격의 가장 깊은 자리에서 발하는 의와 사랑이 작열된 불꽃은 주위에 있는 이들을 이끌고 나중에는 그들을 녹이고야 마는 것이었다. 그의 교육은 이 같은 녹이는 교육이었다. 남강은 오산이 우리 민족을 녹이고 높이고, 우리 민족이 다시 나아가 세계의 여러 민족과 여러 국가를 높이고 녹이기를 바랐다.

3. 기독교 신앙으로 부랑된 교육자

그는 굳은 신앙을 다졌다. 1915년부터 1919년까지가 남강의 신앙이 가장 불타오른 기간이었다. 1916년에 가을에 장로에 장립되었는데 오산학교를 세울 때처럼 그는 교회에 전심전력을 다하였다.

그는 감옥에서 구약을 20번이나 읽었는데, 그중에 창세기, 출애굽기, 레위기, 신명기, 시편, 이사야, 예레미야 등의 여러 편들이 깊은 감동을 주었다고 한다. 그가 항상 위로를 받은 성구는 마태복음 11장 28절에서 30절까지었다.

"수고하고 무거운 짐 진 자들은 다 내게로 오라. 내가 너희를 쉬게 하
리라. 나는 마음이 온유하고 겸손하니, 나의 멍에를 메고 내게 배우라.
그러면 너의 마음이 쉼을 얻으리니, 이는 내 멍에는 쉽고 내 짐은 가벼
움이라 하시니라."

함석헌(咸錫憲) 선생은 「성서조선」 제17호 1930년 이승훈 선생 기념
호에서 남강에 대한 다음과 같은 글을 실었다.

그는 감옥에서 젊은 사람들이 다 싫어하는 똥통의 청소를 스스로 독
점하였는데, 손으로 똥을 만지며 기도하는 말이 "주여 감사합니다. 바
라건대 이 문에서 나가는 날이 백성을 위하여 이 똥통 청소하기를 잊
지 말게 해주소서." 하였다고 한다.

이제 우리는 알았다. 그의 생애가 어떻게 하여 위대한 일은 말하고
있는지를. 어떻게 하여 오백의 건아들을 통째로 끌어안을 수 있었는지
를. 그의 위대는 그의 신앙의 위대요, 그가 깨달은 진리의 위대요, 그
가 의지한 하나님의 기대였다. 우리가 원하는 것은 하나님의 섭리를
깨달음이요, 죽은 남강보다 산 남강, 살 남강을 통하여 하나님의 경윤
을 익혀야 한다고 강조하였다.

4. 침묵과 울음으로 가르친 교육자

1910년 8월 29일, 일본은 합병조약을 발표하면서 우리나라를 자기
주머니 속에 넣었다. 한반도는 일시에 통곡의 골짜기로 변했다. 남강도
처음에는 울었다. 그러나 그는 눈물을 거두고 새로운 결의를 실천에
옮겼다. 긴 여름방학이 지나고 9월 신학기가 되었다. 학생들은 방학 동
안 집에서 망국의 비보를 알고 학교에 나왔다. 개학하는 첫날 남강은
전교생을 데리고 학교 뒷산으로 올라가 언덕 위에 대열을 서게 한 다
음 동쪽을 향하여 서게 하였다. 남강은 학생들과 마주하여 서서 5분

10분 20분 30분 그대로 서서 말없이 눈물만 흘렸다. 눈물이 하염없이 흘러 옷깃을 적셨을 때 모든 학생들도 소리 없는 깊은 울음을 울었다. 앞에서 가까이 섰던 학생들은 남강의 눈에서 흘러 얼굴을 뒤덮으며 목으로 그리고 가슴팍으로 흘러들어가는 눈물을 보았다. 얼마 후에 그는 학생들을 데리고 산을 내려왔다. 이 침묵과 소리 없는 울음이 주는 강렬한 계시를 모든 학생들은 흡족히 받고 또 결의에 결의를 다졌다고 한다. 학생들의 가슴속에는 그때 남강의 엄숙하고 진실한 모습과 순간이 영원히 지워지지 않는 마음의 인각으로 아로새겨졌던 것이다.

주기용(朱基鎔) 교장님은 "오산정신에 대하여"에서 다음과 같은 실례를 들었다.

페스탈로치가 슈한쯔(Stanz) 고아원의 경영을 위하여 여러 면으로 구걸한 것처럼 남강 역시 오산학원의 유지를 위하여 눈부신 활동을 계속하던 중 한번은 곽산교회에서 뜻을 이루지 못하고 눈 내리는 저녁 때 긴허리교회로 향하던 도중 눈보라는 길을 덮고 무릎을 지나치게 되어 방향을 알 길이 없어 그 자리에 꿇어앉아 머리를 조아리며 기도를 계속하였다고 합니다. 여기에는 오산을 위한 정성뿐이요, 화염처럼 불타는 열이 심중에서 용솟음칠 뿐이었습니다. 눈이 몸을 덮어 머리만 나와 있을 뿐인데 다음 날 새벽 소달구지가 지나가다가 구제하여 생명을 구하게 되었다는 거짓말 같은 사실이 있습니다. 남강의 이 뜨거운 정성에 어느 누군들 감화 받지 않은 이가 있겠습니까. 이 위대한 교육적 용광로 속에서 그도 불타고 학생도 불타서 불꽃 속에서 정성의 열 속에서 드디어 오산의 전통은 이루어지고 남강의 얼은 전수되어 뚜렷한 오산정신을 이룩한 것입니다.

5. 노작생활을 몸소 가르친 교육자

남강은 평양에서 도산(島山)을 만난 후 돌아와서 서당을 수리하여 강명의숙으로 바꾸면서 손수 수리하고 종이도 바르고 흰 회를 칠하고 손수 단장하였다. 남강은 눈만 뜨면 강명의숙에 나가 안과 밖을 돌아보고 문을 열어보고 물건 하나하나를 제대로의 위치에 놓고 책상 위의 먼지를 닦았다. 이러한 정성은 오산학교로 이어졌다. 오산학교가 세워진 곳은 용동이 아니고 등성이 하나는 넘어 약 한 마장쯤 떨어져 있는 황성산록이었다. 그곳에는 일찍부터 승천재라는 서당이 있었는데 경의재라고도 불렀다. 남강은 강명의숙을 시작할 때와 마찬가지로 일꾼들과 동리 사람들과 함께 수리하였다. 그는 학교를 세우기 위하여 사람을 만나고 돈을 얻어오고 집을 수리하여 기와를 올리고 회벽을 칠하고 선생을 모셔오고 학생을 모집하고 책과 칠판과 백묵과 세계지도와 지구의 사오고 하는 일을 홀로 해냈다. 사실 이때 남강은 오산학교의 설립자이자 교장이요, 심부름하는 사환이자 목수이고, 청소부이자 학생이고, 평양과 서울 등지의 연락원이었다.

오산학교의 특색은 초창기에 학생 전원을 기숙사 생활을 하게 하였다. 이 같은 기숙사 생활은 선생과 학생, 학생과 학생 사이를 사랑의 밧줄로 묶었다고도 할 수 있다. 학생들은 기상 종에 맞추어 일어나 열을 지어 구보로 산을 한 바퀴 돌고 학교 앞을 흐르는 시내에서 소금으로 이들 닦고 얼굴을 씻었으며, 종소리에 맞추어 식사를 하고 또 공부를 시작하였던 것입니다. 여기에는 남강 자신이 직접 기숙사에서 선생들과 기거를 같이하면서 어린 선생에게서 글을 배우고 학생들과 같이 교정도 쓸고 변소를 청소하기도 하였다. 때로는 서울 등지에 출타하였다가 돌아와서는 학생들에게 자신이 듣고 본 일들을 소상하게 이야기했는데, 그 한 마디 한 마디가 나라를 걱정하는 이야기에서 학생들로 하여금 애국정신을 불러일으키게 하였다.

그는 언제나 젊은 학생들 속에 있기를 즐겼고, 학생들과 이야기하고 같이 일하기를 즐겼다. 아침에 일어나면 으레 곧 학교로 건너왔는데, 건너오는 길에 옆에 사는 집의 학생들을 소리쳐 깨워서 함께 등교하여 교사 주위의 정리와 운동장 청소를 함께 하였다. 저명하였던 서울대

국문학과 방정현 교수도 이때 남강과 함께 빗자루를 들었던 학생 중의 한 사람이었다. 그는 학생들과 이야기를 시작하면 다른 모든 일을 잊었다고 한다. 그는 민족과 민족성, 인간의 지켜야 할 도리와 신의, 민족의 희망을 호소하여 정이 격하여 말이 막힐 때에는 주먹을 불끈 쥐고 그 자리에서 눈물을 흘리곤 하였다. 함께 있던 학생들도 모두 울었다. 그리고 그는 사람 되기를, 진정한 한국 사람이 되기를 학생들은 무언의 맹약을 하였다. 그는 의의 사람이요, 열의 사람이었다. 그가 민족을 사랑한 것도 오산학교를 세운 것도 모두 이 의와 열 때문이었다. 적어도 그에 있어서 의는 그대로 그칠 줄 모르는 샘물이었다.

6. 평생 학습하는 교육자

춘원(春園)은 1928년 발기하여 1930년 5월 3일 오산학교 교정에 세워진 남강의 동상문을 다음과 같이 썼다.

쓰어붙이는 말. 남강 리승훈 선생은 서력 1864년 갑자년 3월 25일에 평안도 정주 본집에서 려주 리석주씨 둘째 아들로 나니 모친은 홍주 김씨라, 어려서부터 밝고 참되니 사람들의 믿음을 받다. 중년에 무역상으로 이름이 높아진 것도 이 갸륵한 인격이 신용의 미천이 된 것이다. 1907년 정미년 6월에 평양에서 도산 안창호선생과 만나 뜻이 서로 맞아 신민회에 들고 일변 향지 오산학교를 세우고 일변 마산동에 자기회사를 세우니 모다 나라일이라. 이로부터 선생이 국가적 생활이 시작되다. 1919년 기미년 33인의 하나로 옥에 들어간 것까지 옥에 가기 세 번이요, 있기가 전후 아홉 해 선생의 백발이 옥중에서 난 것이다. 예수교에 도타운 신앙을 가지어 오래 장로로 있었고 오늘을 가장 사랑하는 아들 재단법인 오산 고등보통학교 리 사장이다. 선생의 품에 자라난 오산학원 동창들이 선생의 은혜를 기념할까하고 힘을 모도아 이에 선생의 동상을 세우니 서력 1929년 기사년 12월 30일이라.

이 동상문에 기록된 대로 그는 일생을 겸허하게 학습하는 생활로 일관하였다. 그는 단순히 학교와 책과 지적인 체계에서만 배운 것이 아니라 우리 주위의 모든 자료가 곧 학습의 내용이었다.

그는 52세 때 평양신학교에 입학하였다. 여기서 그는 신·구약, 교회사, 교리문답, 설교학, 교리법, 한국사, 서양사 등을 배웠다. 신학교에 있으면 오산이 생각나고 오산에 돌아오면 신학교가 생각나고 하여 두 곳을 번갈아 다니면서 배우고 가르치고 하였다. 신학교에 들어온 지도 두 학기가 지났다. 이 짧은 기간 동안에 오랜 역사를 지닌 종교를 이해하기란 그리 쉬운 일이 아니었다. 그러나 그에게는 이스라엘이 거기도 백성들의 완명함이 있었고 한국사 여기서도 백성들의 완명함이 있었으나, 거기에 있는 것 한 가지가 여기에는 없었다. 그는 신학교에 들어와 이스라엘 예언자들의 목소리를 더욱 알고 싶었으므로 구약을 두루 섭렵하였다. 남강은 신학교에 있으면서 구약을 통하여 의를 배웠다.

남강은 신학교에 있으면서 거기서 공부하는 이들이 오산학교 학생들과 마찬가지로 이 나라의 정신계의 지도자가 될 것을 믿어 한 사람 한 사람을 대견히 대하였다. 그는 그들에게 지도자로서의 품격을 갖출 것을 기회 있을 때마다 부드럽게 당부하였다. 그러나 그는 오산학교의 일과 우리 사회상황이 신학교를 계속할 수 없게 하였다. 세 학기를 다니는 동안 교리, 교리사 등 여러 가지를 배웠고, 신학교에서 안 서양인 선교사들과 신학교 졸업생들과는 두터운 연계를 가지게 되어, 이것이 그를 교계의 중앙무대에 서게 한 기연이 되었다. 결국 이 힘이 3·1운동을 일으킨 기독교의 힘을 결집하는 데 큰 힘이 되었던 것이다. 남강은 자나 깨나 앉으나 서나 개방적인 마음과 무한한 수용성과 의·불의에 대한 가치판단이 정확하였다. 바로 이점이 남강을 모든 사람들이 받들어 모시는 점이 아닐까 싶다.

7. 맺는말

남강의 교육사적 의의는 ① 민족학원의 창설·운영 ② 애국계몽운동을 통한 구국이념의 실천 ③ 기독교의 민족화·토착화 ④ 의의 교육실천 등을 들 수 있다.

한국 최초의 근대적 민간인 사학으로서 1883년 원산학사가 설립된 이후 계속하여 많은 사학이 설립되었다. 특히 1905년 을사조약 이후부터는 사학의 설립이 곧 교육구국이라는 등식으로 되어 더욱 활발하게 번져갔다. 많은 사학 중에서도 특히 평양의 대성학교, 정주의 오산학교, 안악의 양산학교 등은 교육구국운동을 강렬히 전개한 학교였다.

이 세 학교 중에서 대성학교와 양산학교는 일제에 의하여 그 맥이 끊겼고, 오직 남강의 오산학교만이 36년이란 이 민족의 긴 압제를 이겨내어 숱한 민족지사와 유능한 인재를 양성 배출하였고, 남북으로 갈린 조국의 현실 속에서도 1997년으로 개교 90년을 맞는 데에는 오산과 관련이 있는 인사들이라면 많은 감회에 젖지 않을 수 없다.

남강은 오산 용동에 있던 서당을 증축 수리하여 서북지방에서는 처음으로 사립 소학교인 강명의숙을 세웠고, 이 소학교만으로 만족할 만한 교육을 실시할 수 없어서 그로부터 3개월 뒤인 1907년 오산학교를 창립하였다. 서북지방에서 맨 처음 민족사학의 개척자로서 그 공이 교육사적 의의에 첫째라고 할 수 있다.

다음으로 한말의 애국계몽운동은 일반개념이 아니라 역사적 개념으로서 1905년 11월 소위 을사조약에 의하여 국권을 박탈당한 후 개화자강파가 중심이 되어 완전한 국권 회복할 것을 목적으로 전개한 1905년에서 1910년 사이의 인력개발과 민족독립역량 양성운동을 총칭하는 개념이다. 동시에 애국계몽운동은 의병운동보다는 신교육운동, 민족종교운동, 언론계몽운동, 민족산업진흥운동에 그 논점을 맞추어야 할 것이다.

박은식은 「韓國通史」에서 많은 미션계 학교, 관학, 민족사학 중에서 민족사학의 구국전개에 대해 높이 평가하였고, 그중에서도 도산의 대성학교와 남강의 오산학교를 가장 높게 평가하였다. 이러한 학교는 바로 민족운동의 인재를 양성하기 위하여 설립된 학교로 민족사상의 고취에 역점을 두었다. 그러기에 대성학교와 오산학교에서는 신교육운동으로서의 주인정신을 철저하게 교육하였던 것이다.

남강은 여준과 신채호 등 수많은 교사들을 오산으로 데려와서 기울어가는 국운을 교육으로서 회복하려고 진력하였다. 독립을 위하여 외국으로 나가는 것도 하나의 방법이고, 국제외교의 길을 트려고 노력하는 것도 하나의 방법이고, 군대를 길러 저항하는 것도 하나의 방법이 될 수 있으나, 남강은 우리나라 안에서 민족 속에 파고 들어가 교육과 문화와 종교의 힘으로 우리 민족을 울리고 발전케 하는 것이 독립의 지름길이라고 하였다.

세 번째로 남강은 「성서조선」에 실린 김교신의 글과 함석현의 글을 깊이 음미하면서 읽었다. 그들의 글에서 한국 냄새와 소박한 복음신앙을 높이 평가하였다.

남강은 자기가 처음으로 예수를 믿으면서 학생들과 교회당을 짓던 일과 개울에 눈이 올 때 멀리에서 와서 교회와 학교의 눈을 쓸던 일을 생각하였다. 그 어려움 속에서도 서로 돕고 걱정하고 산에 올라가 이슬 위에 꿇어앉아 기도를 드리던 생각을 하였다. 또 감옥에 있으면서 같은 신자들 사이에 지극한 사랑과 아낌이 있었던 것을 생각하였다. 신앙은 고난 속에서 싹트고 기독의 복음은 박해의 피를 먹고 번져나가는 것이다. 그런데 이 민족에게 고난이 걷히지 못하였는데, 교회에서 참신앙이 떠난 것은 무엇 때문일까. 남강은 등잔불 아래서 「성서조선」지를 들고 몇 번이나 되읽으며 사념에 잠기곤 하였다.

1927년 7월 「성서조선」이 창간되었는데 김교신은 창간사를 다음과 같이 적었는데, 남강은 이 구절을 되씹어 읽었던 것이다.

성서조선아 너는 우선 이스라엘 집으로 가라, 소위 기성신자의 손에 거치지 말라. 기도보다 외인을 예배하고 성서보다 회당을 중시하는 자 집에는 그의 발의 먼지를 털지어다.

성서조선아 너는 소위 기독신자보다도 조선 혼을 소지한 조선 사람에게 가라. 시골로 가라. 농촌으로 가라. 거기에 초부일인을 위함으로 너의 사명을 삼노라.

성서조선아 네가 만을 그처럼 인내력을 가졌거든 너의 창간일자 이후에 출생하는 조선인을 대하여 면담하라. 동지를 1세기 후에 만난들 어찌 한탄할 손가!

남강은 이 조그만 「성서조선」에서 새로운 빛이 올라올 것 같은 기대를 하면서 「성서조선」을 발간하던 서울 서대문 공덕리를 방문한 것이 있다.

남강은 이런 다짐을 하였다.

"그대는 그대의 이웃이 읽을 수 있는 유일한 복음서일 수 있다(You may the only Gospel your neighbor reads)"는 신념으로 복음의 기초 위에서 우리나라를 튼튼히 세우려고 힘쓴 것은 김교신과 그 궤를 같이한다고 보아야 할 것이다.

나중으로 남강은 옳은 것과 보다 나은 것을 구분하였다. 옳고 그른 것은 분명한 근거가 있고 보다 나은 것과 덜 나은 것은 상대적인 가치의 의미가 있다고 생각하였다.

그의 생활을 한 말로 요약하면 의의 삶이라고 할 수 있다. 그는 오산학교에서, 용동에서, 신민회와 3·1운동 때 활동을 하면서, 감옥에서, 또 재판을 받을 때도 줄곧 그에게 지배되어 온 것은 의라는 이름의 자를 갖고 언제나 이 기준에 대보고 결심하고 행동하고 실천하였던 것이다. 특히 그는 신학교에 있으면서 구약을 통하여 하나님의 의에 굳게 접할 수 있었다.

의를 향하여 "나음 나음 나아가라", "점진적으로 나아가라"고 하였으나 말년에는 완전히 신앙에 귀의하여 "감사합니다", "의의 실천을 감사합니다"라는 말로 표현되었다. 그래서 신학교에서는 남강을 보고 '감사 선생'이라고 부르기까지 하였다.

남강은 기울어져가는 한국을 깊은 의의 실천으로 바로잡을 수 있다고 확신하였다. 엄밀히 말하면 그는 일본과 싸운 것이 아니라 이 의를 붙들고 이 의를 이 땅에 깊이 심기 위하여 선한 싸움에 나섰던 것이다. 그는 학교에서도, 교회에서도, 감옥에서도, 이 의를 굳건히 세우기 위하여 혼신의 정열을 다 바쳤던 것이다.

지금 교육과 학교가 통째로 붕괴되어가는 심각한 현실을 직시하면서, 또한 정치·사회·문화 모두가 불의에 오염되어 뿌리째 흔들리는 이 사회에서 남강의 의의 교육실천운동을 조용히 펼칠 때가 아닌가 싶다. 각 학교마다 교육자 남강의 분신을 볼 수 있는 한 사람의 의의 교육자를 역사는 기대하고 있는지도 모른다. 다시 한 번 사생활을 뒤로하고 공생활을 우선하며 고매한 인격과 교육열이 작렬하는 남강의 인간됨의 향기를 새롭게 그리고 또 되새김질해야 할 것은 우리들 모두의 책임이라고 볼 수 있다.

(1999년 12월 10일. 문화인물로 선정되신 남강을 기념하여 세종문화회관 대회의실에서 열린 세미나에서 발표한 논문)

民族敎育의 등불 翰西 南宮檍

1. 生涯와 活動

翰西가 살다 간 19세기 후반과 20세기 초는 문자 그대로 국내외적으로 격동의 시대였다. 각 민족마다 문화의 차이가 극심하여 약육강식의 잔인한 행동이 세계적으로 자행되었던 시대이다. 강자는 정복하고 약자는 정복당할 수밖에 없는 역사의 소용돌이 속에서 동양보다 물질문명이 앞선 서구의 열강은 앞을 다투어 새로운 과학과 강한 군사력으로 약소민족을 식민지화하기에 이르렀다. 이 세계적 파고는 아시아까지 몰려왔다.

한편 국내적으로는 大院君의 쇄국정치로 역사는 후퇴할 뿐만 아니라 완고한 수구파들은 그들의 정권 유지에 급급하여 가진 모략을 일삼고 있었다. 이에 대항하여 개화운동이 없었던 것은 아니나, 이 수구파의 세력을 몰아내기에는 너무도 미약하였다. 이미 국내에서는 많은 국제적 사건이 꼬리에 꼬리를 물고 일어났다.

元山의 巨文島사건, 平壤의 쉐맨호사건, 江華의 洋夷사건, 仁川의 雲揚號사건, 천주교 박해사건 등 대내적, 대외적으로 허다한 난문제가 중첩되고 있었다.

이렇게 험난한 때, 翰西는 1863년 12월 27일 서울 倭松洞 지금의 貞洞에서 태어났다. 本貫은 咸悅이요, 字는 致萬이며 號는 翰西라고 하였다.

그는 哲宗 때 武科中樞都事를 지낸 바 있는 南宮泳의 아들로 출생하였다.

외송골은 옛날 培材學堂 자리이고 지금은 한식 기와집들이 다 헐리고 배재학교 운동장으로 되어 있다.

그는 나면서부터 용모가 청수하고 재질이 남보다 뛰어났다. 한서는 명문가의 자손으로 태어났으나 불행히도 아버지를 일찍 여의고 德水 李氏 홀어머니 슬하에서 온갖 가난과 싸우면서 자라났다.

바느질품을 팔아서 근근이 살아가는 형세에 남의 집 자식들과 같이 書堂에 보낼 수도 없는 일이었다. 집안 사정과 어머니의 슬퍼하는 심정을 잘 아는 그는 어머니께 글방에 보내달라는 말도 못 드리고, 이웃집 李司果 댁에 가서 종일 어깨너머 공부를 하고 늦게 집으로 돌아오곤 하였다. 이것을 본 어머니는 이럴 때마다 가슴이 미어지는 것 같았다.

하루는 어머니가 이 사과 댁에 찾아가서 訓長 趙氏를 보고 사정사정했으나 이 사과 댁의 獨訓長으로 있는 관계로 훈장으로서는 뭐라고 결정할 수 없다고 거절을 당하여 그 후 이 사과 댁에 직접 교섭하여 겨우 승낙을 받았다.

그는 여기서 千字文, 無詩題, 四書三經을 다 떼었다. 그러나 그는 한학보다는 앞날의 개화 한국을 이룩하기 위하여 그 방향을 크게 전환할 결심을 하였다. 그는 서구 문물의 수입과 서양인들과의 교섭이 시급함을 깨닫고 21세 때에 서울 齊洞에 창설된 관립 영어학교에 입학하였다. 다음 해에 그는 영어학교를 최우등으로 졸업하고 곧 사회로 진출하였다.

한서가 22세 되던 해 견습생 자격으로 總海關에 들어갔으며, 이것은 독일인 穆麟德[10]의 추천에 의한 것이었다.

그는 여기서 개화된 서구 문명에 접하였고 이에 더욱 자극을 받아 개화 한국을 상망하게 되었다. 24세에는 內部 主事로 피명되어 高宗 皇帝의 영어 통역을 맡았고, 이듬해엔 통역 서기관으로 승진되었다. 趙

---

10) 조선말 독일인 외교고문 Mölendorf, Paul George von이며, 1882년(고종 19
    년) 정부의 통리아문 협판에 부임하여 한·로수호 통상조약을 성취시켰음.
    총해관의 해무 사무의 외교 고문직을 맡았다.

民熙가 전권대신의 자격으로 영국, 러시아, 프랑스, 독일, 이탈리아, 오스트리아 6개국을 순방한 때는 서기관으로 수행하였고 그 후 2년간 홍콩에서 체재하다 귀국하였다.

27세 때에 한서는 宮內部 別軍職[11])에 임명되어 4년 동안 고종 황제를 시봉하였다.

31세에는 경상도 칠곡의 府使로 임명되었다. 이것은 지방의 汚吏들을 없애도록 특별한 어명을 받아 임명된 것이었다. 다음 해에는 東學亂과 淸日戰爭을 여기서 겪었으며, 동학군이 칠곡을 침공하였을 때에는 이를 잘 방어하여 그의 武夫의 일면을 보여주었다. 그 후 그는 巡撫使가 되어 난후의 수습에도 진력하였다.

33세에 그는 內部 土木局長이 되어 당시 首都 건설에 두 가지 큰 공을 세웠다.

하나는 鍾路와 貞洞 일대의 도로를 확장한 일이요, 다른 하나는 탑골공원의 창건이었다. 이 탑골공원 공사에도 내부대신 南廷直을 비롯하여 완고파들의 반대가 심하였으나, 당시 福興寺 자리에 현재의 파고다공원 공사를 완성하였다. 내부대신 남정직은 대신의 말을 거역한다고 황제께 상주하여 그는 토목국장에서 면직되었다. 그는 토목국장 재임시에 閔泳煥이 세운 興化學校에서 英文法과 東國史를 가르치면서 애국성과 신문화 사상을 불어넣었다. 이 흥화학교는 우리나라 근대 교육사에서 보는 최초의 민간사립학교가 될 것이다.

1896년 그는 구국 운동을 하기 위해 잠시 관직에서 물러났다가 1905년에 다시 관직을 맡게 되었다. 그는 星州의 牧使로 부임하여 賣官 賣職의 악습을 뿌리 뽑고 사회 계몽에 앞장섰다. 그 후 성주로부터 상경하여 그다음 해에 다시 襄陽 郡守로 부임하였다. 그는 부임하자, 모래땅과 하천 부지 등 놀고 있는 땅에 소나무를 심게 하였다. 당시 강원도에는 목재가 무진장으로 있어 조림의 필요성이 절실하지 않았기 때

---

11) 조선 때 임금의 侍衛와 간신을 잡아내는 사무를 맡은 武職

문에 郡民들의 심한 불평의 대상이 되었으나 그는 이에 굴하지 않고 계획대로 조림 사업을 추진한 까닭에 30년이 지난 후, 군내의 공공 사업자금이 되어 큰 혜택을 주었다.

또한 그는 34세의 나이로 徐載弼과 함께 '獨立協會'를 조직하여 협회의 首席總務 겸 司法委員이 되었으며, 동 협회의 기관지인 ≪獨立新聞≫의 영문 편집에도 종사하였다. 때는 일본이 청일전쟁에서 이겨 청국이 물러남으로써 일본과 러시아의 세력이 맞서게 되었다. 이들 두 나라의 야심을 간파한 그는 민족의 독립 정신과 문화의 발전을 향상하고 여러 폐습을 개혁하여 신문화 수입과 민권 확장 운동에 주력하였다. 이와 같이 민권 확장 운동은 당시 친로파에게 미움을 받게 되어 이 활동은 심한 제약을 받게 되고 나중에는 동 협회마저 해체되기에 이르렀다.

한서는 1898년 3월 8일자로 農商工部로부터 신문 발행의 인가를 얻어 그해 9월 5일에 ≪皇城新聞≫을 창간하고, 그가 사장 겸 주필이 되었다. 국가의 문화 발전과 사회 계몽을 위해서는 일간 신문이 꼭 있어야 한다는 것을 절실히 느꼈기 때문이다. 그 논평은 정부의 부패를 시정케 하고 올바른 정치를 하도록 촉구하며, 한국에 대한 일본의 침략 야욕을 통렬히 공격하고, 국민들에게 애국심과 독립 정신을 고취하였던 것이다. 그러나 그 논조가 시대에 적절하고 솔직, 공정하여 일반 대중에게 많은 공감을 받았으나, 고루한 수구파, 친로파, 친일파들에게 미움을 받아 한서는 여러 차례 경무청에 검거되어 심한 고문까지 받았다. 이때에 새로 결성된 萬民共同會 회원들의 시위 등으로 그는 황제의 特別恩赦令으로 석방되었다. 그는 이후에도 세 번이나 경무청에 구속되어 온갖 시련을 겪어야 했다. 첫 번째는 노·일 간에 한국을 분할하려는 교섭이 있었다는 기사를 ≪황성신문≫에 게재한 때문이었고, 두 번째는 노·일행정이 부당함을 논박한 때문이었고, 세 번째는 신문과는 관계없이 당시 領官으로 있던 柳東根이 宮內에 밀고하기를 황성신문 사장 남궁 억과 총무원 나수연이 일본에 망명하고 있는 朴泳孝, 兪吉濬과 내통하여 擧兵하려 한다고 고하였다. 이로 인하여 동지 17명과 함께 검거되어 혹독한 고문을 받으며 심문을 당하다가 유동군의 밀고가 거짓임이 판명되자 4개월 만에 석방되고 그는 황성신문사 사장직을 사임하였다. 그는 5년간을 갖은 정치적 압박과 경제적 곤란을 받으면서도 황성신문을 외로이 경영하였던 것이다.

그가 45세가 되던 해 일본의 협박에 의한 정미 7조약이 체결되어 국권이 완전히 상실되자 그는 민간 정치 결사인 '大韓協會'를 조직하여 그 회장이 되어서 항일 투쟁의 정면에 나섰다.

그가 학교를 처음 창설한 것은 1906년에 개교한 襄陽郡의 峴山學校다. 그가 양양 군수로 있을 때 설립하여 11세 이상 23세까지의 학생을 모아 자신이 직접 가르쳤다. 그는 무상으로 가르쳤으며 영어, 음악, 산수, 역사, 체조 등의 과목을 교수하였고 몽매한 민중들의 고집과 반대를 무릅쓰고 교육의 필요성을 역설하는 민중교육에까지 헌신, 봉사하였다.

나라 잃은 1910년, 48세가 되던 11월에 서울 培花 學堂의 교사로 취임하였다. 8년간 이곳에 재직하면서 영어 문법, 대한 역사, 한글, 붓글씨, 가정교육, 국문법 등을 여학생들에게 가르쳤다. 여기서도 그는 민족의식과 독립사상을 고취하기에 여념이 없었고, 그는 야간을 이용하여 尙洞에 있는 청년학원의 원장을 겸하여 근로 청소년들을 가르쳤던 것이다. 주야 겸무로 쉴 새 없이 종사하였기에 몸이 쇠약해져서 보리울로 낙향한 것은 1918년의 일이었다.

그가 펼친 문화사업으로는 1908년 6월에 창간된 ≪敎育月報≫,12) 이 월보는 교육이론을 실은 것이 아니고, 학교에 가지 않고도 공부할 수 있도록 학과 강의를 한 것으로 오늘의 통신 강의록과 흡사한 것이었다. 과목은 동국 역사, 大韓地誌, 만국 역사, 만국 지리, 산수, 물리, 위생, 가정 요결 등 오늘의 중학교 정도의 내용이었다. 그때 ≪敎育月報≫는 당시 京城府 中部 校洞에 있었고 한서가 편집 겸 발행인이었다. 처음에는 동지들의 추렴으로 시작되었으나, 경영난과 민중의 지식수준이 낮

---

12) 1908년(융희 2) 6월 25일 처음 발간하고 매월 25일 일 회씩 발간하여 일년간 계속되었다. 이 원본은 현재 연세 대학교 도서관에 비장되어 있다.

아 사업이 부진하다가 창간한 지 1년 만에 폐간되었다. 그해에 그는 동지들과 함께 關東學會를 창립하여 그 회장이 되었는데 이것은 강원 도민을 중심으로 해서 문화운동을 일으키기 위한 것이었다. 여기서 교육운동도 본격화되어 도내의 우수한 인재를 모아 강습소에서 教授法을 가르쳐 신설학교에 배치하였다. 그러나 이 역시 1910년의 한일합방 조약과 함께 일체의 집회가 금지되어 학회도 문을 닫게 되었다.

앞에서도 말하였거니와 그가 선향인 江原道 洪川郡 西面 牟谷里로 낙향한 때는 1918년 그가 56세 때의 일이다. 그가 모곡(일명 보리울)에서 처음 착수한 사업은 교회와 학교의 설립이었다. 다음 해 그는 대지를 구입하여 우선 교회를 먼저 세우고, 이를 통해 종교 활동과 교육 사업을 동시에 시작하였다. 그가 기독교에 입교한 것은 독립협회에서 활동할 때 尹致昊13)와 함께 南監理教에 입교한 때부터 비롯되었으며 특히 배화학당의 교사로 부임하면서 신앙이 더욱 깊어졌던 것이다. 그 후 독실한 신자로 생활해 오다가 모곡에서 처음으로 교회를 세우고 교회발전에 가일층 힘썼던 것이다. 그러나 그곳에는 학교가 없었으므로 한서는 교회를 확장하여 牟谷學校라는 간판을 걸고 4년제 소학교 정도의 과정을 가르쳐서 1923년 3월에는 제1회 졸업생을 배출하였다. 그동안 한서의 높은 덕망을 흠모하는 학생들이 각지에서 모여들어 지망생을 모두 수용할 수 없게 되어 1925년에 6년제 사립학교로 인가를 얻은 동시에 유지들로부터 기부금을 모아 이것으로 교사와 기숙사를 신축하여 2세 교육에 전념하였다. 또 학교의 부속사업으로 무궁화 묘포를 경영하여 학생들로 하여금 무궁화에 대한 애착심과 國花觀念을 넣어 주었고, 또 이 묘목을 각 지방의 학교나 교회에 기증하기도 하였다. 1933년 무궁화, 한국 역사 사건으로 왜경에 체포되어 그 이듬해까지 12회의 졸업생을 내고, 이 학교는 전 재산이 몰수되어 공립학교로 개편되었다.

그의 무궁화에 대한 집념은 계속되어 배화학당 재직 시에는 여학생

---

13) 尹普善 大統領의 아버님이며, 한서와는 사돈 간이다. 그의 次女 南宮 慈
卿이 尹致昊의 子婦가 되었다.

들의 수본을 무궁화로 하여 일경의 감시를 받았고, 모곡에서는 '무궁화 동산'이라는 노래를 지어 모곡학교 학생들에게 가르쳐 주었다. 학생들이 부르는 이 노래가 일경에게까지 전해지자, '한국 역사 교육', '십자 당사건'까지를 모아 그를 체포하는 구실로 삼았다. 그는 홍천에서 서울로 이송되어 서대문 감옥에서 옥고를 치르다가 이듬해 3년간의 집행유예로 석방되었다. 그는 모곡에서 정양한 뒤 칠곡교회를 위하여, 그리스도를 위하여 전도에 힘쓰다가 1939년 4월 5일 옥고로 인한 병환으로 자택에서 서거하니 향년 77세였다. 그는 모곡리 부근에 있는 남궁 씨의 선향인 雪梅谷山에 안장되었다.

민족의 해방과 더불어 그의 위대한 교육 이념을 따르던 제자들에 의하여 그가 설립했던 모곡학교 서편에는 1954년에 새로이 한서 중고등학교가 설립되었고 洪川邑 運峰里에는 1967년 그의 동상이 제막되었다.

노산은 "이 어른은 역사의 풍우 속에서 구국의 의기와 정열에 불타오르던 민족혼의 등대요, 남 먼저 깨어 일어나 외치며 앞장섰던 새 세대의 선봉"이라고 동상문을 적었다.

자녀로는 아들 益과 딸 淑卿, 慈卿이 있었다.

2. 翰西와 學校 敎育

19세기 후반은 우리나라의 교육사적 측면에서 볼 때 커다란 전환점을 이루고 있다. 이는 전통적으로 우리나라에 뿌리박은 유교적인 학교 교육에, 서구적 기독교적인 학교 교육이 전래되었기 때문이다. 그는 바로 이 두 가지의 극과 극을 이룬 학교 교육에 있어 교량적인 역할을 하였던 것이다. 그가 행한 교육 내용은 크게 세 가지로 구분할 수 있다. 역사 교육·예능 교육·실업 교육이 그것이며 역사 교육은 애국애족의 정신을 기리기 위한 한국사 교육이라 할 수 있고, 예능 교육은 정서 순화와 품성 도야를 위한 것이었으며 실업교육은 사회개발을 위한 실과 가정교육과 관련지어 볼 수 있다.

1) 역사 교육

그의 역사 교육의 시초는 배화학당에서 비롯되었다. 처음엔 '대한 역사'를 공공연히 가르쳤으나 교과 배당 시간에서도 점차 빠지게 되었고 극렬한 일본의 무단정치로 헌병, 경찰 등을 통해 엄단하는 조치가 강화되자 그는 토요일 영문법 시간을 이용하였다. 그는 묵지로 복사한 한국 역사책을 준비시켜 영문법 시간에 비밀리에 한국 역사를 가르쳤다.

그는 모곡에 은거하면서도 東國史記, 三國史記 등 史書를 정독하여 한국 역사에 남다른 열정을 보였고 모곡학교를 설립한 후에도 東史略이란 사서를 저술하여 교재로 삼았다. 인쇄는 일제의 압박 밑에서 생각조차 할 수 없었으므로 비밀리에 몰래 직접 쓰고 복사한 것만 보아도 그의 역사 교육에 대한 집념과 그의 뜻을 충분히 읽을 수 있는 것이다. 그가 저술한 東史略은 4권으로 되어 있다. 1권에는 단군 조선에서부터 신라 말까지이고 2권에는 고려 초로부터 恭讓王까지였고, 3권에는 조선 초로부터 철종까지였고, 4권에는 철종부터 隆熙皇帝까지 그리고 부기로서 3·1운동에 관한 기록을 상세히 다루었다.

그가 이 동사략을 저술함에 있어서 그 취지와 정신은 책머리 凡例에서 찾아볼 수 있다.

> "……신라 중엽 이래로 慕華主義가 하도 팽창하여 그 수입된 虛文辱禮가 너무 사람의 大義正道를 마멸함으로 古事 중에 이러한 사건은 모두 刪去하고 본서의 목적은 번다한 기사보다 권선징악이 더욱 중함으로 이 兩義의 사건은 기어코 그 始末의 明細를 證著하고자 함"14)(원문대로)

---

14) 南宮 檍, 東史略, 1924. pp.2−4.

이와 같이 남다른 교재를 가지고 비밀리에 그가 역사 교육을 할 때에는 재미있는 重話와 史談을 섞어 흥미 있게 전개하였으며, 그는 비단 학교 교실에서뿐만이 아니라 저녁과 밤을 이용하여 틈나는 대로 동리 청년들을 모아 지도하였다. 그는 가끔 "자네들 낙심 말게, 비록 나는 독립을 못 볼지라도 자네들은 볼 것이니 그에 대비한 자세가 되어 있어야 하네, 배워야 하네."15)라고 희망과 격려를 잊지 않았다.

뿐만이 아니라 한서는 『조선 이야기』 5권을 저술하였는데 이것은 童話體로서 선인들의 그릇된 慕華思想을 일깨워 자주정신을 학생들에게 넣어 주고자 지은 책이었다.

『조선 이야기』16)는 『동사략』을 저술한 지 5년 후인 1929년에 저술한 것으로 인찰지에 복사한 1290면의 거작이다.

이와 같이 한서는 일제의 모진 탄압 속에서도 온 정성을 기울여 한국 역사를 저술하고 또 이를 전파하는 데 혼신의 노력을 기울였다. 한국 민족의 갱생은 한국인 스스로의 긍지와 개개인의 실력, 협동에서 그 문이 열린다고 역설하였던 것이다. 민족독립을 기초로 하는 그의 교육 이념은 왜경의 총검에도, 모진 고문에도, 타협과 양보가 있을 수 없었다. 그러나 이것이 친일파 단체 一進會의 밀고로 그 유명한 한국 역사 사건이 터져 그는 다시 체포되기에 이르렀다. 이때에 학교와 가택을 수색해서 압수된 역사 관계 서적은 당시 일경은 물론 뜻있는 사람들을 놀라게 할 정도로 많았다. 압수된 증빙물로는 ① 무궁화 선전문 ② 조선 이야기 ③ 영문으로 된 독립 노선 ④ 태극을 박은 體鏡과 수저 ⑤ 그가 지은 노래집 ⑥ 동국사기와 삼국사기 ⑦ 동사략 ⑧ 서한 ⑨ 일기장 등이 있다.17)

한서는 항시 우리 역사 교육에서 우리 조상의 빼어난 문화와 전통을

---

15) 南宮 柱의 기록에서. 南宮 柱는 한서의 6촌 동생이다.
16) 『조선 이야기』는 성신여자대학교 이사장 李淑鍾 女史가 그 원본을 보관하고 있다.
17) 金景嬉, 翰西 南宮 檍의 教育思想, (고려대 교육 대학원 석사학위논문, 1972) p.37.

학생들에게 강조하였고, 이에 지나가 버린 것이 아니라 우리 현실 속에 살아 움직이는 역동적이고 감격적인 장면으로 분위기를 몰아가곤 하였다. 나아가 우리 역사 교육에서 옳고 그름의 판단을 분명히 하여 가슴마다 의로 향하고 정성된 마음을 길러주는 데 중점을 두었다.

2) 藝能 敎育

향교에서 유학의 교육 내용을 중심으로 배워 오다가 기독교의 전래와 더불어 구미 문화를 받아들이면서 학교는 서구식 교육과정으로 변하였다. 그중에서도 가장 두드러진 교과는 예능 교과였다. 누구보다도 일찍이 신문화에 접한 한서는 그 당시 무표정하고 무감각한 주민과 어린이들을 위하여 노래 부르기를 권장하였다. 그는 자신이 아악과 현대 음악에 높은 소양이 있었고 또 음감과 성대가 남보다 뛰어나 많은 노래를 작곡·작사하여 학생과 주민들과 같이 불렀던 것이다. 일찍이 여호와의 부르심을 받아 기독교에 입교했던 그는 종교 음악을 기초로 하여 그의 음악이론을 발전시키는 한편, 하모니카를 배워 이를 반주로 하여 노래를 부를 때 뛰어놀던 아이들까지도 몰려오고 들에서 일하던 촌부도 잠시 일손을 놓고 노래를 불렀던 것이다.

뿐만이 아니라 배화학당에서는 수업 분위기를 맞추어 학생들과 함께 노래를 불러 학습 의욕을 북돋우면서 나라 잃은 설움에 잠긴 학생들에게 굳건한 인내의 미덕을 키워 주기도 하였다. 항시 기계적이고 딱딱하던 교실이 그가 교단에 선 후로는 학생들의 노래 부르기가 습관화되자, 교실과 학교의 학습 분위기는 한층 즐거움과 의욕적인 분위기로 충만하여 갔다. 그가 지은 '조선 지리가', '권학가', '조선 노래', '우승가', '무궁화동산', '일하러 가세', '무궁화', '운동가' 등의 노래에 나타난 가사를 보면 단순한 노래만이 아니라 '우리나라의 아름다움', '우리나라의 광채로움', '삼천리 반도', '무궁화 화원', '금수강산', '배달의 민족', '무궁화동산', '조선 삼천리', '무궁화', '우리 동포', '우리 산천',

'고국산천' 등이 구구절절 나오고 있어, 우리 겨레의 호흡과 혈맥과 생명을 가득 담은 내용이었다. 그가 지은 노래가 이 민중을 깨우치고 민족의식을 고취하기에 충분했던 그 숱한 노래들이 서울과 강원도에서뿐 아니라 방방곡곡으로 퍼져 갔다. 한서가 지은 노래를 불렀던 이 땅의 착한 선남선녀들은 노래를 부를 때마다 민족의 독립과 국가를 위한 헌신을 서로 다짐하곤 하였다.

여기에 그 대표적인 시가를 적어 본다.

무궁화동산[18]

① 우리의 웃음은 따뜻한 봄바람
춘풍을 만난 무궁화동산
우리의 눈물이 떨어질 때마다
또다시 소생하는 이천만

후렴) 빛나거라 삼천리 무궁화동산
잘 살아라 이천만의 고려족

② 백화가 만발한 무궁화동산에
미묘히 노래하는 동무야
백 천 만 화초가 웃는 것 같이
즐거워하라 우리 이천만

시절 잃은 나비[19]

① 일락은 서산에 황혼이 되고
바다와 온 우주는 캄캄한데
옥토를 떠나서 어디를 향해
정처없이 어디로 향해 가느냐

---

18) 1933년 12월 27일자 동아일보에 게재된 것으로 한서가 보안법 위반으로 검거된 이유가 된 시가임.
19) 김세한, 한서 남궁 억 선생의 생애, (동아 출판사, 1960.) pp.270−271.

애닯다 이천만의 고려 민족아
너의 살 길 바이 없어 떠나가느냐

② 젖과 꿀이 흐르는 기름진 땅을
누구를 주고 자꾸만 떠나가느냐
정든 산천 고국을 등에다 지고
애닯은 눈물 방울만 연해 뿌리며
두만강 푸른 물결 건너서 가는
백의의 단군 민족 내말 들어라.

③ 무궁화의 화려한 금수강산은
우리들의 소유인 줄 너도 알건만
의식주의 핍박을 가이 못 잊어
주린 배 움켜쥐고서 떠나가느냐
너희의 정경이야 차마 가긍하다.
그러나 낙심 말라 고려 민족아

일하러 가세[20]
① 삼천리 반도 금수강산
하나님 주신 동산
이 강산에 할 일 많아
사방에 일군을 부르네
곧 금일에 일 가려고
누구가 대답을 할까

후렴) 일하러 가세 일하러 가
삼천리 강산 위해
하나님 명령 받았으니
반도 강산에 일하러 가세

---

20) 한국 찬송가 위원회 발행, 합동 찬송가 459장 찬송가 개편 402장

② 삼천리 반도 긍수강산
　하나님 주신 동산
　봄 돌아와 밭 갈 때니
　사방에 일군을 부르네
　곧 금일에 일 가려고
　누구가 대답을 할까

③ 삼천리 반도 금수강산
　하나님 주신 동산
　곡식 익어 거둘 때니
　사방에 일군을 부르네
　곧 금일에 일 가려고
　누구가 대답을 할까

조선의 노래[21]
① 금수의 강산에서 우리 자라고
　무궁화 화원에서 꽃피려 하는
　배달의 어린 동무 노래 부른다
　세상에 부러울 것 무엇이랴

　후렴) 라리랏다 라라 라리 라리라
　라리랏다 라라 라리 라리라

② 동천에 둥근 홍일(紅日) 그 빛 찬란코
　바다의 어별(魚鱉)들은 양떼들같이
　태극기는 창공에 펄펄 날리고
　빛나게 잘 살아라 우리의 조선

　그의 노래는 겨레의 생활이요, 민중의 계몽이요 민족의 메시지였다.

---

21) 시가 증인 남궁 래경

그 대표적인 것으로 합동 찬송가 459장 '일하러 가세'는 오늘날까지
도 널리 불리고 있는 노래인데 이러한 찬송가를 일경에서 방치해 둘
리가 없었다. 이 노래가 한 마을에서 다른 마을로, 다른 마을에서 또
다른 마을로 퍼져 가는 동안 경찰은 이 노래를 강력히 금지하였다. 그
가운데 제일 먼저 '일하러 가세'와 '금주가'가 있었고 이어서 한서가
지은 노래는 일체 부르지 못하게 금지되었던 것이다. 그는 루터(Martin
Luther)와 마찬가지로 노래를 통한 심성 계발에 역점을 두고 나아가 노
래에 의한 성격 형성을 중하게 여겼다. 그는 루터가 지은 '내 주는 강
한 성이요'(합동 찬송가 371장)와 그가 친히 지은 '일하러 가세'(합동
찬송가 459장)를 즐겨 불렀는데 이 두 노래의 가사와 곡에는 약동적인
인간 형성의 힘이 깃들어 있었다.

뿐만이 아니라 한서는 틈이 날 때마다 한글 宮體를 밤새워 연구하였
다. 한글 붓글씨는 언문이라고 하여 천대하여서 궁중의 나인들 사이에
서 쓰여 오던 터에 궁내부에 있으면서 한글 궁체를 奉書房 나인들에게
서 얻어 내어 붓글씨 공부를 했으므로 이 한글 궁체를 그에게서 배웠
고 또 조국의 독립과 단일 민족으로서의 긍지를 새롭게 하는 계기를
마련했던 것이다. 그가 붓글씨 교본의 하나로 1914년에 『新編 諺文體
法』을 발간했을 때는 同化 政策 밑에서 용인될 수 없었으므로 지하실
탄 저장고에 비장해 두었는데 그 후 비밀리에 유포되어 오늘날의 한글
서도의 體本이 되었다. 한서에게서 붓글씨 지도를 받은 학생들은 뛰어
난 글씨 솜씨를 보였던 것은 그 당시 너무도 유명한 일이었다.[22]

우리나라의 한글 서예가인 李喆卿, 李美卿도 민족정신을 되찾자는
그의 지성스런 열매가 맺어진 것이라고 할 수 있다.

또한 지금도 흔히 볼 수 있는 외솔 崔鉉培의 『우리말본』과 『중등조
선말본』의 題字도 한서의 글씨다.

이와 같이 그는 학생들의 정서 순화를 위하여 학교와 교회에서 성탄

---

22) 배화 70년사, 1968, pp.132-134.

일과 꽃주일 행사를 성대히 열고, 학교에서는 학예회를 자주 열어 음
악, 연극, 시가 등을 통하여, 그리고 붓글씨를 쓰게 하면서 직접적이고
경험적이며 심미적인 예능 활동을 적극 권장하였다.

그리고 일제 때에 한반도 13도를 무궁화꽃으로 자수하여 내실에 많
이 장식하였는데 이것도 그의 창안으로 모두 가정에서 민족혼을 되살
리려는 정성에서 우러나온 의도였다. 그는 무궁화 예찬의 전단을 전국
적으로 배부하고, 무궁화 묘목을 다량으로 키워 보급하였는데, 이에 놀
란 일인들이 모두 뽑아 불살랐고, 무궁화 한반도 자수도 모두 압수하
고 심지어는 처벌까지 하였다.

3) 實業敎育

한서는 단순히 千字文, 童蒙先習, 小學, 通鑑을 차례로 배우는 것이
현대 생활의 개선에 별로 도움이 못 된다고 생각하였다. 그저 전통과
보수적 굴레에서 맹목적인 답습만 할 것이 아니라 실제 생활을 개선하
고 사회를 발전시키는 일이 무엇보다도 중요하다고 생각하였다. 일찍이
페스탈로치(J. H. pestalozzi)는 勞作 學校(Arbeits－Schule)를 주장하였
고 지금은 지역 사회 학교, 산학 협동, 생애 교육, 평생 교육 등의 말
이 있거니와 그는 무엇이나 아는 데 그칠 것이 아니라 몸소 행동하는
사람을 길러야 한다고 하였다. 실과 시간에는 으레 무궁화와 뽕나무
묘포의 작업을 학생들을 진두지휘하며 같이 했고, 계절에 따라 공한지
에 나무를 심게 하였고 또 인근 부락의 교량 보수 작업을 학생들과 함
께하였다. 그는 교량 보수나 도로 공사를 통하여 봉사 정신과 애향심
을 키우기에 힘썼던 것이다.

추운 겨울 눈이 수북이 쌓일 때는 밖으로 나가 누구보다 먼저 길을
쓸게 하고, 실내에서 새끼 꼬기, 짚신 삼기, 가마니 짜기 등을 하게 하
여 농촌 생활 교육의 중심을 학교에서 앞장서서 실천하게 하였다. 그
는 근로에서 행의 교육을 넓히고, 건설적인 정신과 봉사심을 기르려고

노력하였다.

　한서의 후손인 교육학자 南宮 勇權은 그의 교육 목적을 ① 愛國 愛族하는 社會人 ② 진실 성실한 道德人 ③ 生産·實踐하는 産業人이라고 지적하였다.[23]

　또한 가정교육 시간에는 자신이 저술한 『가정교육』이란 교과서를 가르쳤다. 이 교과서의 특징은 흔히 한국 가정에서 소홀히 하는 육아에 대한 것을 중시하였는데 영문으로 된 가정교육서를 우리 가정에 맞도록 번역, 편집하였는데 100페이지 한식 제본(끈으로 꿰어 매는 것)으로 1914년 南宮 濬이 경영한 唯一書館에서 발행한 것으로 값은 당시 30환이었다.

　그 내용은 아래와 같다.

　　제1장 시부모 섬기는 법
　　제2장 남편 섬기는 법
　　제3장 아이를 기르는 법
　　① 胎育, ② 젖먹이, ③ 아이와 옷과 居處, ④ 아이 種痘와 疾病, ⑤ 아이의 動靜과 遊戲, ⑥ 아이의 가정교육
　　제4장 下人 부리는 법
　　제5장 家法을 세움
　　제6장 친구 사귀는 법
　　제7장 飮食品의 利害 분간하는 법
　　① 음료수를 택하는 법, ② 음식품을 택하는 법, ③ 음식 먹는 법, ④ 음식품의 각 分子·分析法

　위의 목차에서 보는 바와 같이 제1장, 제2장, 제4장은 전통적인 儒家의 內訓書와 비슷한 감을 주고 있으나, 그 밖의 장은 오늘날 家庭學 교과서의 내용과 큰 차이가 없다. 특히 제3장 育兒에 대한 것과 제7장

---

23) 南宮 勇權 '翰西 南宮 檍 思想의 考察' (關東大 論文集 4. 1976), p.308.

음식 분석법을 다룬 것은 당시로 보아서는 특이하다. 이 밖에도 奉, 祭, 社, 揆, 賓, 客에 대하여 다루었고 특히 殮하는 법에 있어서 어머니나 시어머니에게는 딸만 들어가는 법 등을 상세히 싣고 있다.

또 보리울에서만 볼 수 있는 무궁화 묘포를 여기서 다시 들지 않을 수 없다. 무궁화를 槿花라고 부르며 학정에 시달리던 때 그는 무궁화 묘목장을 운영하였다. 苗木을 팔아 학교 경비에 충당한다는 구실 아래 무궁화 묘목을 한 해에 수십만 주씩 길러서 각 지방의 학교와 교회, 사회단체에 일부 팔기도 하고 또 기증하기도 하였다. 이 사업은 일경에 체포당하던 1933년까지 계속하였다. 묘목 작업은 매주 있는 실업 시간을 이용하여 학생들로 하여금 김도 매고 거름도 주게 하였다. 이는 무궁화에 대한 애착심과 國花 觀念을 넣어 주기 위한 계획적이고도 큰 뜻이 내포되어 있는 것이다. 그는 심경이 우울할 때면 무궁화 묘포로 나가 삼천만 민족을 북돋우는 심경으로 잡초를 뽑고 벌레를 잡고 거름도 주어 망국의 한을 위로받곤 하였다. 무궁화꽃이 피는 5개월간은 문자 그대로 보리울이 별천지를 이루곤 하였다. 일경에서 무궁화 묘포를 가꾸지 못하게 하면 뽕나무 묘목을 섞어 심어서, 뽕나무인 줄 알고 심었던 전국 방방곡곡에서는 뽕나무와 함께 자란 무궁화꽃을 볼 때 이 꽃을 보는 뭇사람들은 서로 애국애족하는 마음을 다짐하였던 것이다. 이러한 작업과 동시에 한서는 학생들, 동리 청년과 더불어 '무궁화는 우리나라 국화'라는 선전문을 만들어 각 학교와 교회, 친지들에게 배부하고, 여기서 그는 무궁화의 특징과 세계 각국의 국화를 열거하고 무궁화는 우리나라 역사와 같이 은근과 끈기가 깃들어 있는 우리 민족혼의 표현이라는 점을 강조하였던 것이다.

한서가 무궁화를 국화로서 정성을 다해 배포한 까닭에 오늘날 우리 애국가에 '무궁화 삼천리 화려 강산'이라는 어구가 추고된 것을 볼 때 그의 행적이 더욱 빛나는 것을 느낄 수 있다.

특히 한서는 배화학당에서 대학생을 지도하면서 영원하고도 인상적인 민족의식을 심어 주기 위해 수예 시간을 잘 이용하였다. 우리나라의 國花 무궁화꽃을 가지고 삼천리금수강산을 상징한 지도를 만들고, 각 도마다 무궁화 한 송이씩을 수놓는 수본을 고안하였다. 뿐만이 아니라 누런 삼동주에 태극기를 수놓게 하여 미국으로 보낸 것은 당시 합방 이후 큰 사건이었음은 두말할 나위가 없다. 그 후 이 수본은 햇빛을 못 본 채 일제에 의하여 압수되었으나 학생들의 마음속 깊이 영원히 지워지지 않는 마음의 印으로 길이 기억되고 있었다.

3. 基督敎와 翰西

한서는 인류의 역사는 하느님의 손에 달려 있고, 죄가 쌓이고 쌓이면 개인이나 민족도 필연적으로 망하게 되어 있으나 진심으로 회개하여 하느님의 직선 코스로 들어설 때는 하느님의 긍휼과 사랑을 흠뻑 받을 수 있다는 확신을 갖게 되었다. 그는 간절한 기도로써 엄청난 응답을 받은 것이다. 극진한 정성이 든 기도에는 하나님은 반드시 응답해 주신다. 그의 경우에도 그러하였다.

그가 미션학교인 배화학당에 교사로 초빙된 것도 또 全德基 목사가 세운 尙洞敎會의 청년 학원교를 맡아 교육과 신앙을 통한 독립운동을 전개할 수 있었던 것도 모두 이런 연유에서였다.

1918년 심신의 피로와 일제의 감시 때문에 洪川 모곡으로 낙향하여서도 주민들이 미신적 생활에 젖어 있는 딱한 사정을 보고 그는 이들을 기독교 신앙으로 인도하여 밝고 명랑한 생활로 개선하는 동시에 교회를 통한 민족정신을 고취할 것을 결심하였다. 그는 곧 춘천에 주재하고 있는 미국인 선교사에게 전도사를 보내 줄 것을 요청하고 다른 한편으로는 1919년 9월에 대지를 매입하고 10間의 기와집 예배당을 건축하였다. 그의 기독교 신앙의 희생과 봉사 그리고 솔선수범의 교육열은 조용한 산골짜기의 주민들을 눈뜨게 하여 너 나 할 것 없이 교회로

구름같이 몰려들었다. 당시 이곳에는 쟁쟁한 교역자들이 거쳐 갔다. 金
恒默, 金永祿, 李潤錫, 南宮 淑卿, 曹相文, 劉子勳, 朴金山, 林昌浩 등
이었고 한서가 이곳에서 이룩한 종교 교육은 실천을 통해, 성경을 통
해, 찬송가를 통해 전도되었다. 그는 가끔 누워 있던 자리에서 일어나
두 무릎을 꿇고 조용히 기도를 올렸다.

"주여, 이 나이 환갑이 넘는 棄物이오나 이 민족을 위해 바치오니
받으시고 젊어서 가졌던 애국심을 아무리 혹독한 왜정하일지라도 변절
치 않고 肉으로 靈으로 감당할 수 있는 힘을 주옵소서."

아침이면 해 뜨기 전 유리봉에 올라 민족의 독립을 위해 하나님께
기도를 드렸다.

"주여, 이 정밀한 고독 속에서 나를 일깨워 주시고, 잠자는 이 민족
의 문을 두드려 깨게 하여 주옵소서. 나라가 일어나 나라를 치고 백성
이 일어나 백성을 헐뜯는 이 사악한 현실에서 우리를 어여삐 여겨 주
옵소서. 참회의 눈물로써 우리들의 아픔을 부드럽게 해 주시고 용기를
주사 저 불의스런 일본을 용서할 수 있는 권능을 우리에게 주옵소서.
그리하여 깨달은 일본과 독립국가로서 조선이 더불어 동양의 지상낙원
을 이루게 하여 주옵소서."

이 기도를 하면서 그는 우리나라의 미래에 대해서 밝은 확신을 갖고
있었다. "문을 두드리라 열릴 것이요, 찾으라 얻을 것이다."는 하나님의
약속을 굳게 믿었던 것이다.

그는 주일학교 노래도 손수 지었다.

① 동악산 강 구비 앞뒤 둘렀고
　 모곡 구역 모곡리는 우리 집이라
　 세상 영화 누릴 자는 우리들이여
　 그 가운데 뜻 붙일손 주일학교라

② 금동녀야 모여서라 세동리에서

　　　하나님의 뜻이 있어 입적한 우리
　　　구주님 은혜를 더욱 감사해
　　　천국낙도 바라보는 십주 동무야

　　③ 굳거라 너희 믿음 변하지 마라
　　　마음과 뜻을 거룩하게 실행하여서
　　　죽고 살고 화와 복을 상제께 부쳐
　　　천당 배 타고가자 우리 동무야.24)

　그는 몽매한 민족을 깨우치기에 팔심이 빠졌으며, 학생들의 義에 불꽃을 붙이기에 목이 쉬었으며, 민족을 지독히 사랑하기에 갇힌 몸이 되었어도 그는 반석 같은 신앙으로 위로 하나님을 믿었으며 아래로 학생들을 사랑함으로써 나아가 나라 사랑의 모델을 우리에게 보여준 큰 어른이었다.

4. 몇 가지 逸話25)

첫째 일화

　강원도 양양에 오래 관직을 가졌던 정현동이라는 유림학자가 있었다. 그는 퍽이나 완고하였다. 남궁 군수가 그 고을에 오자 청년회를 조직하고 토론회를 열어 단발을 장려하고 남녀평등을 역설하며, 남녀가 한 자리서 집회하고 치마를 짧게 입기를 권장하였다. 이와 같은 개화운동이 정 씨의 비위에 맞을 리가 없었다. 정 씨는 양반 행세를 하며 남궁 군수를 깔보았다. 한 걸음 더 나아가 완강하게 반항하고 청년들을 선

---

24) 金世漢, 전게서, p.104.
25) 金世漢, '한서선생일화', (나라사랑 11호, 1973) pp.125－131 참조.

동하여 조상이 안 한 짓을 왜 하느냐고 충동하였다. 선생이 하는 시책에 상당한 장애가 되므로 선생은 형리를 시켜 묶어다 놓고, 저 썩은 선비에게 볼기를 치라고 명하였다.

"네 이놈, 하상에 네가 무언데 나를 음모하느냐. 너 같은 놈들이 많아서 나라가 이 꼴이 된 줄 모르느냐." 하고 네 악몽이 깨도록 태형하리라 했더니, 두 손을 저으면서 죽일 놈이오나 목숨만은 살려 달라고 애원하며 다시 이런 일이 없겠나이다고 하였다. 남궁 군수는 껄껄 웃으며 형리더러 포박을 풀라 하고 손을 잡아끌어 올려 앉히고, 우리는 이것으로써 옛것을 청산하자는 술잔을 들어 권한 다음 훈방했던 것이다. 그 후에 두 사람은 더욱 친근해져서, 선생이 양양 군수를 사임하고 돌아올 때에 정현동 씨를 선생이 재임 중에 설립한 현산 학교 교장 자리에 앉혀 주었다.

둘째 일화

한서 선생이 서대문 형무소에 감금당해 있을 때 젊은 간수 한 사람이 한서 선생이 묶여서 들어오는 것을 보고,

"너는 무슨 짓을 하다 이리로 왔나?" 하며 멸시하는 눈초리로 해라하였다. 이때 선생은 서슴지 않고,

"나는 조선 역사를 가르치고 무궁화를 선전하다가 잡혀 왔소." 했더니 "흥, 무궁화가 무어냐, 못생긴 것" 한 다음 72세의 백발노인에게 "잔말 말고 어서 들어가." 하고 구박하였다.

하루는 노인 한 분이 면회를 와서 조용히 하는 말이, "얼마나 고생을 하는 거요. 그래 할 말만 하면 되는 것을……" 하고 대세는 이미 기울었으니 고집할 것이 무어냐는 뜻으로 말하였다. 이 말을 들은 선생은 화를 버럭 내면서,

"나더러 무슨 할 말을 하라는 거요. 그런 소리를 하려거든 다시는 오지 말라."고 내쏘았다.

셋째 일화

선생이 경상도 칠곡 부사로 있을 때의 일이다. 그 고을의 한 유지와 술을 마시려고 주막집에 갔는데, 이날따라 그 주막집에서는 생남했다고 금줄을 매었으며, 술을 팔지 않는다는 것이다. 그런데 이때는 여러 난으로 해서 부사는 항상 큰 칼을 차고 있었다. 선생은 칼을 쑥 뽑아 금줄을 끊으며,

"부정이 다 무슨 부정이냐, 다 사람이 하는 노릇인데." 하면서 어서 술을 가져오라고 했더니, 주인이 재빨리 가지고 나와 술을 따랐다. 선생은 "부정이라는 것은 사람의 마음에 달린 것이니, 좋은 마음과 행실을 가지면 그것이 부정이 안 되는 것이지 부정이 무슨 부정이냐." 하며 야단 비슷이 꾸짖는 것이었다.

유 언

선생은 마지막 순간도 평소와 똑같은 소리로
"내가 죽거든 무덤을 만들지 말고 果木 밑에다 묻어서 거름이나 되게 하라."고 하시고
"나는 독립을 못 보고 너희는 볼 것이니……" 말끝을 맺지 못하고 최후를 맞았다.

5. 翰西 南宮 檍 先生 紀念碑

"나는 독립을 못 보아도 너희들은 반드시 볼 것이다. 내 몸은 과일나무 아래 묻어 거름이라도 되게 하라." 한 마디 거룩한 유언을 남기고 가신 민족의 성자 한 분이 계셨으니, 그가 바로 한서 남궁 억 선생

이시다. 선생은 역사의 풍우 속에서 구국의 의기와 정열에 불타오르던 민족혼의 등대이었고, 남 먼저 깨어 일어나 외치며 앞장섰던 새 시대의 선봉이었다.

일찍 가난한 홀어머니의 손에서 자라나 소년 때에는 한문학을 배웠고 젊어서는 우리나라에서 처음으로 영어학교를 마쳐 24세에 고종황제의 통역관으로 채용되고, 31세에 경상도 칠곡 부사로 나갔다가 이듬해에 내무 토목 국장에 전임되어 서울에 탑동공원을 만드니, 실로 1895년의 일이었다.

다음 해 34세에는 서재필 선생과 함께 독립협회를 조직하고, 이어 우리나라 일간신문의 기원인 ≪독립신문≫의 창간 동지가 되었으며, 다시 2년 뒤 1898년에 ≪황성신문≫의 초대 사장이 되어 5년 동안에 걸쳐 불우한 관료세력과 싸우기에 감옥의 고초도 몇 번이나 겪었고, 날마다 붓을 들어 민심을 깨우쳤으니, 선생은 과연 우리 언론계의 최초의 선각자이었다.

43세에는 다시 경상도 성주목사로 나갔었고, 다음 해에는 강원도 양양 군수가 되어 가 그곳에 현산학교를 세웠으며, 2년 뒤 1908년에 ≪교육월보≫를 창간하니 이것은 우리나라 교육 잡지의 시초였다.

그러다가 48세 되던 1910년에 조국의 사직이 무너지자, 선생은 나라 안에서 동료들과 생사를 같이할 것을 결심하고 기독교 신앙의 정신적 기초 위에서 청년남녀들을 양성함으로써 천부의 사명을 삼아 배화학당에서 교편을 들기 시작했다.

교단에서 8년을 보내는 동안 날이 갈수록 일제의 탄압은 혹심해 가고 울분한 심정은 달랠 길 없어, 마침 56세 되던 해 겨울에 3대를 살아오던 정든 서울을 떠나 강원도 홍천 두메산골 보리울로 낙향하여 저 유명한 '기러기 노래'를 지어 부르니, 그 노래야말로 만인의 심금을 울렸던 것이다.

보리울에 이르는 길로 교회당을 짓고 학교를 세워 청년교육에 최후의 심혈을 바치기 10여 년 동안 제자들의 가슴속에 독립 정신을 심어

주었고 의롭게 사는 길을 보여주었다.

그리고 새벽마다 유리봉으로 올라가 피맺힌 기도를 올리되, "이 땅에서 불우한 일본을 물리쳐 주소서. 또 저들 앞에 끝까지 굴하지 않도록 영과 육에 힘을 주소서." 하고 맹세를 지었었다.

일하러 가자는 선생의 애국 가요는 전국 젊은이들의 입에서 힘차게 흘러나왔고, 몸소 가꾼 무궁화 묘목 30만 주는 남북 강산으로 퍼져 나가 말없이 피어났었다. 그랬으나, 그 때문에 선생은 최후의 십자가를 졌던 것이니, 71세에 일제의 쇠사슬에 묶이어 서울 서대문 감옥에서 고초를 당하다가 3년 뒤에 병든 몸으로 실려 나와 고향에서 신음하던 중 77세로써 고요히 눈을 감았다.

선생이 가신 지 6년 뒤에 조국은 마침내 광복되고 동지와 제자들은 선생의 끼친 자리에 학교를 다시 세우고 동상과 비를 세워 영원히 기념하려 하므로, 나는 경건히 붓을 들고 선생의 행적을 대강 적고서 삼가 노래를 바친다.

꿈속에도 비시던 일 다만 하나 조국 광복
바로 그 나라외다 새 나라를 세웠소이다
오늘은 땅 아래서나마 한번 빙그레 웃어 주소서

땀과 눈물 뿌리신 곳 정성 기도 어린 곳에
거룩한 뜻을 이어 새 학교를 세웠소이다
님이여 우리랑 하냥 길이 여기 같이 곕소서

1966년 4월 5일 이은상은 글을 짓고 이철경은 글씨를 쓰고 한서 선생 기념사업회에서 삼가 비를 세우나이다.

敎・愛・誠을 實踐한 南岡 李昇薰

1. 生涯와 活動

1811년 定州城26)에는 洪景來亂이 있었는데 한때 폐허로 있다가 차츰 인가들이 모여들어 10년 후에는 다시 옛 성읍의 모습을 드러내기 시작하였다. 哲宗 3년 임자년 가을에 宣川에서 驪州 李氏 한 가난한 가정이 정주읍의 조그만 집에 이사 왔는데, 젊은 내외가 홀어머니를 모시고 여기에 온 것이다. 남강은 1864년에 이 가난한 가정에서 태어났다. 아버지는 驪州 李碩柱요, 어머니는 洪州 金氏인데 남강은 그 둘째 아들이었다. 그가 세상에 났을 때는 가정에 심한 가난이 휩쓸었다. 아버지는 조촐한 가정에서 자라기는 했으나 어려서 경서를 읽었고 글씨도 깨끗이 썼다. 그는 성읍 언저리의 조그만 초가집에 살았는데 남의 글이나 써 주고 집에 붙은 텃밭을 가꾸는 외에 별로 하는 일이 없었고 아내가 품팔이를 해서 살아갔다.

남강이 여섯 살 되던 해에 아버지는 정주읍에서 동으로 조금 떨어져 있는 納淸亭으로 이사를 하였다. 정주읍에서는 살길이 막연하고 자기 나이도 먹고 어린 것들도 자라고 하니 새로운 운을 바라보자는 생각에

---

26) 定州는 본래 關西의 雄州로서, 高句麗 때는 益州, 高麗 때는 遂州 또는 遂川, 朝鮮 때는 定遠이라고도 하고 定州라고도 했는데, 洪景來亂 이후 한때 定原이라고 부르다가 다시 定州로 불렀다.

서였다.

 납청정이란 곳은 서울서 義州에 통하는 가도의 중요한 곳으로, 그 당시는 교통의 중심지가 되어 상당히 발전되었으며, 더욱이 이곳은 그 때 지방의 공업지로 알려졌는데 경기도의 安城과 같이 유기 제조업의 중심지였다.

 남강은 여기 온 지 1년 후에 글방에 들어가 다른 아이들과 같이 글을 읽었다. 『千字』는 집에서 떼었기 때문에 거기 들어가서는 『史略』 초 권을 배우기 시작하여 『無題詩』, 『童蒙先習』 같은 책을 읽었다.

 그는 16세 때 납청정 林逸權 유기 상점의 점원을 하면서도 『小學』, 『孟子』, 『古文眞寶後集』 등을 탐독하면서 공부를 게을리 하지 않았다. 그는 이렇게 지내는 동안 푼푼이 모은 돈으로 유기 상점을 독립하여 경영하다가 1899년 定州郡 葛山面 龍洞으로 이사하여 陞薦濟를 세우고 동네 소년들을 모아 가르치다가 1910년에 유기 상점 시절에 후원해 주었던 宣川 富豪 吳熙淳氏에게 두터운 신용을 얻어 吳氏의 후원으로 5년간 平壤에서 무역상을 경영하였다.

 남강은 店員, 褓負商, 坐商, 大貿易商 등으로 전전하면서 "우리도 門戶를 개방하고 남과 같이 섞어져서 살아야 한다."는 생각을 하였다.

 그는 산업을 일으키는 일이 나라의 힘을 기르는 기반이 된다고 믿었다. 그는 1907년 광무제가 양위하게 됨을 보고 비분강개하여 사생활을 일소하고 공생활로 들어갔다.

 1907년 평양에서 島山 安昌浩의 강연에 감동하고 이를 계기로 청년 교육이 나라를 구하는 길이라는 것을 깨달았다.

 도산이 말을 마치고 단에서 내려서자, 그는 앞으로 나아가 도산의 손을 굳게 잡고 "참 좋은 말씀이요, 옳은 말씀이요, 사람이란 옳은 말은 곧 행하는 것이 제일이요, 나는 곧 행하기를 맹세하는 의미로 머리를 깎겠소." 하고 그는 그다음 날 머리를 깎았다. 그 길로 고향에 돌아와 손댄 것이 講明義塾의 創設이었다. 龍洞에 세웠던 서당을 새로 수리하고 흑판을 만들고 백묵으로 글씨를 쓰게 한 후에 '講明義塾'이란 현판을 달았다.

옛 한문만 가르치던 訓長은 돌려보내고 金德庸이라는 신학문에 조예가 깊은 선생을 모셔다가 신식 교육을 시작하였다. 그는 동네 사람들을 모아놓고 신교육을 받는 기간이 빠르면 빠를수록 그만큼 나라의 힘이 올라온다는 것을 역설하였다. 龍洞 글방은 며칠 사이에 신식 학교의 모습으로 바뀌었다. 남강은 배우는 아이들의 지식이 날로 늘어가는 것이 대견하기만 하였다.

같은 해 그는 조국의 독립과 광복을 위하여 定州鄕校의 재산 삼백 석 토지를 기본 삼아 드디어 五山學校를 創立하였다. 이것은 예사로운 준비과정을 거친 것이 아니고 일종의 치밀한 조국 광복의 날을 앞당기기 위한 작전 계획으로 세워진 것이다.

남강이 세운 五山學校는 新民會[27])의 정신 아래 민족운동의 인재 배출, 국민교육의 동량재를 양성할 목적으로 세워졌다.

1907년 12월 24일 오전 10시 대망의 五山學校 開校式이 남강의 주관 아래 呂準, 徐進淳 두 선생이 소개되고 李德洙의 祝辭와 대한제국 만세 삼창으로 마쳤다. 이날 입학한 학생은 일곱 사람이었는데 李允榮, 李贊濟, 李重浩, 李業, 金子烈, 李寅洙, 金道泰 등이었다.

이날 남강은 이런 말을 하였다.

"지금 우리나라 형편은 날로 기우러져 가는데 우리가 그저 남아 있을 수는 없다. 우리 先祖들이 살던 땅 우리가 자라난 고향, 이것을 원수의 일인에게 내여 맡긴다는 것이야 참아 할 수 있을 것인가. 총을 드는 사

---

27) 1906년에 조직된 독립운동단체를 을사보호조약이 체결된 후 미국에서 귀국한 安昌浩가 李甲, 全德基, 梁起鐸, 安泰國, 李東寧, 李東輝, 曹成煥, 申采浩, 盧伯麟 등과 만든 秘密結社로서 政治·敎育·文化·經濟 등 각 방면에 진흥운동을 전개, 국가의 실력을 기르는 데 그 목적을 두었다. 당시 800여 명의 회원을 지니고 평양에 大成學校, 정주에 五山學校를 창설, 또 大韓每日申報, 太極書院과 馬山에 磁器會社 등을 세워 진력하던 중 1912년 寺內 총독암살모의 사건에 타격을 받아 회원들이 투옥되고 또는 망명하여 자연히 해체되었다.

람, 칼을 갈 사람도 있어야 할 것이다. 그러나 그보다 더 중한 것이 무엇이냐. 우리가 세상일이 어떻게 돌아가는 것인지를 모르고 있으니 그 사람들을 깨우치는 것이 제일 급선무다. 우리는 일본 사람을 나무랄 수 없다. 우리가 못생겼으니까 이러한 푸대접을 받을 것이 아니냐. 옛날 성인의 말씀대로 '人必自侮而後에 人侮之'라 하지 않았는가. 내가 오늘날 이 학교를 세운 것도 후진을 가르쳐 만분의 일이라도 나라에 도움이 될까 하야 설립한 것이니 오늘 이 자리에 일곱 명의 학생밖에 없는 것이 유감된 일이나 이것이 차츰 자라나 70명 내지 700명에 이르도록 왕성할 날이 머지않아 올 줄로 믿는 바이니 여러분은 一心協力하여 주기를 바란다."28)(원문대로)

1910년 韓日合邦條約 발표를 들으면서 온 국민과 더불어 남강도 처음에는 울었다. 그러나 그는 눈물을 거두고 골똘히 앞으로의 일을 계획하였다. 이 일이 있은 후 그는 학교에 대한 열성은 한층 더 불타오르는 것 같았다. 남강은 실천하면서 결심하였고 이와 같은 견고한 실천은 五山學校 창립에서도 그 면목을 볼 수 있었다. 바람이 거세면 거셀수록 그의 날개는 피곤을 모르는 불사조의 날개마냥 한층 더 세차게 움직였다.

그 후 남강은 南滿洲 武官學校 사건으로 검거되어 많은 고문을 받고 제주도로 유배된 것을 비롯하여 105人 事件, 3·1運動 등으로 전후 9년을 감옥에서 악착스런 倭警의 갖은 고문을 받아 생사의 기로에 이른 때가 한두 번이 아니었다.

남강은 옥에 갇힌 몸이 되었을 때에도 이 땅과 이 민족에 대한 뜨거운 사랑은 잠시도 떠나지 않았다. 그는 감방 속 어두운 곳에서도 꿇어앉아 한결같이 고난 속에 있는 겨레를 위하여 경건한 기도를 올렸다.

그는 33인 중 제일 나중에 출옥하면서 이런 말을 하였다.

---

28) 金道泰, 南岡 李昇薰. 文敎社, 1950. pp.205-206.

"다른 사람이 모두 출옥되고 나만 남아 있었는데, 나는 실로 조석으로 기도하기를 이와 같이 나오게 되지 말고 하루라도 더 있으면서 우리 형제의 마음을 위로코자 하였소. 지금 京城 감옥에 있는 정치범이 수백 명인데, 그중에 종신 징역이 22명이요, 그 외 10년 이상의 징역을 받은 사람이 수십 명이라, 그들을 불덩이같이 뜨거운 옥 속에 두고 나오는 생각을 하니 감옥문에 나서자 더운 눈물이 앞을 가리어 차마 발길이 돌아서지 못하였소."29)

그는 民立大學 運動,30) 綜合敎育計劃,31) 大理想鄕設計 등을 계획하고 착착 실천하였다.

남상의 理想鄕을 위한 노력에서 보면 五山學校 창설에서 3·1운동에 이르는 기간은 어느 의미에서 小理想鄕時代라고 할 수 있을 것이다. 3·1운동 이후 감옥에서 나온 뒤부터는 그 構想과 노력이 그 전과는 같지 않은 면모를 보였다. 이 기간을 大理想鄕時代라고 부를 수 있을 것이다. 그는 대이상향의 건설을 통하여 민중의 무지를 깨우치고, 학교로 교육을 일으키고 산업으로 나라를 근대화하는 데 있었다.

1924년 남강은 동아일보 사장으로 취임하여 그의 고고한 지조와 민중에 대한 신망으로 동아일보를 이끌어 갔다. 그 후 그는 五山財團의 완성을 위하여 동아일보사를 물러나서 오로지 五山學校의 정비 발전에 혼신의 정력을 기울여 동분서주 문자 그대로 격렬한 활동을 계속했다.

---

29) 東亞日報, 1922년 7월 22일자
30) 1923년 4월 民立大學期成會總會, 中央部 執行委員(30명)會에서 다시 委員長과 常務委員을 다음과 같이 選出하였다. 委員長 李商在, 常務 委員 兪星濬, 李昇薰, 韓龍雲, 柳養浩, 兪鎭泰, 高龍煥, 洪性偰, 姜仁澤, 韓仁鳳. 이 총회에서 본 사업계획에 의하면 제1기 法科·文科·經濟科·理科, 제2기 工科, 제3기 醫科·農科를 두게 되어 있다.
31) 南岡의 綜合敎育計劃은 제석산과 연향산이 앞으로 學校의 演習林이 되고 안주의 매립된 개간지가 學校의 臨海農場이 되고 古邑과 雲田벌에는 학교 재단이 경영하는 織造工場과 製絲工場을 두고 五山一帶를 새로운 교육도시로 만들 것을 계획하였다. 농촌과 도시가 연결된 田園都市로서 학교와 도서관이 도시 중앙에 있고 공장이 교외에 위치하고 그 사이가 푸른 마을로 메워지는 것이었다.

이로 인하여 심신의 과로가 쌓여 銅像 除幕式 후 일주일이 지난 1930
년 5월 9일 狹心症으로 그 고난어린 생애를 마쳤다.

그는 다시 소생되지 못할 것을 미리 알고 최후에 다음과 같은 말을
남겼다.

> "이 민족을 위한 일을 못다 하고 가는 것이 원통하나 하는 수 없으니
> 인제 나의 죽은 시체나마 우리 후진을 위하여 박제하는 것밖에 없으니
> 나의 시체를 해부하여 학교의 생리학 표본을 만들어 생리학 시간에 이용
> 해 주도록 하여 달라."[32]

장의 위원회 간부, 상주, 오산학교 교원과 학생 대표 및 친지 그리고
각 단체의 대표들은 그의 영구를 호위하고 서울까지 올라왔다. 당시
서울역에는 남강을 迎吊하는 사람으로 인산인해를 이루었다. 선생의
유해가 서울로 옮겨지는 것은 그의 유언대로 이것을 解骨綴製하기 위
함이었다. 영구는 다시 자동차에 실리어 大學病院으로 옮기어 그때의
京城大學 醫學部 解剖學教室 主任教授의 집도 아래 解剖綴製하기로
되었다. 그 뒤 겨우 해부만을 마쳤을 때 돌연히 당국의 지시라 하여
標本綴製를 못하게 하고 返骨되어 유리함에 넣어 동년 10월에 다시
五山으로 내려와 五山學校 서쪽 좀 떨어진 산언덕에 안장되었고 그
이듬해 10월 그곳에 묘비를 세웠다. 吳世昌이 전서를 쓰고 鄭寅普가
지은 비문을 새긴 묘비가 세워졌다.

1935년 봄 도산이 대전감옥에서 나와 오산에 들어와 평양에서 갖고
들어온 소나무로 남강묘에 기념식수를 하였다. 그 후 3년이 지나 도산
도 세상을 떠났다. 남강과 도산을 그리워하는 사람들이 일제 아래서도
오산의 남강묘지와 서울의 도산묘지를 줄이어 참배하고 겨레의 두 은
인을 기렸던 것이다. 1942년 일본이 소위 태평양 전쟁을 시작한 이듬
해 일본의 야만적인 한민족 말살정책이 그 최후 발악의 고비에 들어서

---

32) 金道泰, 前揭書, p.318.

면서 그해 8월 13일 오산학교 교원 20여 명과 졸업생, 재학생 70여 명을 일제히 검거하여 가두고 고문하고 죽이고 한 일이 있었다. 그때 일본경찰은 남강이 남긴 정신을 뿌리째 뽑아 없앤다고 하여 먼저 남강의 동상을 떼어가고 뒤이어 묘비의 글자를 쪼아 버렸다가, 나중에 이 글자 없는 비가 위험하다고 하여 이것을 땅에 묻어 버렸다. 해방된 해 10월 3일 남강의 묘 앞에 많은 사람들이 모여 해방 봉고제를 올렸는데, 그때 이 글자 메인 묘비가 땅속에서 파내어져 섰던 자리에 다시 세워졌다. 남강의 묘 앞에는 이 글자 없는 비석과 그리고 도산이 옥에서 나와 오산에 와서 남강의 묘를 찾고 기념으로 심은 소나무 두 그루가 있을 따름이고, 학교 교정에 세웠던 남강의 동상은 돌대만 남은 채 동상은 일제에 의하여 잃어버리고 말았다. 그로부터 숱한 세월이 흐른 어느 날 서울 한복판 어린이 대공원에는 남강의 동상이 다시 우뚝 서게 되었다. 이 동상이 서던 날 필자는 대공원 한 모서리에서 이 동상을 우러르며 소리 없는 눈물을 흘렸다.

2. 南岡의 敎育熱

하늘은 페스탈로치(J. H. Pestalozzi)를 통하여 敎育熱의 씨앗을 뿌렸고, 하늘은 남강으로 하여금 한국의 敎育熱의 씨앗을 뿌리게 하였다. 남강과 페스탈로치, 이 두 교육자는 수세기의 간격을 두고 공통된 정신과 교육애와 공통된 생활을 하였다. 슈탄쯔(Stanz)와 五山의 교육은 사랑이었다.[33]

남강은 우리 역사에 나타난 이에 비기면 그에게는 栗谷의 일면도 있고, 忠武公의 일면도 있고, 洪景來와 崔水雲의 일면도 있다. 그러나 남강은 역시 19세기의 신문명과 침략주의 아래 눌리어 있는 한반도의 민

---

33) 金善陽, 작은 創造, 信望愛社. 1974. p.260.

족운동자요 개화주의자였다.

같은 시대의 사람으로는 남강은 徐載弼, 간디, 孫文에 가깝다고 할 수 있다. 그러나 저들이 한결같이 피압박 민족의 해방에 이끌린 데 비하여 그는 침략주의, 강권주의 아래 눌리어 있는 어두운 민족을 이끌어낸 데 반해 그들 한 사람 한 사람을 덕스럽고 밝고 힘 있는 민족으로 만들려는 데 그의 남다른 역사적 지위가 있다고 본다.

그가 학교를 사랑한 것은 민족을 사랑하기 때문이다. 그리고 민족을 사랑한 것은 단순한 내 민족이기 때문이 아니고 민족의 고난 때문이었다. 민족의 고난의 근본 원인은 그 힘이 약한 데 있다는 것을 알았다. 그 힘을 기르는 일은 교육과 산업인 것을 도산을 처음 만나 뚜렷이 깨달았던 것이다.

평양에서 행한 도산의 연설을 요약하면 다음과 같다.

도산은 4천 년의 명맥이 이제 끊기게 되고 백성들의 쫓겨남이 경각에 달렸으니 뉘 있어 이 망국을 막으랴 하고 눈물과 소리가 섞이어 내렸다. 도산은 다시 말을 이어 이제라도 정부 당국이 부패하지 않고 백성이 깨어 일어나 힘을 합하여 산업과 교육을 일으키는 데 힘쓴다고 하면 넉넉히 이 곤욕을 돌릴 수 있을 것이라고 하였다. 그러나 그렇지 못하고 정부나 백성이 한가지로 어두운 통로 속에서 기어 나오지 못하고 세력 다툼이나 양반 재세에 기울어져 상투 짜고, 관 쓰고, 도포 입고 다니는 구습만 끌고 나간다고 하면 우리는 마침내 아주 뒤떨어지고 아주 쓰러지고 아주 사라져 없어지는 자가 되고 말 것이다. 사람들은 입을 열면 개혁을 말하거니와, 백성이 낡은 대로 있는데 정부의 세력이나 제도를 바꾸었댔자 그것으로써 나라의 기울어짐을 바로 세움이 못 된다. 백성 한 사람이 덕스럽고 맑고 힘 있는 사람이 되기 전에 이 어둡고 흩어지는 백성의 떼를 가지고 부강하고 영광된 나라를 만들 수는 없는 것이다.[34]

---

34) 金基錫, 南岡 李昇薰. 太極出版社, 1976. p.94.

남강은 도산의 연설을 듣고 돌아온 이튿날로 머리를 깎고, 술과 담배를 끊기로 하였다.

1907년이 지나고 1908년이 왔다. 오산학교는 개교한 지 며칠이 안 되어 그다음 해를 맞았다. 새해를 맞이하여 새로운 결심이 있어야 한다고 갓 쓰고 다니던 학생들이 모두 머리를 깎고 모자를 썼다. 남강이 한번은 서울에 다녀오는 길에 태극기와 애국가를 베껴 왔다. 학교에는 교실마다 태극기가 걸리고 당시의 애국가가 흘러나왔다. 얼마 뒤에 呂準 선생의 발의로 교가가 지어졌는데 학생들이 모일 때마다 교가가 불리었다. 그때 교가의 첫 절은 이러하였다.

> 뒷뫼의 솔빛은 항상 푸르러 비에나 눈에나 변함없이
> 이는 우리 정신 우리 학교로다 사랑하는 학교 오산학교[35]

남강이 세운 오산학교는 신민회 정신 아래 민족운동의 인재, 국민교육의 선구자를 양성할 목적으로 세워졌다. 새로운 인재가 양성되어 올바로 배치되는 외에 민족의 영광을 회복할 수 있는 다른 길이 없다고 생각해서 소정의 학과 외에 민족정신 고취와 민족성 개조에 치중하였다. 오산학교에서 배운 사람들은 직접 남강으로부터 어떤 知識이나 技術을 전수받은 일은 없으나 어느덧 거기서 信義를 배웠고 熱과 誠을 배웠고 일상생활의 道理를 배웠고 민족의 美를 배웠고 돌 하나 풀 한 포기를 바로 옮겨 놓고 가꾸는 태도를 배웠다.

그는 젊은이를 좋아해서 그들과 같이 이야기하고 일하기를 좋아했다.

남강은 義와 熱의 사람이기에 지극한 정성과 사랑이 학생들에게 번져 나가 오산학교는 높은 소원에 불타오르는 헌신의 불도가니가 되었다.

남강이 즐겨 쓴 말 가운데는 '일꾼이 되라', '나음 나음 나아가라',

---

35) 이 교가는 찬송가 중에서 '내 주를 가까이 하려함은' 364장 L. Mason이 1856년 작곡한 곡에 붙여 불렀고 지금도 五山의 아들들이 어디서나 五山을 기억하며 이 교가를 부르고 있다.

'그것은 義가 아니다', '절대로 안 되는 것이다', '남의 종이 되지 말라', '먼저 사람이 되라'는 것이 대부분으로 이는 모두 남강의 전인격 전신념에서 우러나온 피어린 구절로서 어린 학생들의 가슴을 울린 것이다.[36]

그는 실천의 교육자였다. 오산학교를 나온 학생의 머리에 남는 것은 知識이 아니었고, 技術이 아니었고 오직 남강으로부터 받은 강고한 실천력에 대한 인상과 영향뿐이었다. 이와 같이 남강의 생활에 있어서 실천은 어디까지나 사랑이었고 봉사였다. 이 생활의 정신이 당시의 교사나 학생에게 깊은 감명을 준 것이다. 남강은 學科를 가르치는 교사가 아니고 참다운 인간을 가르치는 교육자였다.

그 人格의 가장 깊은 자리에서 발하는 義와 사랑이 작열된 불꽃은 주위에 있는 이들을 이끌고 이끌어서 나중에는 그들을 녹이고야 마는 것이었다. 그의 교육은 이같이 녹이는 교육이었다. 남강은 오산이 우리 민족을 녹이고 높이고, 우리 민족이 다시 나아가 세계의 여러 민족과 여러 국가를 높이고 녹이기를 바랐다.

여기에 교육 오산 건설의 根本意가 있었고, 오산을 위하여 남강이 그 재산, 명예, 건강 그리고 나중에는 자기의 죽은 뼈까지도 바친 까닭이 있었다. 남강이 오산학교를 세운 것은 단순히 교육만을 장려하기 위해서가 아니었다. 오산학교의 창설은 남강의 전 생애를 통하여 한 생명과 명예를 바친 그의 全身이었다. 그는 학교를 위해 자기 재산을 전부 바쳤고, 그칠 줄 모르는 정성과 힘과 사랑을 거기에 부었다.

그는 학교의 선생과 학생과 책상 하나와 돌 하나를 자기 몸 이상으로 사랑하였다. 이 사랑에 움직여 오산은 선생과 제자, 제자와 제자 사이의 굳게 얽힌 사랑이 그 빛나는 전통이 되었다.

남강의 일생을 지배한 것은 겸허하고 맑은 庶民精神이었다. 이 서민정신이 그를 이 땅과 이 민족에 대한 사랑에 이끌었고, 이 사랑이 그를 헌신에 이끌었고, 그것이 다시 신민회, 오산학교, 제주도 유배, 105

---

36) 金善陽外, 韓國의 敎師像, 韓國敎育史硏究會, 1974. p.203.

인 사건, 개신교 신앙, 독립선언으로 이끌어 불멸의 상을 역사 위에 아로새겼다.

오산학교를 발전시킴과 더불어 오산 일대에는 대이상향을 만들기 위해 튼튼한 재단을 만드는 것이 필요하고 정신교육과 아울러 기술교육이 필요하다고 느꼈다.

남강의 종합교육 계획은 교육 계획과 산업 계획을 연결한 새 국가의 설계도였다.

그의 이상향은 종이 위에 그려 놓은 이상촌이 아니었다. 남강의 이상향은 현실 속에서 자라난 이상향으로서 제1단계가 氏族模範村, 제2단계가 龍洞만을 생각한 소이상촌이었다. 제3단계가 한국 전체를 생각한 대이상촌이었다. 남강은 국민 한 사람 한 사람이 덕스럽고 맑고 힘 있는 사람이 되기를 바랐다. 남강의 이상향은 栗谷의 鄕約과 통하는 바가 있었다.

오산은 유치원으로부터 농과대학에 이르는 체계적인 교육기관을 둘 계획과 또 오산을 한국에서의 한 개 모범적인 경제적 및 윤리의 지역으로 건설하여 전 민족이 이것을 본받게 할 방안을 생각하고 있었다. 그래서 우선 오산의 주민부터 새로운 주민을 만들어야 한다는 생각에서 주민들을 깨우치는 한편 그가 아는 건실한 분들을 각지에서 모셔다가 온 마을을 올바른 생활과 정신의 분위기로 바꾸는 데 힘썼다. 교육, 오산의 건설은 곧 새로운 조국 건설의 실험이요, 희망이었다.

그러나 그는 교육과 산업에 의해 민족의 영광을 회복하려던 일을 마치지 못하였다. 그는 대이상향 건설에 구상만을 남겼다. 교육을 위한 이상은 오산학교를 통해 어느 정도 펴 보았으나 그의 민족운동과 開化主義産業을 위한 민족자본의 형성은 전연 이루어 보지 못하였다.

남강의 고난어린 일생이 그대로 역사 위에 솟아오른 헌신의 상이었거니와 그의 죽음은 헌신의 상 위에 세워진 빛나는 면류관이 되었다.

오산 교육인 사랑의 용광로는 오산을 두드리는 학생들의 골수에 잊혀지지 않는 감화를 주었다. 이 사랑의 정신, 공경의 정신을 가장 존귀한 교육정신으로서 하나의 가슴에서 다른 가슴으로 전파마냥 퍼져 갔던 것이다. 이 성스러운 가슴이 아직도 우리들 서울특별시 교원들의 마음속 깊이에서 뛰고 있는지도 모른다.

3. 弟子와의 對話

남강은 젊어서부터 사람을 보고 사람을 찾아내고 사람을 키워 올리는 데 비상한 관심을 가졌다.

柳永模와 春園을 나이 어린대로 오산중학교의 교원으로 쓰기로 결정한 것도 역시 남강이 사람을 보는 눈 때문이었다. 3회 졸업생 徐椿도 남강이 거두어 공부시킨 소년 중 하나였다. 서춘은 어려서 정주골에서 일본 집 애를 보아주는 심부름하는 애로 있었다. 남강이 지나가다가 보니 일본애와 조선애가 싸움이 붙었는데 어린애를 보다 말고 소년 하나가 뛰어가 게다짝을 벗어 일본애를 때렸다. 남강이 가까이 가 "너 공부 안 하겠느냐?"고 하니 "돈이 없어 못한다."고 하였다. "내가 공부시켜 줄 테니 나가자."고 하여 데려다가 공부를 시켰는데 이 패기 있는 소년이 서춘으로서 학교 심부름을 하며 졸업했고 졸업한 뒤 곧 수학 선생이 되었다.

1910년 제1회 졸업생을 배출한 이후 1919년 3·1운동에 이르는 동안 많은 준재를 길러냈다. 사학자인 金道泰, 미국에 건너가 도산과 함께 興士團을 발기한 金興濟, 경제학자 徐椿, 시인 金億, 白病院 設立者 白麟濟, 미국에서 농장을 경영한 金周恒, (영화, '나는 코리언의 아내' 주인공의 夫君)제헌 국회의원과 오산학교 교장을 지낸 朱基鎔, 고려대학을 설계한 朴東鎭, 평양 감옥에서 순교한 목사 朱基徹, 숭인학교 교장 金恒福, 新民黨 黨首를 지낸 장군 金弘一, 永樂 敎會 목사 韓景職, 언론인 洪鍾仁, 宗敎人 咸錫憲, 중앙 공업 연구소 소장을 지낸 李采鎬, 교육자 金基錫 등은 널리 알려진 이들에 속한다.

오산학교의 졸업생들은 학교에 있을 때나 졸업한 후나 창립 기념가를 불렀고 그 정신을 잃지 않았다. 그들은 국내에 있으나 또한 한곳에 있다가 다른 데로 옮겨갈 때는 언제나 이 노래를 불렀다.

돌아보라 살찐 두던 황량케 거칠었네. 다시 갈 이 그 뉘던고, 어화 이 날이여, 우리 학교 창립한 날. 이 날 우리들 난 날 맘하여라 우리 사명.

9회 졸업생인 金弘一 장군은 그때 일을 이렇게 회상하였다.

"내가 1918년 봄, 학교를 졸업하고 샹깡대학(香港大學)에 가기로 하고 있는데 남강 선생님이 평양 신학교에 계시면서 전보로 나오라고 부르셨다. 나가서 뵙고 샹깡(香港)으로 갈 말씀을 드렸더니 선생님께서 이런 말씀을 하셨다. 너 해외로 가지마라. 해외로 많이들 나가나 해외가 별로 실효가 없다. 황해도 신천 경신학교 교사로 추천 결정했으니 거기로 가라. 지금 네 생각에 소학교 교사가 미미하나 그렇지 않다. 오산 졸업생은 전국 소학교 교사로 보낼 작정이다. 一心一起, 우리는 한 마음으로 단합해서 일어서야 한다. 내가 예수를 믿는 것도 일어나기 위해서다. 혼자만 잘되어서는 안 된다. 소학교 교사가 작은 것이 아니다. 선생님의 이 말씀에 따라 샹깡 가기로 한 것을 그만두고 신천에 나가 한 학기 동안 소학교 교사로 있었는데 그 뒤 그만두고 집에 돌아와 있다가 이듬해 봄에 상하이(上海)로 건너가 黃浦軍官學校에 들어갔다. 지금 생각하니 해외 30년의 풍찬노숙이 별로 실효가 없고 인재 양성에 앞서는 일이 없어 자꾸만 선생님의 말씀이 생각날 따름이다."37)

남강은 학교를 세우고 이것을 운영하고 학생들을 가르치는 데도 진력하였으나, 졸업생을 배치하고 돌아보고 지도하는 데도 놀라운 열과 정성을 부었다. 북에서는 義州와 安東縣에서 남으로는 大邱·金泉·釜

---

37) 金基錫, 前揭書, pp.211-212.

山·馬山에 이르기까지 졸업생 있는 곳에는 남강의 발이 아니 머문 곳이 없었다.

남강은 젊은이들에게 자기를 따라 단발하거나 술과 담배를 끊으라고 강권하지는 않았다. 다만 새 백성, 새사람이 되기 위해서는 새 시대의 교육을 받아야 하는데 그렇게 하기 위하여 마을마다 학교를 세워야 한다고 하였다.

그는 오산학교를 세운 뒤로는 가까운 龍洞집을 들리지 않고 바로 학교로 건너오지 않고 기숙사에서 직접 학교로 건너오는 습성이 생겼다.

그리고 학생들에게 "부지런하라, 나라와 겨레를 사랑하라", "아침에 일찍 일어나는 것, 교실을 깨끗이 쓸고 정돈하는 것, 심지어 변소를 올바로 사용하는 것—이 모든 일이 곧 사람이 되고 나라를 사랑하는 데 통하는 길이다."라고 하였다. 그는 이런 말을 말로만 하는 것이 아니고 이른 아침이면 학생들이 일어나기 전에 손수 비를 들고 뜰을 쓸고 뒷간을 깨끗이 치웠다. 학생들은 그대로 있을 수가 없어 뒤를 따라 비를 들고 뜰을 쓸고 변소를 치고 교실의 먼지를 털었다.

그는 오산의 설립자요, 교사요, 실무 책임자요, 교장이요, 심부름하는 애요, 배우는 학생이요, 목수요, 청소부요, 평양 또는 서울의 연락원이었다.

오산학교를 유명하게 만든 데는 서울서 모셔온 呂準과 徐進淳 두 선생의 공적이 컸다. 呂準은 梁啓超의 『飮氷室文集』을 애독했는데 세계 대세에 대한 판단이며 한국의 쇠약해진 원인이며 장래의 우리나라는 교육에 있다는 것을 설파하는 의견에 탄복하지 않는 이가 없었다. 그는 학생들에게 修身·歷史·地理·算術·代數·國家學·法學通論·漢文·憲法大意 같은 과목들을 혼자서 가르쳤다.

徐進淳은 體操와 訓練을 담당하였다.

오산의 학생들이 즐겨 읽던 양계초의 음빙실문집 중 감명적인 몇 편을 소개하기로 한다.

국민성 혁신에 대한 주장

국가란 국민이 바탕이 되어 성립되는 것이므로 국가에 있어서 국민의 위치와 역할은 마치 사람의 몸뚱이에 있어서 사지와 오장, 힘줄, 맥과 핏줄들의 그것과 같다. 사지가 잘리고 오장이 병들고 힘줄, 맥에 상처가 나고 핏줄들이 마른 채 몸뚱이가 살아 유지될 수 없는 것과 같이 국민이 어리석고, 미개하고, 나약하고, 정신과 사상이 산만하고 혼란한 채 국가가 존립해 있을 수는 없는 것이다.

그러므로 몸뚱이를 튼튼하게 오래 유지하려는 사람은 신체, 생명 수양의 방법을 잘 알아야 하며, 또 국가의 안녕과 풍요와 국력, 권위를 유지, 신장하고 도모하려면 국민성 혁신의 길이 무엇인가를 강구하지 않으면 안 된다.

우수하면 승리하고 열등하면 실패하는 이치

민족주의로 국가가 성립해 가는 오늘에 있어서는 민족이 약하면 국가도 약하고 민족이 강하면 국가도 강하다. 이것은 마치 물체에 따라 그림자가 생기고 음향 진동에 따라 소리가 생기는 것과 같이 털끝만큼도 원인 없이 결과가 생기는 일은 없다……따라서 국가의 강성은 결코 천연적으로 저절로 된 것이 아니고 그 나라 민족의 우수한 점 때문에 된 것이다. 그렇다면 우리가 마땅히 본받아 배워야 할 것이 무엇인가를 환하게 알 수 있는 것이다.

어떤 민족의 쇠약해진 까닭과 어떤 민족의 강성한 까닭을 잘 관찰해서 스스로 반성해 보아야 하는 것이다. 곧 우리 민족의 성질이 저 쇠약해진 민족의 성질과 무엇이 다르고 같은가를 알아보고 또 이 강성해진 민족의 성질과 무엇이 같고 다른가를 알아볼 것이며 동시에 우리 민족의 대체적인 결함이 어디에 있으며 또 사소한 약점이 어디에 있는가를 일일이 참작하고 대조해 보고 고치고 보충해 간다면 국민성의 핵심을 기할 수 있는 것이다.

자유 포기의 죄

서양 학자 말에 "천하의 제일 큰 죄악은 다른 사람의 자유를 침해하는 것이고, 자기의 자유를 포기하는 것도 마찬가지다."라고 하였다. 나는 위의 둘을 비교해 볼 때 오히려 자기의 자유를 포기하는 것이 으뜸가는 죄악이고 다른 사람의 자유를 침해하는 것은 그 다음이라고 생각한다. 왜냐하면 이 세상에서 자기 자유를 값지게 생각하지 않고 함부로 포기해 버리는 그러한 사람이 없다면 남의 자유를 침해하려는 사람도 절대로 없을 것이기 때문이다. 자유가 침해되는 것이나 자유를 포기하는 것은 결코 서로 다른 경우가 아니다. 따라서 자신의 자유를 포기하는 사람이 없다면 남의 자유를 침해하는 사람이 절대로 없는 법이다. 이런 죄악의 근원은 자유를 포기하는 사람에게서 시작되고 다른 사람의 자유를 침해하는 사람은 어떤 사정이나 이익에 유도되어 어쩔 수 없이 그렇게 하는 것이니, '春秋'의 예를 가지고 말한다면 이런 것은 이른바 연루죄라고 말할 수 있겠다.

이와 같이 남강은 민족에 대한 지극한 사랑으로, 여준은 고고한 민족주의로, 유영모는 철인다운 인격으로, 춘원은 문필과 정서로, 古堂은 높은 지조와 예언자다운 풍모로 이들은 학생들의 마음속에 지워지지 않는 마음의 인각을 새겼던 것이다. 여기서 특히 古堂 曺晩植을 소개하면 그는 1913년에 明治大學을 졸업하고 남강의 초빙으로 오산학교 교사로 취임하였다. 그는 2년 만에 교장이 되었다. 그는 그 후 4년간 계속하고 3·1운동과 해외 망명을 하기 위하여 1919년 2월에 사임하였다. 그는 1925년 4월에 다시 오산학교 교장으로 취임하여 1926년 6월까지 약 1년이 넘는 기간을 근무하였다. 그는 초창기 4년, 융성기 1년, 전후 합하여 5년간의 교장생활을 하였다. 그가 교장으로 심혈을 기울인 것은 그를 위해서도 학교를 위해서도 보람 있는 일이었다. 이 5년 동안에 古堂은 한 번도 학교에서 봉급을 받지 않고 그냥 봉사했던 것이다.

이런 일도 있었다.

남강은, 오백여 명의 오산 건아를 한자리에 모아놓고 기도회를 보던 오산 예배당에 반백이 넘은 노안을 쓰다듬고 있다가 쾌활하게 기도회 단상에 나서면서 다음과 같은 말을 하였다.

"내가 오늘 아침 너희들에게 말 한 마디 할 것이 있다. 그동안 내가 이 학교를 해 간다고 몇 해 동안 왔다 갔다 한 것은 너희들도 잘 알 것이다. 없는 돈에 학교라고 해 가노라니 여러 가지 힘드는 일도 있다. 우선 선생님들 살아갈 월급을 못 올렸다. 그러는 새 내 살림살이도 거의 다 팔아 넣었다. 마지막으로 내 가족들 겨우 호구나 하게 할까 하고 땅마지기나 남겨 두었었다. 그러나 이것을 두고 생각해 보니 내 학교 선생님들은 월급은 못 올려 밥 굶게 되었는데 내 가족은 편안히 앉아 밥 먹게 하겠다고 땅을 남겨 두는 것이 어디 말이 되나. 그래서 이 땅마저 오늘 아침 다 팔기로 했다. 이 땅 팔기 위해 오늘 아침 우리 형님하고 싸웠다.”38)고 하였다.

이 말을 들은 학생들은 숙연해지지 않을 수 없었다.

그가 학생을 대하는 것은 병에 따라 약을 주는 것과 같은 것으로서 그 사람에 따라 다르고 그때 그 자리 그 사정에 따라 달라지는 것이 타고난 작풍이었다.

그의 얼굴에서 때로는 예언자로서의 날카로움을 발견할 수 있었는데 그러면서도 남강에게는 젊은이들에 대한 부드러움과 사랑과 아낌이 그의 정신에서 흘러내렸다.

춘원은 교가를 새로 지었다. 이 교가가 지금까지도 오산학교 교가로 불리고 있다. 이 속에는 남강의 우렁찬 사상과 기개가 담겨져 있다. 오산을 나온 가족들은 언제 어디서나 이 교가를 부르고 있다.

교 가

1) 네 눈이 밝구나. 엑스 빛 같다. 하늘을 꿰뚫고 땅을 들추어 온가지 진리를 캐고 말련다. 네가 참 다섯 뫼의 아이로구나.

2) 네 손이 솔갑고 힘도 크구나. 불길도 만지고 돌도 주물러 새로운 누리를 짓고 말련다. 네가 참 다섯 뫼의 아이로구나.

---

38) 金道泰, 前揭書, pp.346－347.

3) 네 맘이 맑구나. 예민도 하다. 하늘과 땅 사이 미묘한 것이 거울에 더 맑게 비치는구나. 네가 참 다섯 뫼의 아이로구나.
4) 네 인격 높구나. 정성과 사랑, 네 손발 가는 데 화평이 있고 무심한 미물도 다 믿는구나. 네가 참 다섯 뫼의 아이로구나.

4. 敎育史的 意義

西力東漸의 비바람이 1860년대에 들어서면서 한층 더 사납게 이 땅에 몰려들었다.

남강은 이 기간에 나서 역사의 바람과 함께 불리면서 또 이것을 용하게 이끌어 한반도에서 시작될 새로운 역사의 초석을 놓았다. 한 나라는 고장의 아름다움과 그 문화의 빛남으로만 남에게 자랑할 수 있는 것이 아니다. 고난의 무거움과 또 이것을 지나 나가는 혼의 우렁참으로 넉넉히 자랑을 삼을 수도 있다. 남강은 名君聖主도 아니고 領議政도 學者도 將軍도 아니었다. 그는 어떤 작품이나 학설이나 성공을 남긴 것이 아니었다. 그는 가난한 가정에 태어나 글도 제대로 읽지 못하고 갖은 가난과 신고를 맛보면서 자기를 성공한 관리자의 자리에 끌어올렸다. 그러나 그의 일생을 지배한 것은 겸허하고 맑은 서민 정신이었다. 이 서민 정신이 그를 이 땅과 이 백성에 대한 사랑에 이끌었고, 이 사랑이 그를 헌신에 이끌었고 그것이 다시 신민회, 오산학교, 제주도 유배, 105인 사건, 신교신앙, 독립선언으로 이끌어 불멸의 상을 역사 위에 아로새겼다.

첫째로, 그는 民族과 庶民을 發見하였다.

그의 銅像文을 춘원은 다음과 같이 썼다.

南岡 李昇薰[39) 선생은 서력 1864 갑자년 3월 25일에 평안도 정주 본집에서 驪州 李碩柱 씨 둘째 아들로 났고 모친은 洪州 金氏라. 어려서

부터 밝고 참되니 사람들의 믿음을 받다. 중년에 무역상으로 이름이 높아지 것도 이 갸륵한 인격이 신용의 밑천이 된 것이다. 1907 정미년 유월에 평양에서 島山 安昌浩 선생과 만나 뜻이 서로 맞아 신민회에 들고 일변 향지에 오산학교를 세우고 일변 마산동에 자기 회사를 세우니, 모두 나라일이라. 이로부터 선생의 국가적 생활이 시작되다. 1919 기미년 33인의 하나로 옥에 들어간 것까지 옥에 가기 세 번이요, 있기가 전후 아홉 해 선생의 백발이 옥중에서 난 것이다. 예수교의 두터운 신앙을 가지어 오래 장로로 있었고 오늘은 가장 사랑하는 아들 재단법인 오산고등보통학교 이사장이다. 선생의 품에서 자라난 오산학원 동창들이 선생의 은혜를 기념할까 하고 힘을 모아 이에 선생의 동상을 세우니 서력 1929년 기사년 11월 30일이라.[40]

이 동상문에 기록된 것과 같이 그는 고난의 민족, 버림받은 서민의 생활 향상에 전심전력을 다하였다.

그는 학생들을 모아놓고 "부지런하라. 나라와 겨레를 사랑하라."는 훈화로 밤이 깊은 줄을 몰랐다. 그의 말은 웅변도 아니고 설교도 아니면서 하나하나 비근한 실례를 들면서 말이 연달아 나갔다. 그는 사람이 되고 나라를 사랑하는 길은 큰일에만 있는 것이 아니고, 극히 예사로운 데서부터 시작해야 한다고 하였다. 아침에 일찍 일어나는 것, 뜰을 쓰는 것, 각각 자기 방을 치우는 것, 교실을 깨끗이 쓸고 정돈하는 것, 심지어 변소를 바로 사용하는 것─이 모든 일이 곧 사람이 되고 나라를 사랑하는 데 통하는 길이라고 하였다.

둘째로, 남강은 自己獻身을 몸소 實踐하여 模範을 보였다. 남강은 도산의 말을 듣고 곧 머리를 깎고, 오산학교를 어려운 중에 이끌어 나아가면서 한때는 자기 집의 기와까지 걷어다 학교 지붕에다 덮었다. 그는 오산학교의 재건을 위하여 각 방면으로 모금하던 중 한밤중에 눈이 너무 오고 피할 데는 없고 하여 길가에 쓰러져 다음 날 우마차에

---

39) 本名은 寅煥, 字는 昇薰, 號는 南岡, 本貫은 驪州
40) 金善陽外, 韓國의 教師像, p.212.

발견되어 겨우 위험을 면할 수 있었다. 그는 추운 겨울에 산처럼 쌓인 변 덩어리를 곡괭이로 까다가 온몸이 변으로 뒤집어썼던 일도 있었다. 그는 심지어 감방에서도 청소를 잘하는 사람으로 유명하였다. 그는 시종일관 지성인이요, 나라와 민족과 교육을 위한 기능적인 사랑의 화신이며 구원한 청년으로 쉼 없이 향상하고 끊임없이 진리와 정의를 추구하여 敎·愛·誠을 실천한 구현자이다.

셋째, 남강은 敎會·學校·産業을 공동 전선으로 파악하고 서로 유기적인 교호 작용에 힘썼다.

그는 교회의 민중의 무지를 깨치고, 학교에 교육을 일으키고, 산업으로 나라를 근대화하는 데 그의 최후의 목적이 있었다.

오산은 남강이 이끄는 敎會와 學校와 協同組合을 통하여 완전한 큰 가정을 이루었다. 오산에 사는 주민들은 그를 우리 선생이라고 부르고, 교회와 학교를 우리 교회, 우리 학교라고 부르고, 학생들을 우리 학생이라고 불렀다. 학생들은 옆집 어린애들을 목마로 태우거나 손목을 잡고 다녔고, 목욕탕에서는 젊은이가 노인의 등을 밀어 드렸다. 오산을 다닌 학생이나 거기 살던 사람들은 아직도 북쪽 帝釋山 밑에 벌어졌던 이 아름다운 이상향을 잊지 못하고 있는 것이다.

넷째로, 그는 굳은 信仰을 다졌다. 1915년에서 1919년까지가 남강의 신앙이 가장 불타오른 기간이었다. 그는 1916년 가을에 장로에 장립되었는데 오산학교를 세울 때처럼 그는 교회에 전심전력을 다했다. 3·1운동으로 감옥에 들어갔다가 나온 때의 일이었는데, 볼일로 안악에 나갔다가 金善亮을 만나 춘원이 병으로 燃燈寺에 와 있다는 말을 듣고 같이 가기로 하였다. 마침 장마 때였는데 연등사에 가서 춘원을 만나고 걸어서 돌아오면서 이렇게 물었다.

"자네, 춘원이 왜 폐를 앓는지 아나? 죄가 있어 앓는 거야. 죗값은 꼭 받게 되거든. 춘원이 앓는 것은 연애소설을 많이 쓴 죄야. 그 좋은 재주를 가지고 나라에 유익한 글은 쓰지 않고. 내가 감옥에 간 것도 남들은 애국운동으로 갔다고 하나, 그런 게 아니고 죗값이야. 젊어서

처녀들을 버려주었거든. 그 죄로 감옥에 들어갔다고 생각하고 감옥에서 나오니 어떻게 마음이 시원한지 몰라. 춘원도 죄 때문이야."41)

1919년 3·1운동으로 감옥에 붙잡혀 들어가 한때 사형설까지 전하다가 明治政府의 정책 전환으로 보안법 위반으로 다스려서 3년 형을 받고 1922년 7월 京城 감옥에서 나왔다. 감옥에 있으면서 남강의 신앙은 한층 더 두터워졌다.

그는 감옥에서 구약을 20번이나 읽었는데, 그중에 창세기·출애굽기·데위기·신명기·시편·이사야·에레미야 등의 여러 편들이 깊은 감동을 주었다. 그가 항상 위로를 받은 성구는 마태복음 11장 28절에서 30절까지였다.

"수고하고 무거운 짐 진 자들은 다 내게로 오라. 내가 너희를 쉬게 하리라. 나는 마음이 온유하고 겸손하니, 나의 멍에를 메고 내게 배우라. 그러면 너의 마음이 쉼을 얻으리니, 이는 내 멍에는 쉽고 내 짐은 가벼움이라 하시니라."

남강은 자나 깨나 앉으나 서나 이 구절을 다시 읽어 보았다. 그는 이 구절의 뜻을 자세히 알 길이 없었으나 주에게 돌아가기만 하면 크나큰 위로를 얻을 것만 같았다. 그는 지금까지 힘에 부치는 짐을 졌는데, 주에게 나감으로 하여 더 무거운 짐도 감당할 수 있는 것으로 느꼈다.

교육의 신앙화야말로 참으로 값진 보물이 아니겠는가.

한국 교육사에 있어서 남강의 공적은 이상 든 네 가지 중에서 민족과 서민을 발견하고 그 밑에 깊은 체험적 신앙을 다진 데 있다고 하겠다. 그는 인간을 위하여, 서민과 민족을 위하여 목숨까지도 바쳤던 것을 아주 높게 평가해야 할 것이다. 그는 학생과 서민과 함께 호흡하면서 우리들의 민족성을 개조하려고 했던 것이다. 그는 페스탈로치와 마

---

41) 金基錫, 前揭書, p.375.

찬가지로 가난한 계층을 중산층으로 끌어올리는 일이 중요하고 이를
위하여 국민교육에 그의 전 생애와 재산과 나중에는 유해마저 그가 지
닌 모든 것을 바쳤던 것이다.

5. 맨 끝에 부치는 글

남강은 생전에 죽음에 대하여 이런 말을 하였다.
105인 사건으로 감옥에 들어갔다가 나온 뒤였다. 자기는 그저 썩어
지지는 않을 것 같노라고, 초목과 같이 썩지는 않을 것이라고 하였다.
"……달래강에 큰물이 나서 사람들이 못 건너갔는데 건너편 성황당에
서 빛이 물에 비쳐서야 건너갔다. 지금 와서 생각하니 그날 저녁에 있
던 사람은 다 그냥 죽었다. 나는 그저 썩지는 않을 것 같다. 李完用이
죽은 것을 사람들이 이완용卒이라고 했는데 나 죽은 뒤에는 졸이라고
는 하지 않을 것이다."

평양 기흘병원에서 목사들과 만나 3·1운동에 대한 의론을 하는데
목사들이 자기들은 종교인이니 빼어 달라고 하였다. 남강은 책상을 치
면서,
"나라 없는 놈이 어떻게 천당엔 가. 이 백성이 모두 지옥에 있는데
당신들만 천당에서 내려다보면서 앉아 있을 수가 있느냐?"
독립선언서 서명 순서로 방안이 떠들썩하였다. 남강이 밖에 나갔다
가 들어와 이 말을 듣더니,
"이거 무슨 순선 줄 알아? 죽는 순서야 죽는 순서. 아무를 먼저 쓰
면 어때, 義庵부터 먼저 써."
그러던 남강이 1930년 5월 9일 새벽 4시 파란만장한 생애를 마쳤다.
의로운 죽음에는 영원한 안식이 있다.

남강의 사랑을 받았던 한 제자는 그가 가던 해를 다음과 같이 기록
하였다.

남강이 세상을 떠난 것은 겨레가 異民族壓制에서 풀리기 15년 전이
었다. 남강이 세상을 떠난 것은 도산이 세상을 떠나기 8년 전, 李甲이
세상을 떠난 지 13년 뒤였다. 또한 栗谷이 세상을 떠난 지 346년, 忠
武公이 세상을 떠난 지 332년, 李儁이 세상을 떠난 지 23년, 徐載弼이
세상을 떠나기 21년 전, 白凡이 세상을 떠나기 19년 전, 페스탈로치가
세상을 떠난 지 103년, 맛치니가 세상을 떠난 지 58년, 孫文이 세상을
떠난 지 5년, 간디가 세상을 떠나기 18년 전이었다.

우리나라 사상계에 가장 우뚝한 柳永模는 한때 오산학교 교장을 지
낸 바 있다. 그는 남강의 일생을 다음과 같이 기록하였다.

24151日, 3450週, 818朔, 67才

우리 교육에서 반추(反芻)해 보고 싶은 것들

-6·25 46주년을 맞으며-

우리 민족이 현대사에서 하나로 응집되었던 때는 1919년, 1945년, 1950년, 1960년 등을 들 수 있다.

1919년 3·1운동 때는 말로만 들었지 필자는 이 세상에 태어나지도 않았다. 1945년 조국광복 때는 초등학교 마지막 학년이어서 지금도 그때의 감격을 가슴에 벅차게 간직하고 있다. 1950년 6·25 때는 중등학교 학생으로 참전하였었다. 정훈을 담당했기 때문에 후방에서 있었으나 많은 동료들을 잃었고 또 필자 역시 생(生)과 사(死)의 기로에서 여러 번의 분수령을 넘었다. 매년 6·25를 맞을 때마다 먼저 간 분들에 대한 빚을 느끼면서 살아남은 자의 역할에 대해 잠 못 이루는 밤을 맞곤 하였다. 1960년 4·19 때는 공군사관학교 교수부에서 근무하였으며 대학의 강사로 출강하던 때라 직접 데모에 참여는 하지 못하였어도, 비교적 학생들과 가까이에서 지켜본 사람 중의 한 사람이다. 그리고 대학 졸업 후 줄곧 교직에 몸담고 있어 금년으로 꼭 40년 근속이 되었고 정년을 2년여 남기고 있는 교원이다.

너는 조국을 위해 무엇을 하였는가

지금은 선배님들이 많이 계시지마는 21세기가 되면 필자 같은 사람도 한국현대사의 산 증인이 될 수도 있겠기에 평시에 보고들은 것을 대략 적어 두는 습관이 있어 그중에서 6·25를 중심으로 또 21세기 맨 끝을 살아가면서 우리 민족의 미래를 위해 몇 가지 생각나는 대로 적어 보려고 한다.

6·25전쟁 때, 인상적인 포스터가 있었다. 한 손은 부상당해 깁스를 하여 멜빵을 어깨에 메고 다른 한 손은 포스터를 보는 사람을 가리키며 "너는 조국을 위해 무엇을 하였는가?"라고 묻는 군인이었다. 그의 머리는 붕대로 감겨져 있었으며 한쪽 눈을 잃은 애꾸눈이었다.

찬송가에 "주님이 십자가에 못 박힐 때 그때 너는 어데 있었느냐"는 찬송가가 있다. 이 둘을 하나로 묶는 끈끈한 열기에 많은 젊은이들은 조국을 위해 산화할 수 있었고 기독교인이라면 조국과 그리스도를 위해 목숨을 바칠 수 있었다.

필자는 인류의 피어린 사이판에 자주 가는 편이다.

자살절벽에는 1945년 많은 사람들이 자살이건 타살이건 무수히 죽어 갔다. 우리나라 선배들(1926년생 이상)도 이곳에서 수천 명이 바다에 수장되었다고 한다. 마나카하 섬 근처에서도 3,000여 명, 티니안 섬에서도 5,000여 명이 학살되었다고 한다. 일본군인들은 말할 것도 없고 미군도 상륙작전에서 많은 희생을 하였고 한 계곡에서도 거의 3,000명이 넘는 미군이 산화하였다고 한다. 자살절벽에 가보면 많은 일본인들이 위령비를 세웠고 가장 인도주의자들처럼 위령비를 각인한 것을 볼 수 있다. 그곳에 가는 길가에 우리나라 사람들의 위령비가 각인한 것을 볼 수 있다. 이런 구석구석에 우리나라 정부나 단체가 좀 더 세심한 관심을 가졌으면 한다. 몇 달 전에 뒤늦게나마 중앙일보가 주최하여 마나카하 섬 근처 우리나라 징용자들이 수장된 그 바다 속에 위령의 글을 각인한 바위를 수중 다이버들에 의해 설치한 것은 참으로 다행스러운 일이기도 하다.

몇 년 전 처음으로 하와이 오하우에 가는 기회가 있었다.

이 대통령이 세웠고 지금도 많은 한인들이 그곳에서 예배 보는 교회에서 소개를 받아 교인들에게 인사한 일이 있었다. 퍽 인상적인 것은 교회가 한식기와 그리고 우리나라의 전통양식으로 건축된 건물을 보고 적이 놀랐다. 그분들이 얼마나 태평양 건너 조국을 기렸으면, 교회를 양식으로 지으면 간단할 텐데 한식으로 짓느라고 얼마나 힘들고 벅찼나 하는 과정을 온몸으로 느낄 수 있었다.

그리고 호놀룰루 모서리에 위치한 국립묘지에 가서 깊은 인상을 받았다. 6·25전쟁 때 전사한 군인들의 묘가 비교적 잘 정리되어 있었으며 특히 우리나라 지도를 바위에 그려 놓고 낙동강까지 후퇴했을 때, 그리고 진격하여 압록강 혜산진까지 진격했을 때를 청과 적의 화살표로 아로새겨 있었다. 묘비를 자세히 살펴보니 그 속에는 적지 않게 일본인 2세, 3세들이 미군으로서 참전하였다가 전사한 사람들이 상당수 있었다. 6·25전쟁 때 미군 트럭을 타고 가는 미군 중에는 가끔 동양계 인상을 주는 군인들이 기억되었는데 그들이 미국으로 귀화한 일본인들이라는 것을 보고 적이 놀라지 않을 수 없었다.

감사할 줄 아는 마음은

지금의 기성세대는 세계사에 유래를 찾아볼 수 없을 만큼 빛나는 역사의 금자탑을 세웠다. "나는 못 먹어도, 나는 못 입어도, 나는 공부를 못했어도 우리 다음 세대는 남부럽지 않게 살게 해주기 위하여 이 땅에서 혁대를 졸라매고 헌신을 하였고, 전 세계 일터를 누비며, 밤새워서 일하고, 열대기후와 싸우며 풍토병에 시달리면서도, 오늘의 산업사회를 눈물겹게 건설하였다.

선진국들은 대체로 농업사회에서 오늘의 산업사회로 전환하는 데 100년에서 180년이 걸렸다. 우리나라는 선진국의 1/3 내지 1/6기간 동안 즉 30여 년 사이에서 오늘의 경제사회를 건설할 수 있었다. 물론 민주주의의 정착, 삶의 질의 문제, 높은 문화국민의식, 대중 질서의 확립, 경제의 고른 분배 등 선진국으로 진입하려면 아직도 산적된 과제가 많으나 선진국의 문턱까지 오게 한 원동력은 지금의 기성세대의 몫이 아니겠는가.

그러나 새 세대에서는 기성세대에 대하여 고마운 마음의 자리매김이 덜되어 있는 것 같다. 이것은 물론 가정교육·학교교육·사회교육 모두의 책임이 아닐 수 없다. 가정에서는 과외공부에만 힘썼지 정작 인간화 교육에 부모들이 모범을 보이지 못하였다. 학교에서는 보다 나은 상급학교의 진학에만 초점을 맞추었지 학생 개개인의 인간성 형성에는 별로 배려를 못하였다. 매스컴에서는 돈 버는 일에만 민감하였지 그것을 보는 아동·학생의 정서교육에는 인색하였다.

그 결과 감사함을 모르는, 고마워할 줄 모르는, 말초신경만 발달하는 기형아로 키웠고 또 키우고 있다.

금년으로 6·25 46주년이 되었다. 이날 동작동 국립묘지, 그리고 각 지방의 국립묘지에 가서 남녀노소 누구나 한 시간만 있다 오면 "과연 6·25가 얼마나 처절했던가?", 또 "조국을 위해 내가 무엇을 해야 하는가?", "어떻게 하면 땅속에서 우는 뼈를 잠재울 수 있는가?", "내가 인생을 어떻게 설계해야 하는가?" 등 인간의 근본 틀을 새롭게 팔 수 있는 반추(反芻)의 시간이 될 수 있다고 본다.

6·25 맞는 심정, 열 가지 다짐

끝으로 교육의 향방을 가늠하는 요체 몇 가지를 들고 이 글을 맺고자 한다.

첫째, 유치원, 초등학교에서부터 질서와 줄 서기 교육부터 다시 하자. 질서의식을 몸에 배도록 가르치자.

둘째, 새 세대 사람들이 기성세대 사람들보다 자기주장이 분명하고 당돌한 것은 발전하는 사회에서 환영할 만한 일이다. 그러나 자기주장만을 주장하기 전에 남도 자기만큼 옳을 수 있다는 민주교육, 즉 생활방식을 바로 터득하게 하자.

셋째, 어떤 종교를 믿건 간에 모든 국민은 우리 민족 고유의 제례의식을 간소하게 지내는 정성을 강화하자. 여기서 효의 본을 가르칠 수 있기 때문이다. 인간의 뿌리를 느끼게 하는 산 교육장이 될 수 있기 때문이다.

넷째, 선생이나 부모가 학생에게 어떤 직업인을 강요하지 말자. 강요해 봐야 구닥다리 직업밖에 더 강권할 수가 없기 때문이다. 아동·학생으로 하여금 어떤 분야에 미쳐서 신바람 나게 하는 분야에 적극 지원해 주자.

다섯째, 한국인의 얼을 담은, 우리 민족의 혼을 담은 교육을 강화하자. 올바른 한국인의 교육이 국제교육, 세계화로 나가는 첩경임을 인식케 하자.

여섯째, 창조적인 생활을 하도록 분위기를 바꾸자. 바울은 "나는 매일매일 새롭게 태어난다"는 말을 하였다. 창조적인 생활은 수재만의 독점물이 아니라 만민이 향유할 수 있는 것이어야 한다. 평범하고 작은 창조의 생활을 일상생활에서 익히도록 하자. 그러면 우리나라에서 지금보다도 훨씬 더 많은 세계 특허를 딸 수 있는 기틀도 다지게 된다.

일곱째, "좋다, 나쁘다", "맞다, 틀렸다"를 가르치기 전에 "옳고 그른 것"을 먼저 가르치고 그리고 엄격하고 준엄하게 의(義)의 준거를 가르치자.

여덟째, 자아의 정체성, 즉 "나는 누군가?", "나는 왜 사는가?", "나는 무엇을 해야 하는가?" 등의 자아에 대한 인간성 교육을 강화하자. 인간성 교육은 학교만으로는 가능치 못하다. 가정과 사회의 지원이 절실히 요청된다.

아홉째, 공동체의식에 대한 훈련을 쌓아 내가 살기 위하여 너를 살리고, 나와 너가 함께 어울려져 <우리의식>을 개화하자.

열째, 이 공동체의식은 비단 사람에게뿐만이 아니라 광물, 식물, 동물에게까지 더불어 사는, 함께 가는, 함께 나누는 삶을 터득케 하자. 사람이 나무를 죽이면 사람도 죽고, 사람이 물을 죽이면 사람도 죽는다는 평범한 자연과 우주의 진리를 마음속 깊이에서 자각할 때 푸른 환경 가꾸기가 가능해진다. 물건을 아끼고, 쓰레기 분리수거하여 줄이고, 대자연과 함께 더불어 가는 사회를 지향하여 우리 선조들이 그렇게도 염원하던 G7 선진국대열에 진입할 수 있는 발판을 오늘을 사는 우리들의 힘으로 이룩해야 할 것이 아니겠는가.

1996. 6. 25. 아침

義의 질서

U.S.C 남가주대학에는 교육학 관계 도서관이 따로 독립되어 있고 비교적 교육학 서적이 많이 있다는 말을 듣고 그곳을 찾은 일이 있다. 그곳에서 작업을 마치고 캠퍼스를 돌아보았다. 이곳을 찾아 많은 선배, 동료들이 연구하였고 지금도 우리나라 학생들이 이곳에서 연구에 몰두하고 있는 것을 보면서 많은 감회를 느꼈다.

캠퍼스 중심에 독립된 이층 목조 건축물이 특히 눈에 띄었다. 바로 이곳에서 島山 선생님은 義의 産室로 하여 재미 동포를 지도하신 곳이었다. 지금은 어떤 용도로 사용하고 있는지는 모르나 문마다 굳게 잠겨 있었다. 木造建物을 손으로 쓰다듬으면서 島山의 呼吸을 느낄 수 있었다. 전 캠퍼스를 두루 살펴보고 다시 그 자리에 와서 기념 촬영을 하였다. 가능하다면 이 건물을 島山 記念館으로 할 수는 없을까? 이런 저런 상념 속에서 그곳을 떠났다.

島山 선생님의 전 생애는 義의 秩序를 우선 우리나라에다, 그리고 동양과 세계에 펴는 일이 아니었을까 하고 반추해보았다.

좋은 것만 추구하는 사회, 보다 나은 것만을 가르치는 가정·학교·사회 교육은 필연적으로 벽에 부딪치게 마련이다. 오늘날 우리가 당면하고 있는 사회 발전의 벽은 다름 아닌 義의 秩序를 펴는 데 너·나·우리 모두가 게을렀다는 데서 오는 결과가 아닐까 하고 생각해보았다.

사람의 心性에는 선천적으로 옳고 그른 잣대, 즉 義의 準據(criteria of

righteousness)가 자리하고 있다. 이것을 일상성 속에서 부지런히 갈고 닦지 못한 데서 오늘의 혼돈된 사회의 상태가 생성되고 있다고 본다.

개인의 능력을 personality로 보고 개인의 성품을 character라고 볼 수 있다면 이 character의 발굴에 우리들 모두는 보다 열중할 필요가 있다고 본다. 그릇이 아직 안 되었고 또 그릇이 지금 새고 있는데, 물만 무조건 퍼부으면 그 그릇은 순간은 물론 그릇 역할을 할 수 있으나, 조금만 지나면 그 물은 다 새고 빈 그릇만 남게 될 것이 아니겠는가?

義의 그릇을 마련하지 못하고 아무리 나은 것, 좋은 것, 빼어난 것을 다 긁어모아 채운다고 해도 그것이 과연 무슨 의미가 있겠는가?

어린아이의 생일을 축하하기 위하여 선물을 사갖고 가겠다는 약속을 지키려고 島山 선생님은 그 살벌한 일경이 거미줄처럼 치고 지키는 상해 조계지에 홀로 나타났었다. 이처럼 약속과 신의가 그의 인격에서 알파요 오메가였다.

흔들리는 사회, 온통 가치가 전도되어 거미줄처럼 얽히고설킨 우리네 사회를 바로 풀어나가기 위하여 義의 새로운 秩序를 쌓을 때가 아닌가 싶다.

“아아 거짓이여! 너는 내 나라를 죽인 원수로구나. 君父의 원수는 不共戴天이라 하였으니 내 평생에 죽어도 다시는 거짓말을 하지 아니하리라.”

“죽더라도 거짓이 없어라.”

“농담으로라도 거짓을 말아라. 꿈에라도 성실을 잃었거든 통회하라.”

이 말씀은 太平洋을 건너 우리들 고막에 쨍쨍 울리고 있다.

인도에는 다음과 같은 ‘간디의 기도문’이 있다. “인도는 나의 나라입니다. 모든 인도 사람들은 나의 형제고 자매들입니다. 나는 우리나라를 사랑하고, 그 풍요롭고 다채로운 유산을 자랑스럽게 여깁니다. 나는 부모와 선생님, 그리고 모든 어른들을 존경하고 모든 사람들을 정중하게 대합니다. 나의 나라와 나의 국민에게 헌신할 것을 맹세합니다. 그분들의 안녕과 번영이 곧 나의 행복입니다.”

나라 사랑에는 도산의 말과 같이 의가 하나의 기준이 되어야 한다. 지금 우리 사회는 옳고 그른 가치 판단의 기준이 사회 깊이 뿌리를 박지 못한 곳에 우리 사회의 부조리가 寄食하는 터가 되어가고 있다. 이는 지극히 우려되는 현실이라고 본다.

나라 사랑을 너무 거창하고 어렵게만 볼 것이 아니다. 나라 사랑은 주인 정신의 올바른 생활화로 뿌리내리는 일이다. 우선 질서 의식을 몸에 익혀야 할 것이다. 지하철 역사 이용 시 각 계단은 좌측통행을 기본으로 하여 올라가는 곳과 내려가는 곳을 구분하였다. 일단 정했으면 누구나 그 질서를 지킬 의무가 있다. 줄 서기란 인간질서의 기본임에도 그 줄 서는 것 자체를 몸에 익히지 못했다면 우리는 문화 국민과는 먼 거리에 있다 하겠다.

고속도로 진입할 때도 마찬가지다. 고속도로 진입을 위해서는 일정한 도로 규칙이 있다. 그러나 이 규칙을 지키지 않고 서로 먼저 가려고 빈 공간만 보이면 어디든 진입하려 든다면 오히려 서로 얽혀 모두가 지체되기 마련이다. 차선을 변경하고자 할 때도 마찬가지다. 선진 사회에서는 깜박이를 켜고 차선을 바꾸려는 차가 있으면, 그 방향은 그 차가 가야 할 방향이기 때문에 누구나 곧 자리를 양보한다. 그러나 우리나라에서는 차선을 바꾸는 것이 가야 할 방향을 바꾸는 것보다는 좀 더 빨리 가기 위해 차선을 이리저리 바꾸는 경향이 허다하다. 그러다 보니 양보하는 일도 드물고, 앞 차 한 대를 양보해 주면 줄줄이 끼어들기 때문에 양보에도 한계가 있을 수밖에 없다.

전철이나 기차, 비행기 안과 같은 공공장소에서도 성인들의 무례한 행위를 비롯해 어린이들이 자기 뜰처럼 마구 뛰노는 작태를 흔히 보게 된다. 혹시라도 그런 아이들의 행동을 제재라도 하면 오히려 부모들이 자신의 아이 기를 죽인다며 되려 역성이다. 이래서는 우리나라의 공중 도덕을 바로 세우기가 참으로 어렵다.

필자는 한때 외국을 여행하면서 도로의 구조나 그 시설 관리에 부러움을 느낄 때가 있었다. 지금은 우리나라도 웬만한 도로는 거의 도로 포장이 되어 있고, 휴게소의 시설도 만족할 정도는 아니지만 많이 개선되고 있는 실정이다.

그러나 문제는 하드웨어가 아니라 소프트웨어에 있다. 그런 소프트웨어의 정착에 우리 국민 모두가 힘과 정성을 기울일 때 나라가 발전되며, 그 사회의 안녕과 번영이 곧 개인의 번영과 행복을 가져온다는 평범한 진리를 국민 모두가 하루빨리 깨닫고 행동하는 사회를 이룩해 나가자.

제 2 부

지능지수 · 감성지수 · 정신지수

'?(疑問符, question mark)'의 의미는 좌뇌로부터 시작하여 백 회를 거쳐 우뇌로 반 바퀴 돌아서 목덜미를 거쳐 심장에 와서 점을 찍은 것이다. 모든 깊은 물음은 좌뇌로 시작하여 충분히 우뇌를 거쳐 목으로 내려와 가슴, 즉 상단전에서 점을 찍은 것을 상징한다.

뇌는 크게 나누어 대뇌, 뇌간, 간뇌로 구성되어 있는데 오른쪽에 있는 것이 우뇌 왼쪽에 있는 것이 좌뇌이다. 좌뇌는 논리적 사고, 분석적 사고의 중추로서 언어와 셈 등을 하는 능력과 관계가 깊다. 우뇌는 시간적 사고와 공간적 사고의 중추로서 예체능분야나 창의력을 요하는 분야에서 기능을 발휘한다. 읽기, 쓰기, 말하기, 셈하기 등과 같은 기본적인 학습은 좌뇌의 역할이고, 음악, 미술, 무용처럼 감성적이고 상상력과 창의력이 필요한 학습은 우뇌의 역할이다. 좌뇌가 시간의 형식이라면 우뇌는 공간의 형식이다. 좌뇌가 분석적이라면 우뇌는 종합적이다.

현대문명의 거개가 좌뇌의 역할에서 나왔다고 보는 데는 대부분의 학자들이 동의하고 있다. 전보다는 오늘의 생활이 중요해졌고 외형적으로는 인간의 '삶의 질(quality of life)'이 크게 향상, 개선되었다. 우리나라도 중소도시까지 좌변기를 사용하기에 이르렀다. 개인마다 거의 휴대전화를 상용하고 있고, 전 국민의 사분의 일 정도가 컴퓨터를 사용하고 있는 것은 과히 세계적이라고 볼 수 있다. 이에 비하여 자살률은 계속 증가하여 극히 우려되는 수준까지 와 있다. 특히 지방장관 및

CEO들이 한강에서 줄을 이어 투신하고 있는 실정이다. 연예인 이은주가 자살한 후 그 모방자살률이 2.5%를 넘고 있는 실정이다. 부부의 이혼율은 전 세계에서 으뜸가는 수치를 보이고 있다. 또 보험금을 타기 위해 아예 가정자체가 와해되는 현상마저 신문사회면을 채우고 있다. 이런 실례를 계속 드는 것은 별로 의미가 없어 보인다.

이제 우리는 획기적인 우뇌의 개발이 절실한 시점에 와 있다고 하겠다.

지능지수에의 관심보다 감성지수, 정인지수를 향상시키는 데 더 큰 노력을 경주해야 할 것이다.

天園은 이런 말을 하였다. "오늘날 우리 겨레의 정신적인 상태를 돌아볼 때, 슬프기 짝이 없다. 사람의 마음은 날로 비정해지고, 사회는 삭막해지고 있는 것 같다. 우리의 생활에 있어 물질적인 면이 향상되고 있는데 비해 정신생활은 반대로 뒷걸음질치고 있는 느낌이다. 이제 우리에게는 비장한 마음의 혁명이 요청되고 있다. 한 사람의 부자를 내기에 앞서, 한 사람의 착한 사람을 얻어야만 하는 것이다."(『샘터』간, 노란 손수건 2. p.5. 1999.)

지금까지 이 나라의 교육은 오직 내신성적과 수능성적의 향상에만 외길의 교육을 지향하였다고 보아도 과언이 아니다. 즉 지능지수의 향상을 위해서만 전력을 다했다고 볼 수 있다. 이 결과 감성지수, 정신지수는 끝없는 추락을 계속하고 있는 실정이다. 올바른 사람을 기르는 데 실패하였다면 그 사회의 미래는 암담하기 이를 데 없다. 작은 교육운동이 새롭게 일어나야 하지 않을까.

天園은 『정(情)』이란 수필집에서 이런 말을 하였다. "우리는 근대화라는 커다란 물줄기 전체를 막을 수는 없다. 흐르는 시간을 뒤로 돌려놓을 수는 더욱 없다. 그러나 우리 모두의 작은 힘을 합해 꺼져가는 정(情)의 등불의 심지를 돋울 수는 있지 않을까. 이것은 넓은 의미의 교육운동이라고 할 수 있다."

유한한 삶 속에서 서로 기대의 의미를 되새길 수 있는 뜻있는 일에 우리 모두 동참하자. 지금은 지능지수뿐 아니라 감성지수, 나아가 정신지수에 더욱 열을 올려야 할 때가 아니겠는가.

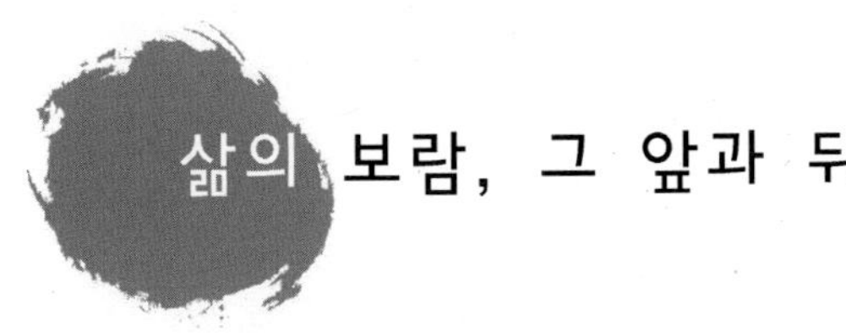

삶의 보람, 그 앞과 뒤

　지금 나는 여기 서 있다. 나는 무엇이 되려고 한다. 또 무엇이 되고 싶다. 순간을 몸부림치며 무엇인가 지향하고 있다. 나는 과연 누군가? 만일 내가 인간으로서의 '어떤 것'이라면 그것은 내가 생각하고, 판단하고, 느끼고, 평가하고, 존경하고, 사랑하고, 미워하고, 두려워하고, 바라고, 믿고 그리고 행동하는 것이다. 나의 본성은 나의 내부에 있어 작고 딱딱한 핵이 아니라 오히려 다이내믹하게 움직인다. 인간의 감정이란 파도처럼 순간순간 출렁이며, 때로는 포말처럼 산산이 부서지기도 하고, 때로는 잔잔한 파도처럼 잔물결을 일으키기도 한다. "네가 어제 나를 알았다면, 오늘 네가 만난 나와 어제의 내가 똑같은 사람일 것이다."라고 느낄 필요는 없다. 사람들은 급격한 사회변화 속에서 살고 있다. 아날로그 시대가 가고 디지털 시대가 오고 있다. 지구상의 한쪽 구석에서 생긴 일이 즉시 전파를 타고 세계로 알려지고, 그 생긴 일에 대한 개개인의 의견이 인터넷에 홍수처럼 쏟아지는 사회에 살고 있다. 폭포처럼 쏟아지는 지식의 홍수 속에서도 나와 너와 그는 만남을 가진다.

　우리들 모두는 서로 열심히 살고 있고 주위 모든 불들에 대해 깊이 느끼고, 더 외로워하고, 더욱 괴로워하면서 그러기에 많은 뉘우침과 후회와 용서와 그리고 밀도 높은 번민을 하면서 살고 있다. 연륜이 지날수록 다르게 변해 가며 변하는 그 모습이 어떤 때는 자랑스럽고 때로는 흐뭇하기도 하지마는 때로는 내 모습이 한없이 싫어지기도 한다.

친구 간에도 생각의 갈등이 있을 수 있고, 한 가정에서도 남녀의 거리, 아들딸과의 세대의식의 차이, 손자손녀들과의 용어 관습의 차이 등 복합적인 가정 속에서의 인간관계란 그리 쉬운 일이 아니다.

나와 내 생명이 존귀하면 그만큼 너의 존귀함을 인정하지 않을 수 없다. 사람은 나와 네가 서로 기대어 자라게 되어 있다.

모든 사람들은 저마다의 마음을 갖고 있다. 이 마음은 마치 반짝이는 보석과도 비길 수 있고, 값진 거울과도 견줄 수 있다. 사람은 자기 홀로 속에서는 적나라한 자기를 진단키도 어렵고 성장케 하기는 더욱 어렵다.

그래서 사람과 사람과의 만남은 위대한 일 중의 하나다.

서로 친숙해질 수 없는 사람은 이 세상에 한 사람도 없다. 단지 마음의 장벽을 쌓고 서로서로 갈라서게 되는 가장 큰 원인은 나와 너 사이에 '진실함'이 결여되었을 때이다. 누구나 단점 없는 사람은 없고 장점 없는 사람도 없다. 정도의 차이는 있겠으나 이 두 가지는 누구나 다 갖고 있다. 그 갖고 있는 장단점을 그대로 지니고서도 진실하기만 하면 얼마든지 '만남'의 심도에 진입할 수 있다.

현대인은 서로 솔직하지 못한 데서 인간관계의 정체 현상이 생기는 것이다. 자신을 공공연히 솔직하게 나타낸다는 것은 자연스런 큰 용기이다. 어떤 사람의 마음이나 그 본바탕은 다 같기 때문이다.

보다 인간관계를 촉진하기 위하여 하나의 잣대가 필요할 것 같아서 이를 '사랑의 십계명'이라고 이름하여 적어 본다.

① 계산하지 말자.
② 후회하지 말자.
③ 되돌려 받으려 하지 말자.
④ 조건을 달지 말자.
⑤ 다짐하지 말자.
⑥ 기대하지 말자.

⑦ 의심하지 말자.
⑧ 비교하지 말자.
⑨ 확인하지 말자.
⑩ 약속하지 말자.

이 열 가지 중에서 한 개인과의 인간관계에서 다섯 이상의 항목이
지적되었을 때는 크게 인간관계가 잘못되어 있는 것이다.

세 개 정도의 항목이 지적되었으면, 인간관계가 좀 잘못된 것이다.
하나나 두 개 정도의 항목이 지적되었으면, 그 인간관계에는 별로 문
제가 없다고 보겠다.

실존적 심리학에 있어서 '만남(encounter)'이라는 것은 두 사람 사이
의 특별한 관계를 말한다. 마르셀(Gabriel Marcel)은 이런 관계를 '존재
론적 친교', 즉 두 사람의 진정한 융화라고 불렀다.

부버(Martin Buber)에 의하면 '만남'에 있어서는 서로서로가 일반적
인 '그'가 아니라 '나'와 밀접한 상호관계가 있는 '너'인 것이다. 가능
한 한 나는 그의 세계 속에 그는 나의 세계 속으로 뛰어들 때 서로 충
실해질 수 있는 것이다.

이렇게만 된다면 요즘의 우리 사회에서 진보와 보수의 갈등까지도
뛰어넘을 수 있지 않을까.

自我意識의 엄숙한 확대

갓난아이는 자아에 대한 의식이 없다. 자기의 손가락을 빨며 노는 영아는 그것이 자기 것인지 모른다. 어떤 독특한 감각을 느끼면서도 이를 다른 장난감과 구별하지 못한다. 그러나 성장함에 따라 이 둘의 차이를 의식하게 되어 그가 가지고 노는 손가락이 자기의 일부임을 알게 된다. 동시에 가정생활의 과정에서 내가 다른 식구가 아닌 독자적인 존재라는 것을 서서히 깨닫게 된다. 즉 자아의식이 형성되어 간다고 본다. 어린이가 가정생활을 계속하는 동안 자아확대의 작용이 일어난다.

이에 대해 天園은 다음과 같이 말하고 있다. "나는 결코 혼자 사는 고립적 존재가 아니라, 나 아닌 남들과 살며 어떤 공통점을 가지고 있다는 것을 의식하게 된다. 그리하여 그는 '나'라는 존재를 포함하는 '우리'의 일부분임을 인식하게 된다. '나의 어머니'에서 '우리 어머니'로, '나의 집'이라는 생각에서 '우리 집'이라는 생각으로 넓혀진다. 이 과정이 나중에는 '우리 마을', '우리나라' 등의 의식으로 번진다."

자아의식이 진정한 의의를 가지는 것은 그가 살고 있는 집단·민족·국가의 이해관계와 연결될 때이다.

요즈음 신문사회면은 자살사건으로 얼룩지고 있는 것을 흔히 본다. 자살의 동기에는 여러 가지 내용이 있을 수 있다. 가정불화, 사업의 실패, 학업 부진, 극단적 경제의 피폐 등 허다할 것이다.

주관적으로 볼 때에는 어찌할 수 없는 한계 상황에서 헤어날 수 없어서 자살을 선택했다고 본다. 그러나 객관적으로 볼 때에는 가장 심각한 상황의 순서대로만 꼭 자살하는 것은 아니다. 한 박자만 늦춰서 주위를 살펴보면 자기만이 꼭 자살할 이유를 정당화하기는 어려울 때가 허다하다. 더욱이 자녀와의 동반자살은 더욱 정당화되기 힘들다.

물론 우리들 모두가 민족중흥의 역사적 사명을 띠고 이 땅에 태어난 것은 아니다. 나오다 보니, 살다 보니, 우리 가정, 우리 사회에 둘러싸여서 살아가는 자아를 느껴서 나와 우리, 나와 사회, 나와 국가를 생각하게 되었을 것이다.

나의 소중성, 나를 키우는 교육이 우리 주위에서 소홀히 되어 가고 있는가를 반성할 필요가 있다.

죽은 고기는 흐르는 강물에 떠내려 갈 뿐이다. 산 고기는 흐르는 강물을 때로는 거슬러 올라간다. 생명이 약동하기 때문이다.

"내가 누군가?" "나는 무엇을 해야 하는가?" 나아가 "나는 왜 사는가?" 등의 궁극적인 물음을 발하면서 자아를 키워 나가는 소중한 과정이 우리네 교육에서 경시되고 있는 것은 아닌지 곰곰이 생각해 볼 필요가 있다. 그래서 확고한 원리·원칙 위에 서야 하고, 진리를 추구하는 비판정신과 자비스런 휴머니즘과 남의 의견을 듣기에 인색하지 않는 관용의 정신 위에 서야 한다. 天園은 '통정(統整)된 人間(integrated individual)'이란 용어로 이를 설명해 주고 있다.

사람은 단순히 부속품이 모여서 된 합성기계가 아니다. 각자가 봄날 그 무거운 지표를 뚫고 헤쳐 나온 살아 있는 한 포기 풀과도 같다.

자아를 견실하게 키워 나가는 것이 건전한 가정과 민족과 세계를 지어 나가는 역사의 버팀목이 된다는 평범한 진리에 이제 우리는 눈을 돌릴 때가 됐다.

03. 12. 15.

그래도, 민주적인 태도와 덕성을 기르자

한 치 앞을 예측할 수 없는 불확실성의 시기에 살면서 어떻게 보면 한가한 말같이 들릴 수도 있겠으나 지금이라도 온 국민이 민주적인 태도와 덕성(德性)을 몸에 익히는 수련이 절실하다.

최근 2월 28일 국회 대정부 질문에서 중진 국회의원의 질의와 국무총리의 답변은 온 국민의 마음에 엄청난 충격을 주었다.

민주주의의 근본 사고방식은 생활을 즐겁게 하는 기분과 태도이다. 희망에 찬 생활을 즐긴다는 의미이다. 여기서 희망에 찬다는 말은 글자 그대로 장래에 대하여 밝은 전망을 갖는 것이다. 그러나 장래에 밝은 전망을 갖는다는 것은 현재가 밝고 또 자기에게 모든 분위기가 유리하게 전개될 수 있기 때문에 희망을 갖자는 것은 아니다. 어두운 현재, 불만족스런 현재, 현실생활이 비록 만족한 것이 못 되고 또 고충이 따라도 이 어두운 현재를 헤치고 극복하여 보다 나은 삶을 향해 나아가는 꾸준한 끈기가 요구되는 것이다. 현실이 보다 어두워도, 현실이 보다 불만족상태에 있어도 여기에 굴하지 않고 이것을 타고 넘어 밝은 장래를 생각하고 이것을 만들어 가는 과정(過程)이 민주주의에 있어서 희망이란 것이다. 희망에 찬다는 것은 개인의 경우나 가정의 경우나, 사회·국가의 경우나 별로 다를 바가 없다.

남녀노소 할 것 없이 꿈을 잃었다면 그들은 반드시 쇄하기 마련이다. 그러나 삶의 창조전선(創造前線)에 참여할 수 있다면 그 개체나 단체는 싱그럽게 푸르게 그 삶을 지속할 수 있다. 만약 그렇지 않다면 그 개체와 단체는 결국 역사의 무대에서 사라지게 마련이다. 이것은 자연법칙이요, 동시에 역사의 법칙이기 때문이다.

요즈음 사회가 굴러가는 모습을 보면 심히 앞날이 걱정된다. 어떤 때는 잠자리마저 뒤숭숭해져서 잠을 설칠 때가 한두 번이 아니다. 이른바 사회의 지도자라고 자처하는 사람들이 어떤 때에는 일반 국민에 비해 민주적으로 성숙이 덜된 것이 아닌가 하며 심히 우려될 때도 비일비재하다.

사람은 크게 두 가지 형(型)으로 구분할 수 있다. 하나는 자기 주위에 있는 것, 자기에게 주어진 것들을 언제나 감사하는 마음으로 받아들이고 무엇이나 고맙게 생각하는 사람이다.

다른 하나는 자기에게 주어진 조건을 언제나 불평하면서 인생을 그야말로 지루하게 지내다 가는 사람이다.

말하자면 자기 앞에 놓여진 몇 개의 사과를 먹는 방법에 따라서 그 삶의 태도가 둘로 갈라진다는 것이다. 식탁 위에 놓인 사과는 서로 같지 않다. 먹음직스럽게 잘생긴 사과가 있는가 하면 이와는 반대로 보기조차 거북할 정도로 못생긴 사과도 있다.

한 사람이 가장 먹음직스런 사과를 성큼 집어 들고 "야 참 맛있다. 자연과 그 속의 태양빛이 얼마나 고마운가." 하며 이런 기분으로 마지막 아주 흉하게 생기고 시금털털한 사과까지 다 먹으매 "이 사과도 더 흉하고 더 털털한 사과보다는 맛이 있다."고 하며 감사히 그리고 즐겁게 먹는다. 이런 사람은 이런 기분으로 일생을 지낸다. 이런 사람은 행복하다. 그는 항상 즐겁고 명랑하며 그와 만나는 뭇사람에게 희망과 용기와 빛을 준다.

그의 삶은 수많은 만남(encounter)에서 영혼의 울림을 주고받을 정도로 삶이 아름답고, 진실하고, 조화적인 단계까지로 파동쳐 간다.

반면에 또 다른 사람은 맛있게 생긴 사과가 즐비하게 있는데도 제일 못생긴 사과를 집어 들고 먹으면서 얼굴을 찡그리며 계속 지루하게 먹는데 나중에 아주 잘생기고 맛있게 생긴 사과까지도 더 맛있는 사과보다 맛이 덜하다고 투덜대며 그 모든 사과를 다 먹을 때까지 불평하면서 지루하게 먹는 사람이 있다. 이 같은 사람은 어떤 환경에서도 어두운 면만을 부각시키는 데 빼어난 기능과 소질이 있다. 이런 사람은 실로 불행하다고 할 수 있다.

이것이 자기만의 불행으로 그치는 것이 아니라 주위 사람들에게까지 그 불행을 안겨 주고 또 전파하고 자기 자신도 비참한 최후를 맞는다.

대인관계에 있어서도 남의 약점·단점을 포착하는 데 예리하면서 남의 강점·장점을 찾아서 칭찬하는 데는 아주 인색하다. 되도록 주위 사람의 말과 태도를 좋지 않게, 나쁘게만 여기고 모든 것을 어둡고 삐딱하게만 본다. 참 불행을 자초하는 사람이다. 이와 같이 두 가지의 인간형이 있을 수 있다. 기울어지는 사회에서도 자기 자신의 자세를 의연히 갖고 그 신념대로 자기 자신을 지켜 올바른 생활을 영위하는 것도 필요하지만 주위 사람들을 위하여 바른 사회로 개혁(innovation)해 나아가는 적극적인 자세를 지닌 사람이 많으면 많을수록 그 사회는 전진할 수 있는 것이 아닐까.

<2006. 3. 3.>

交通安全

'상대방의 차를 내 가족성원의 차로, 길을 건너는 노인도 내 부모로 느낄 때 거리질서는 자연히 확립될 것으로 본다.'

질서가 존중받는 사회를 만들자

우리나라에서는 매일같이 교통사고로 20명 내외가 사망하고 580여 명이 중경상을 당하는 것으로 되어 있다.

이 중에는 불가피한 사고도 있겠으나 그 대부분은 사전에 예방할 수 있는 성격의 것이다.

이번 올림픽을 계기로 교통질서는 눈에 띄게 좋아져 가고 있다. 이렇듯 질서존중의 태도는 비단 올림픽을 치를 때만이 아니라 그 후로도 계속 우리 사회에서 밀고 나아가야 할 당면 과제가 아닌가 싶다.

나도 운전대를 잡는 사람으로서 사고를 방지하기 위해서는 세 요소가 있다고 본다.

첫째는 정비를 들 수 있다. 만일 장거리를 뛴다면 자동차의 기본구조의 확인을 점검해야 할 것이다. 보통 출퇴근 때도 정기적인 점검이 필요하다.

둘째는 속도는 교통규칙에 맞게 반드시 지켜야 한다.

셋째는 운전자의 정신통일을 들 수 있다. 술을 먹었거나, 졸린다거나, 다른 여러 상념을 가진다면 정신통일을 한다고는 결코 볼 수 없을 것이다.

이 세 가지를 고루 갖추었다면 제1차적인 요건은 갖춘 것으로 간주할 수 있다.

제2차적인 요건이란 자기 마음의 순화와 관계가 깊다.

자기 마음을 다스리지 못하는 사람은 운전을 성공적으로 해낼 수 없다고 본다.

마음의 평행이 깨어졌을 때 사고를 일으키기 쉽다. 화가 났을 때, 또는 불안한 자극을 받았을 때, 갑자기 신체적 변화가 일어났을 때 등을 상상할 수 있다.

운전은 하나의 도(道)의 길을 가는 것과 같다고 하겠다. 흘러가는 물과 같이 극히 자연스럽고 합리적이고 또 질서적이어야 한다.

나는 몇 주 전 외국을 다녀왔다. 그곳에서는 차선을 바꾸려는 신호를 하면 대부분 앞으로 넣어준다. 우리 사회 현실에서 차선을 갑자기 바꾸려는 차를 넣어주면 계속 꼬리에 꼬리를 물고 들어온다. 왜 그러냐 하면 차선을 바꾸어서 가려는 것이 아니라 되도록 빨리 가는 수단으로 생각하기 때문이다. 너나 할 것 없이 모두가 빨리 가자면 서로가 다 더디 가게 마련이다.

다시 말하면 운전자의 사회윤리가 먼저 확립되어야 한다는 말이다.

우리나라 사람들은 언제부터인지 성질이 너무 급한 편이 아닌가 싶다. 줄서서 차례를 기다리자면 그만큼 인내력이 필요하다.

줄을 바로 서고 차례를 차분히 기다리는 국민을 참 훌륭한 국민이요, 또 저력 있는 국민이라고 하겠다.

물론 거리질서를 확립하기 위해서는 도로도 넓혀야 되고, 보행자도 질서를 지켜야 하고 모든 안내 표지판도 좀 더 과학화되고 합리화되어야 한다. 예를 들면 우리도 선진국가와 같이 도로에다 번호로 표지하여 교통지도를 만들 때가 된 것 같다.

또 도로의 흐름에 따라 일방통행과 유턴, 좌회전 금지 등을 지금보다 합리적으로 재조정할 필요가 있다.

그러나 이 모든 것보다 우선하는 것이 운전자의 마음의 자세이다. 인간에 대한 존엄성, 노약자에 대한 몸에 밴 배려 등이 절실히 요청된다고 하겠다.

우리 사회에서는 운전대만 잡으면 말이 거칠어지고 쌍스러워진다고 한다. 이 말 뒤에는 서로가 넘으면 안 될 선을 피차간에 넘었기 때문에 이런 거친 말이 오고 갈 수밖에 없다.

이번 24회 서울올림픽은 모든 면으로 선진화로 나아가는 마무리를 하는 계기가 되었다고 할 수 있다. 이것을 위하여 각계각층에서 불철주야 전력을 기울이는 것이 바로 이 때문이다.

민족의 긍지를 모처럼의 거리질서가 단계적으로 확립되어 가는 지금, 올림픽 후에도 줄기찬 노력을 경주할 때 우리의 거리질서도 선진국형으로 잡혀 나아갈 것이다.

상대방의 차를 내 가족성원의 차로, 길을 건너는 노인도 내 부모로 느낄 때 거리질서는 자연히 확립될 것으로 본다.

도로의 면적은 계속 확대되어야 하고 인구는 분산되어야 하고 가정마다 차는 있게 될 것이고 그것도 복수로 갖게 되는 가정이 날로 늘어날 것이다.

이런 추세를 예측해 볼 때 교통행정이 선진화되어야 할 것은 물론이지마는 주어진 여건에서도 보다 과학적인 도로의 활용방법이 개선되어야 할 것이다.

이에 더하여 운수업에 종사하는 사람들에 대한 보수도 획기적으로 전환되어야 할 것이다.

이 모든 여건이 비록 갖추어졌다고 해도 운전자의 마음의 관리가 안 된다면 모두 다 허사가 될 것이다.

이런 의미에서 하루 일과가 시작되기 전, 기도도 좋고 선(禪)도 좋고 명상도 좋다.

조용한 시간 속에서 자기의 참모습을 들여다보는 성의와 정성이 요청된다.

우리들은 아침마다 거울을 본다. 어떤 사람은 오래 들여다보고 어떤 사람은 잠시 들여다보는 사람도 있겠으나 하여간 거울을 보지 않고 출근하는 사람은 퍽 드물 것이다.

이와 같이 새벽 또는 아침시간에 자기 마음의 모습을 있는 그대로 들여다보고 이에 대한 수정을 가해 보려는 성의는 곧 자기 자신에 대한 사랑과 나아가 주위의 가정과 사회와 인류의 사랑에로 나아가는 길이기도 하다.

감정의 자기 존중이 안 될 때가 하루에도 자주 일어난다면 이 사람은 시간문제이지 사고가 나게 마련이다.

운전대를 잡는 사람이 화를 내면 언제나 손해는 자기에게로 돌아오게 마련이다. 이런 점에서 좋지 않은 순간을 바로 잃어버리는 습관도 몸에 익힐 필요가 있다. 자기가 운전하는 차는 마치 자기 몸의 지체와 같다. 사령관이 명령을 잘못 내리면 일선의 부하가 생명을 잃게 되는 것과 같이, 운전자는 대군을 거느린 사령관처럼 매 순간순간의 판단을 정확히 하여 신속히 하달할 때 거기에 종속되어 있는 모든 기기가 제 역할을 하게 된다.

살아 있는 생명체만이 생명을 가진 것이 아니라 모든 기기에도 사람의 일을 이입(移入)할 때 놀라운 생명체로 변하게 된다. 차를 살아 숨 쉬는 생명체로 닦고, 조이고, 기름을 치자.

꿈

　조병화 시인이 본교 재직 당시 "꿈"이라는 글을 써서 복도에 걸었던 때가 있었다.

　아침에 출근하면서 이 '꿈'을 생각해 보고 저녁에 퇴근하면서 이 '꿈'을 반추해 보았다. 잠언에는 이런 구절이 있다. "꿈이 없는 곳의 사람들은 멸망한다(where there is no vision, the people will perish)."

　특히 수요일은 야간시간이 있어서 오후 9시가 넘어야 귀가할 수 있다. 하루의 일과를 마치고 차에 오르기 전에 밤하늘을 쳐다보았다. 지난날에 비해서 별은 아주 적게 보였으나 지금도 밤하늘의 별을 볼 수는 있다. 다만 한 주일에 한 번만이라도 밤하늘의 별을 볼 수 있는 것을 엄청난 특권으로 여기게 된다.

　이상과 현실은 언제나 괴리가 있게 마련이다. 그러나 소중한 것은 순간순간 수고로운 정성을 쌓아서 그 이상에 접근하려는 자세이다.

　저마다의 '꿈'이 있기 때문에 오늘의 인내가 필요하고 저마다의 '바람'이 있기 때문에 허다한 난관을 헤치고 나갈 수가 있는 것이 아니겠는가?

　요즈음 국내외의 정치적 기후는 험악하다. 무엇이 무엇인지 도무지 알 수 없고 한 치 앞도 분간할 수 없는 바람이 휘몰아치고 있다.

　그런데 우리 대학에서는 최근 신선한 충격을 주는 일이 연달아 일고 있다. 유관호, 김경인, 양화백이 그동안 심혈을 기울인 개인전과 조병욱 교수는 슈벨트의 연가곡 중 "백조의 노래(Schwannengesang)" 독창회를 가진 바 있다. 이들 모두 절찬을 받고 있다.

이들 예술인들은 '꿈'이 있었고, 그 이상을 향해 평시에 진한 땀을 흘렸기 때문에 이토록 활기찬 예술활동을 할 수 있었던 것이다.

요즈음 매일 보도되는 사건들은 전 국민의 마음에 크나큰 상처를 주고 있다. 특히 정신의 最前에 선 예술인의 입장에서는 엄청난 자극이 아닐 수 없다. 그러나 하나의 '꿈'을 실현하기 위한 고된 노력은 이 현실을 극복하고 승화하여 예술의 극치를 이루게 하는 작업이야말로 우리들에게 많은 것을 느끼게 한다.

주위 사람들에게 '꿈'을 지니게 하고 이 '꿈'을 가꾸고 또 이 '꿈'을 더불어 키우기 위한 노력에 우리들 모두가 동참해야 할 것이다.

미래사회는 혼자 사는 사회가 아니요, 더불어 살아가는 사회이다. 공동체로 나아가는 역사의 기로에 서서 보다 조용하고, 보다 정성스럽고, 보다 '삶의 질'을 높이는 일이야말로 우리들 모두가 해야 할 과제가 아니겠는가?

상생원리의 정착을 위하여

이 세상에는 많은 학문과 또 이론이 산재해 있다. 여기에서 객관적 척도를 이루기에는 무척 어려운 일이다. 상생원리에서는 우선 그 기준을 삼라만상이 운행하는 자연법칙의 원리에 두고 있다. 자연은 우선 먼저 베푼다. 식물과 동물의 관계를 볼 것 같으면 식물이 먼저 동물에게 무조건 베푼다. 그러면 그 동물은 식물을 먹고 소화시켜 밖으로 내보낸다. 식물은 그것을 자기들의 음식으로 가져간다. 이때에 식물도 동물도 먼저 달라고만 한다면 이 자연의 운행이 깨어지게 되어 있다.

우리는 식물뿐만이 아니라 광선과 공기와 물을 제공받는다. 이것을 돈으로 친다면 헤아릴 수 없을 정도의 엄청난 양이 될 것이다. 우리가 이미 많은 것을 맡았으니 지금은 우리들이 베풀 차례가 된 것이다. 먼저 베풀고 항상 베풀고 때에 맞추어 베푸는 것이 상생원리의 기본이다.

일단 베푼 것은 여러 가지 형태로 변형되어 자기 자신에게 돌아오기 마련이다. 우리나라 선조들은 오랜 옛날부터 서로 상부상조의 정신에 젖어 일하고 또 배워 왔다. 요즈음은 이기주의가 만연하고 있다. 개인적인 이기주의가 통하지 않으니까 집단적으로 몰려다니면서 집단적 이기주의를 꾀하고 있다.

이기주의는 멸망의 길이다. 자기만 살겠다고 할 때 그 주위는 모두 죽어 가게 마련이다.

우리 사회가 그래도 깨지지 않고 아슬아슬하게나마 굴러가는 것은 주위에 적지 않은 선각자들이 먼저 베풀고 있기 때문이다. 우선 주위의 기쁨과 슬픔을 함께하는 사람은 자연히 호흡이 깊어진다. 반대로 주위의 기쁨과 슬픔을 함께 하기는커녕 자기만을 위해서 사는 사람은 자연스레 호흡이 얄아진다. 호흡이 깊어지면 장수하고 호흡이 얄아지면 단명한다는 것은 누구나 다 아는 사실이다. 최근 신문에서 보면 사회 봉사활동을 한 사람은 장수하고 이기적인 생활을 한 사람은 단명한다는 연구보고가 나왔다고 한다. 너무도 당연한 귀결이 아닌가 싶다.

나에 대한 정신적 좌표를 분명하게 세우고 나아가 민족의식을 보다 분명히 하여 주위를 위하여 무엇인가를 일으켜 세우는 삶을 사는 사람이 점점 늘어날 때, 우리나라의 미래는 무척 맑아질 수 있다.

세계사의 주축이 지금 태평양에서 한국으로 다가오고 있다. 이 기적 같은 엄청난 사실이 점점 구체화되고 있다.

이미 우리나라는 조용한 아침의 나라가 아니라 세계사의 중심무대에 오르고 있다. 이제 우리들은 높은 민족문화와 도의심을 갖고 책임 있는 행동을 할 때가 돌아온 것이다.

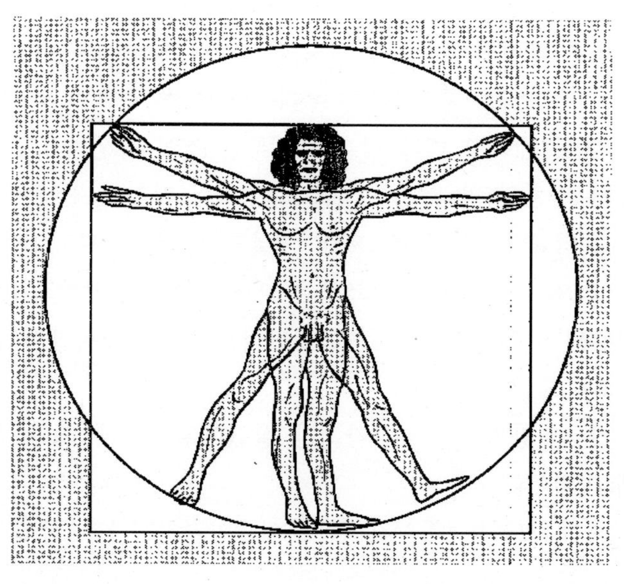

감사할 줄 아는 사람

사람의 삶은 인간관계에서 출발한다. 인간관계는 먼저 베푸는 데서 부터 시작된다. 베푸는 데도 상대방에 대한 관심과 열정이 필요하다. 서로 부족한 부분을 주고받아야 한다. 상대방이 필요 없는 것을 베풀었다면 그것은 주었다고 볼 수는 없다. 반드시 그때그때 절실하고 긴요한 내용을 베풀어야 한다. 자기가 쓸모없는 물건을 무조건 주위에 대해 주었을 때 그것은 베풀었다고 볼 수 없다.

주위에 대한 많은 관심과 열정 속에서 꼭 그 사람에게 절실한 무엇을 베풀어야 한다. 다시 말하면 사랑이 그 밑에 깔리면서 베풀어야 한다. 남의 어려움을 몸소 느끼고 살아가는 사람은 결코 사치할 수가 없다. 이웃의 기쁨과 슬픔을 함께하는 사람은 그 마음에서 아주 귀한 사람이 아닐 수 없다. 주위의 딱한 사정을 몸소 느끼고 이에 동참하려는 사람은 자연히 그 사람의 호흡이 깊어지며 자연히 건강하게 마련이다. 주위의 어려움에 등을 돌리고 자기만 생각하는 사람은 자연히 호흡이 얕아지게 마련이다. 호흡이 얕아지면 결국 건강마저 잃게 된다.

산에는 많은 나무들이 자라고 있다. 결국 그 나무들이 산을 지키기 마련이다. 그 나무들은 '내가 산을 지킨다.'는 뜻도 갖고 있지 않다. 그저 살아가고 있을 뿐이다. 그 나무들은 사람들에게 신선한 산소를 제공해 준다. 뿐만이 아니라 산이 토사가 나서 무너지게 되어 있을 때 이 나무들은 굳건히 산을 지키고 있다. 보잘것없는 나무들이 산을 지키고 있는 데 대하여 모든 사람들은 감사할 줄 알아야 한다.

이 세상에서 혼자 할 수 있는 일은 하나도 없다. 서로 도움을 주고 받으면서 무엇인가 이루어 나아가는 것이 우리 사회가 나아가야 할 기본방향이 아닌가 싶다.

생명에 대한 외경(畏敬)

　최근 학생·노동자들의 추락사가 이어지고 있다. 우리네 사회발전 내지 정치발전에 대한 의문과 항의로 생명을 던지고 있다. 부분적으로 이해할 수도 있으나, 그 용기와 결단으로 민주화의 정착에 더 많은 헌신과 땀을 흘릴 필요가 있다.

　물론 개인은 분명히 개체다. 자기만의 결심으로 어떤 행동도 다 할 수 있다. 그러나 그 개인은 개인만의 개인이 아니요, 한 가정의 개인이요, 사회의 개인이요, 나아가 민족과 국가, 인류의 개인이다. 우리는 나면서부터 부모의 형제자매의 고리로 이어진다. 그리고 주위의 많은 분들과 모든 사물, 심지어 공기와 물과 일용할 양식에 이르기까지 신세를 지면서 살아왔다. 이제 장성하여 학생 또는 직업인으로서 성장하면서 이렇듯 받기만 하고 자란 과정에서 이제는 되돌려 주어야 할 그 무엇에 대한 책무가 주어져 있다.

　한 사회의 발전은 그 구성원의 끈기와 인내와 수고로운 마음에서 발전한다고 본다. 순간적인 자극과 충격에 의해 목숨을 던지는 것보다 조용히 의(義)를 따르기가 더욱 어려운 법이다.

　기독(基督)은 99마리의 양을 두고 한 마리의 잃어버린 양을 찾아 나섰다. 생명에 대한 존엄성으로 본다면 양과 질은 같다고 보기 때문이다. 남아 있는 99마리 중에서 또 한 마리를 잃어버린다면 그 정성으로 다시 찾아 나설 것이다.

이런 의미에서 요즈음 이어지는 분신·추락사는 우리들 모두를 슬프게 하는 크나큰 자극이 아닐 수 없다. 이와 같은 현실에서 꼭 그렇게 생명을 던지면서 한계상황(限界狀況)을 풀어 나가는 방법에는 전적으로 동의할 수 없다. 이 세상에 똑같은 사람은 하나도 없다. 서로 난 날 난 시가 다르기 때문이다. 만일 난 날 난 시가 같을 경우에는 모체(母體)가 다르게 되어 있다. 이런 이유에서 자기와 같은 사람은 이 세상에 다시는 중복해서 태어날 수가 없는 것이다.

일찍이 슈바이처(A. Schweitzer)는 '생명에 대한 외경(Ehrfurcht vor dem Leben)'이란 말을 강조한 바 있다.

생활의 어두운 면을 부각시키기는 쉬운 일이다. 이것은 파괴를 일삼는 일이기 때문이다. 생활의 밝은 면을 더듬어 그 연약하고 질긴 빛을 그 사회에 널리 펴기는 참으로 어려운 일이다. 이것은 쓰러져 가는 집을 다시 일으켜 세우는 일과 흡사하기 때문이다. 자기를 에워싼 뭇사람들의 나쁜 점, 약점, 단점을 골라 예리하게 지적하기는 쉬운 일이고, 또 어떤 의미에서는 통쾌한 일인지도 모른다. 그러나 자기를 에워싼 뭇사람들의 좋은 점, 바른 점, 그 사람의 장점을 찾아내어 보람된 대화를 통해 서로 자랄 때 우리 주위의 무한한 성장이 자연스레 찾아오는 것은 아닌지.

아메바가 무서운 속도로 번식하는 것처럼, 인간의 비정(非情)도 무서울 정도로 전파처럼 퍼지는 생리를 알고 있다. 젊은이의 경우가 더욱 그러하다. 죽어가는 젊은이에게 열사라는 이름을 붙여 비극을 계속 초래하는 것은 온당한 태도가 못 된다. 어른이 해야 할 자세가 아닌 것이다.

지금 우리네 사회는 '생명에 대한 외경'이 점차 소멸되어 가고 있는 듯 싶다. 온갖 현대사회적 비극의 원천이 바로 여기에서 비롯된다고 본다.

순간적으로 넘기 어려운 장애물이 가로놓여 있어 이러지도 저러지도 못할 극한상황을 이해할 수는 있다. 그러나 억겁의 역사가 전개되는 동안 단 한 번뿐인 삶의 기회를 이런 식으로 마감한다는 데 의문이 일지 않을 수 없다. 한 개인이 세상에 태어났다는 것은 참으로 위대한 사건 중의 하나이다. 허락된 자기만의 시간과 공간을 착실하게 메워 나가는 성실한 자세가 크게 요청되는 때이다.

삶에 대한 가장 올바른 자세는 진실한 의미의 기도(祈禱)다. 대자연의 정숙과 심연한 질서 속에서 숙연한 태도로 대하는 것이다. 한마디로 말하자면 '성실교육'이 요청된다.

죽음을 결단하고 결행하는 정열로 이 사회를 개혁하는 데 재투입하자는 것이다.

흔히 '민주화'를 부르짖고 있으나, '민주화'는 하늘에서 떨어지거나, 누가 주는 것이 아니라 스스로 쟁취하는 것이요, 스스로 일으켜 세움이다.

민주주의의 챔피언 국가인 영국은 지금의 사회를 세우는 데 거의 300년이 걸렸다. 그래서 우리도 300년이 걸린다는 말이 아니라 먼저 이룬 국가와 사회가 거친 과정을 일단 집약해서나마 거치지 않고 뛰어넘을 수는 없는 것이다. 급한 나머지 역사 속에서 비약만을 하여 앞으로 나아가려면 오히려 제자리걸음 내지 후퇴만이 있을 뿐이다.

역사의 과업은 결코 우리 시대에 그 열매를 따서 먹을 수는 없다. 보다 수고로운 땀을 흘려 그래도 20세기 한국의 후반사회에서 살고 있는 우리들은 영원히 이어 나갈 우리들의 후예를 위하여 한 발자국이라도 앞으로 전진하는 모습과 그 결과를 일러줄 의무가 있다. 사회에 얽히고 섞인 모순을 우리 시대에 모두 해결하여 차세대에 물려주려는 태도는 한낱 역사에 대한 오만이요 순간적 욕심이지 실제로 역사를 꿰뚫어 보는 태도는 아닌 듯싶다. 몇 백 번 생각해 보아도 우리에게 긴급한 과제는 첫째도, 둘째도, 셋째도 건전한 중산층의 육성이라고 하겠다.

이는 건전한 상식 위에서 살아 나가는 시민층을 두텁게 하는 일이다. 이를 위하여 정치, 경제, 사회, 문화, 교육, 종교 등이 자기의 자리를 잡은 위치에서 사회의 수고로운 짐을 지고 조용하고 착실하게 주어진 자기만의 탈랜트에 좀 더 성실해져야겠다.

젊은이의 잇단 죽음의 행렬을 보며 보다 적극적이고, 보다 깊은 내면의 갈등을 벗고, 담담한 자세로 주어진 과업에 임해야 하겠다. 이러

한 비극이 우리의 사회에서 종지부를 찍도록 우리 모두의 헌신 또 헌
신이 필요할 따름이다.

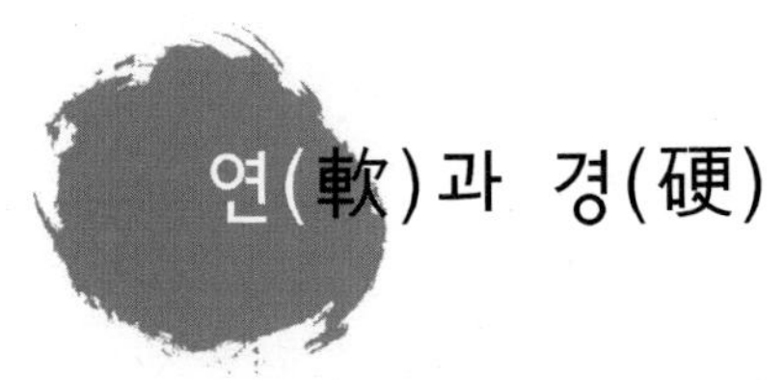

연(軟)과 경(硬)

사람이 살아간다는 것은 곧 인간관계(人間關係) 속에서 살다가는 것을 의미(意味)한다.

이미 이 세상에 태어났다고 하는 것 자체가 어버이와 나와의 인간관계요, 가정, 학교, 사회, 직장이 모두가 거미줄처럼 얽히고설킨 인간관계라고 볼 수 있다.

처음 인상에서 많은 점수를 따고 들어가는 사람도 있고 그 인상에서부터 점수를 잃고 들어가는 사람도 있다. 이것은 어찌할 수 없는 그 개인의 분위기라고 느껴진다. 얼굴의 표정을 꾸미고, 웃음을 꾸미는 사람은 자기 생리에 배어서 모르지만 주위 사람들은 퍽 역겨운 감정을 갖게 된다.

그러나 진실한 마음에서 우러나오는 표현(表現)은 무척 감동적이라고 느껴진다. 서로의 관계를 이어가는 데 자연스럽게 그 태도가 몸에 밴 사람들은 어디서나 크나큰 환영을 받게 된다.

어떤 사람은 한 번 만나도 찬바람이 부는 사람이 있고, 또 어떤 사람은 몇 번 만나는 사이에 봄바람과 같은 화사함을 안겨 주는 사람이 있다.

말하자면 경(硬), 즉 딱딱한 사람과 연(軟), 즉 실버들처럼 연한 사람이 있다. 겉으로는 말 한번 붙여 보기 힘들 정도의 느낌을 주는 사람이 있고, 만나자마자 10년 지기처럼 대화를 하고 싶은 사람이 있다.

대체로 선진국 사회의 사람들은 겉으로는 퍽 부드러워 보인다. 그러나 정작 접근하여 어떤 일을 따내려고 하면 좀처럼 당겨 오기 어렵다.

겉으로는 누구에게나 자연스럽고 부드러우나 일정한 주관이 뚜렷하게 서 있기 때문이다. 말하자면 자아정체감(自我正體感)이 확고하게 자리 잡고 있는 경우라고 볼 수 있다.

대체로 후진국(後進國) 사회의 사람들은 겉으로는 딱딱하고 인간관계에서 절벽(絶壁) 같은 느낌을 주나 정작 접근하여 어떤 일을 함께 하려고 하면 어떤 방향감각이나 또는 일관성이 없이 주로 인성(人性) 그 자체에 의하여 좌우되어 주관이나 주체성, 자아의 실체를 거의 파악할 수 없는 경우가 허다하다.

선진과 후진에는 반드시 이유가 있다. 생활에서 드러나는 의식구조, 장애에 직면(直面)했을 때 그것을 해결해 나가는 방법, 그리고 객관적인 판단 등이 하나의 분수령(分水嶺)으로 하여 좌우로 갈리게 마련이다.

마치 계란으로 비유한다면, 표피는 연하나 계란 노른자위로 들어가려면 배제하는 형이 있고, 처음 계란 표피에는 접근키 어려울 정도로 딱딱하여, 함께 지내기가 힘드나 일단 그 표피를 뚫고 들어가면 계란 노른자위는 아무 저항 없이 그대로 핵에 접근되는 형이 있다.

전자는 민주사회에서의 이상형이고 후자는 민주사회에서 배척받을 인간의 형이다.

흔히 외유내강이란 말을 하듯이 누구와도 어울려 잘 지낼 수 있으나, 일단 자아의 핵을 건드리면 자아를 굳게 세우고 그것을 기반으로 해서 인간관계를 펴 나아가는 습관(習慣)을 길러야 한다. 이렇게 되기 위해서는 일조일석에 되는 것이 아니라 어려서부터 자연스러운 분위기에서 자아실현을 소신껏 해낸 경험을 바탕으로 그 성품이 이루어지는 것이다.

이렇게 생각해 볼 때 우리 가정에서는 육아과정(育兒過程)에서부터, 가정의 분위기, 동리(洞里), 학교에서의 인간관계, Home room 등 크게 개선·개혁해 나아가야 할 것이다.

서로 크게 부닥치지 않고, 서로 협동하되 자아정체감(自我正體感)에 충실한 태도(態度) 속에서 주어진 일을 해내는 성의와 정열이 요청된다고 하겠다. 우리 기업이나 사회는 지금 선진국을 향해 도약하고 있다. 우리에게 화급한 것은 정치·경제·사회·문화·교육·종교 등 어느 것 하나 중요치 않은 것이 없으나 눈앞에 통일이라는 민족적인 또하나의 과제를 안고 살아가야 하는 우리들에게 가장 시급한 것은 올바른 자아정체감(自我正體感)의 확립이라고 보겠다.

特殊와 普通

몇 년 전에 우연히 읽었던 수상이 퍽 인상적인 것이어서 지금도 그 내용을 대강 기억하고 있다.

어떤 男性이 한 많은 이 세상을 하직하고 저세상으로 갔다. 긴 九泉의 旅路를 거쳐 드디어 하나의 宮城의 門을 열고 들어가 소위 玉皇上帝를 알현하기 위하여 줄을 서서 기다리고 있었다. 이윽고 이 사람이 차례가 되었다. 이 사람은 다른 사람들과는 달리 계속 눈물을 흘리고 있었다. 上帝의 눈은 이 사람의 시선과 마주쳤던 것이다.

"자네는 어찌 그리 슬피 울고 있는고?"

"예, 저는 韓國 어느 마을에서 살다 왔는데 그렇게도 억울한 삶을 살고 왔기에 하도 슬퍼서 울고 있습니다."

"그러면 어떻게 살다 왔기에 그리 우는지 말을 좀 해 보시오. 들어봐서 그 이유가 타당하면 내가 다시 韓國에서 한 세상 살다 오게 조치를 취해 줄 수도 있소."

이 말에 그는 용기를 얻어 그동안의 삶의 내용을 털어놓았다.

"첫째로 저는 중매결혼을 하여 마음에 맞지 않는 짝과 살았기에 이번에 다시 나아가면 연애결혼을 하고 싶습니다."

이 말을 들은 上帝는 머리를 끄덕끄덕하였다.

"둘째로 먼저는 7男妹를 낳아서 고생만 하였으니 이번에는 아들딸을 고루 낳아서 男妹 둘을 기르고 싶습니다."

역시 상제는 머리를 끄덕끄덕하였다.

"셋째로 세상 사람들이 말을 하다가 가끔 영어를 쓰는데 전에는 미처 공부를 못하여 그 말을 알아듣지 못하여 한때 어울리지도 못하고 답답하였는데 이번에는 누가 말을 해도 고루 알아들을 정도로 공부를 하고 싶습니다."

이 말에도 역시 상제는 머리를 끄덕끄덕하였다.

"넷째로 전에는 가난하여 먼 곳에서 친구가 찾아와도 함께 식사를 하자는 말을 못 하였는데 이번에는 부담 없이 친구가 방문하면 眞露 소주를 반주하며 함께 식사를 할 정도의 생활이면 족합니다."

상제는 더욱 이해가 된다는 듯이 이번에도 고개를 끄덕였다.

"다섯째로 집은 비록 양옥이 아니어도 단층으로, 정남향 집이면 족합니다. 적으나마 마당에서 온 가족이 여름에 식사할 정도의 넓이면 더없는 바람이겠습니다."

이 말에도 상제는 더욱 이해가 되었다는 듯이 앞서보다 더 큰 동작으로 고개를 끄덕였다.

"그 이외에는 또 다른 조건이 없는가?"

상제는 물었다.

"제가 말씀드린 다섯 가지 이외에는 더 이상의 조건이 없습니다."

그는 대답하였다. 한참을 망설이던 상제는 드디어 결심을 내리고

"그러면 자네만은 다시 한국에 나가 부디 天壽를 다하고 돌아오게."

이 말이 떨어지자 이 사람은 큰절을 하고 돌아서서 나오려고 문을 여는 순간 옥황상제는 황급히 이 사람을 다시 불렀다. 얼떨떨해서 서 있는 이 사람에게 상제는 다가와서 그가 입었던 道袍를 이 사람에게 던져주면서 "이번에는 그런 조건이라면 내가 한국에 나가 한평생 살다 올 테니 그동안 이것을 걸치고 내 대신 상제노릇을 하게." 하면서 門을 상제께서 직접 나섰다는 이야기다.

지금 우리들 모두의 위치는 하늘의 옥황상제가 탐내는 자리다. 비록 남들은 어떻게 평가할지 몰라도 삶의 내용으로는 상제까지도 부러워하

는 삶을 우리가 누리고 있는지도 모른다.

흔히 사람들은 특별한 위치를 원한다. 자리가 높아지면 고독해진다. 언제나 보통이 좋은 것이다.

요즈음 목에 힘을 주는 사람, 어깨에 힘을 주면서 사는 사람, 목에 깁스를 매고 다니는 사람들이 허다하다. 이런 표현은 좀 어색한 표현이나 한순간의 세대를 제대로 표현한 말이기 때문에 사용해 보았다.

목에, 어깨에 힘을 주면서 사는 사람은 그에 해당하는 조건을 갖추었기 때문이다. 그러나 항시 그러한 조건은 그에게만 머무르는 것이 아니다. 언제고 그 조건은 박탈될 수 있는 것이다. 힘을 주면서 살던 사람은 그 조건이 무너졌을 때 그 힘을 준만큼 충격을 받아 인생의 길에서 도중하차하게 된다.

승진하기보다 그 자리에서 물러났을 때가 더 어려운 법이다.

특수와 보편, 모든 사람들이 보통 사람에서 특별한 사람이 되기를 원한다. 그러나 풍요한 삶은 보통 사람에게 가득히 메어진다. 좀 책임이나 진 사람들은 자기를 위하여 시간을 자유로이 할 수 없고 일정한 스케줄 속에서만 살다가 늙어 간다.

민주사회에서 가장 자유로운 삶을 누리는 자는 평범한 시민이다.

사람의 욕구는 한이 없다. 사회적 지위도, 부도 그 한계가 없다. 하지만 지혜 있는 사람은 도중에서 머무르는 데 오히려 감사하면서 산다.

마치 인생의 마라톤에서는 너무 앞서는 것도 너무 뒤로 처지는 것도 좋지 않다. 그저 중간그룹에 끼워서 좌우로 펼쳐지는 자연을 고루 보며, 음미하면서 보통으로 살아가는 축복 이상 더 큰 것이 없다. 일찍이 선각자들은 中庸之道를 우리들에게 가르쳤다.

밖으로만 요란하게 보이도록 지은 집일수록 안은 별로 쓸모가 없다.

집에 어울리지 않게 대문만 크게 한 집들을 우리들은 흔히 본다.

대문도 그 집에 어울리어야 한다.

대문은 별로 신통치 않은데 그 집에 들어가 보면 제법 오밀조밀하게 잘 짜여진 집들이 있다. 역시 그럴듯한 집이다.

사람도 이에 비유해서 생각해 보면 어떨는지.
한 詩人의 글귀가 생각난다.

　우리들은 모두 무엇이 되고 싶다.
　나는 너에게, 너는 나에게
　잊혀지지 않는 意味가 되고 싶다.

서로 만나고 어울리면서, 서로의 의미를 바로 새기면서, 주어진 일에
誠實과 忍耐로 착실히 밀고 나아가는 普通 사람, 平凡한 사람의 偉大
함을 서로 읽을 수 있는 垂眼의 눈이 뜨였으면 오죽 즐겁지 않겠는가?

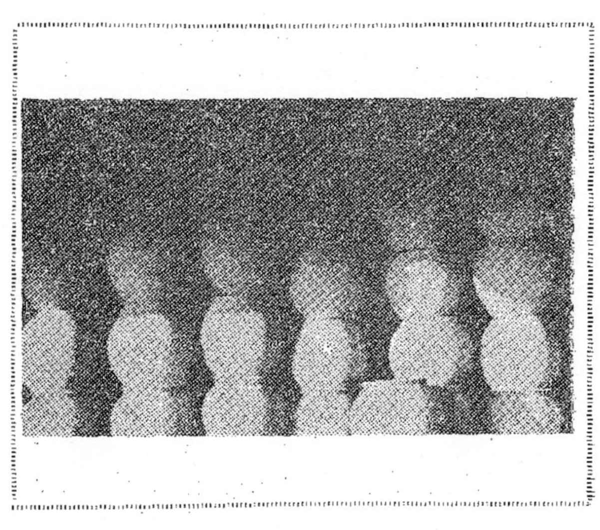

8月 로 돌아가자

최근 외국잡지에서 퍽 인상적인 글을 읽었다. 어느 바닷가 마을에 마음씨 착한 소년이 있었다. 그런데 이 마을 바닷가에서는 매년 여름만 되면 많은 익사자가 꼬리에 꼬리를 물고 이어졌다. 이 소년은 죽어가는 이들을 구해내는 것이 자기의 큰 사명으로 느껴졌다.

이윽고 이 소년은 장년으로 자랐다. 원래 바닷가에서 자란지라 수영 실력도 퍽 뛰어난 편이고 또 건장하여 기운도 세었다. 이 사람 때문에 매년 수십 명의 피서객들이 죽음 직전에 구제될 수 있었다. 이렇게 하여 한 해가 가고 이태가 가고 또 그다음 해가 가서 십여 년의 세월이 흘렀다. 이 사람에게서 목숨을 건진 사람들이 모여서 큰 후원회를 만들어 이 사람을 밀어주었다. 이윽고 바닷가에 큰 빌딩이 서게 되었고 방마다 울긋불긋 카펫이 깔리고 많은 종업원을 거느린 호텔의 지배인이 되었다. 소박했던 이 소년의 생활 습성은 장년이 되고 초로에 들어서면서 사치해지고 나태하게 되어 갔다. 그러나 바닷가에서의 익사사고는 계속되고 있었다. 이 사람은 처음의 순수한 생각을 잊어버린 채 일당 약간의 돈을 주고 익사사고를 방지하는 사람들을 고용하게 되었다. 처음에는 남을 위한 남의 생명을 구하겠다는 봉사심뿐이었는데, 사파에 얼룩지매, 또는 재물을 축적하기 시작하면서 그런 일은 한갓 고용인만이 해야 하는 것으로 생각하기에 이르렀고 자기는 큰 방에서 거드름을 피우다 불행한 최후를 마쳤다는 이야기였다.

요즈음 우리나라뿐만이 아니라 신혼부부들의 이혼율이 급격하게 늘고 있다. 인류의 미래의 입장에서 볼 때 크게 근심되는 일이 아닐 수 없다. 이들을 바로 지도하기 위하여 젊은 남녀가 맨 처음 만난 장소에서 密會를 해서 지난날을 회상케 하는 것이 퍽 효험이 있었다는 것이다. 처음 만나서 데이트를 할 때 그 모습과 그때의 말씨와 그 순간의 감정으로 돌아가는 것이 양자의 심적 응어리를 푸는 데 크게 도움이 되었다는 이야기다.

개인도, 단체도, 사회도 처음 시작할 때의 감격으로 돌아가서 지금의 상태를 투시할 필요가 있다.

신혼을 불러일으키는 것, 옛 모습을 되살려 현재의 自我를 그 있는 모습대로 스케치해 보는 일이 소중할 것 같다.

우리나라를 어떻게 이어받았는데…….

38년 전 우리의 광복이 어떻게 이루어진 것인데……. 땅속에서 지켜보는 선열들의 눈망울, 조국 수호에 몸을 바친 젊은이들의 가슴들, 그리고 먼 이웃 나라들의 청장년의 넋. 이 나라가 어떻게 이룩된 나란데……. 8월은 이미 간 사람들을 위하여 지금 살아남은 사람, 새롭게 태어난 사람들이 보다 엄숙해져야 할 것이다.

빼앗긴 山河에서 沈薰은 『그날이 오면』이란 격렬한 어조의 시가를 발표하였다.

그날이 오면 그날이 오며는
삼각산이 일어나 더덩실 춤이라도 추고
한강물이 뒤집혀 용솟음 칠 그 날이
이 목숨이 끊치기 전에 다 주기만 하량이면
나는 밤하늘에 날으는 까마귀같이
종로의 人聲을 머리로 들이받아 올리오리다
頭蓋骨은 깨어져 산산조각이 나도
기뻐서 죽사오며 오히려 무슨 恨이 남으오리까.

그날이 와서 오오 그날이 와서
六曹 앞 넓은 길을 울며 뛰며 딩굴어도
그래도 넘치는 기쁨에 가슴이 미어질듯 하거든
드는 칼로 이 몸의 가죽이라도 벗겨서
커다란 북을 만들어 들쳐 메고는
여러분의 행렬에 앞장을 서오리다.
우렁찬 그 소리를 한번이라도 듣기만 하면
그 자리에 거꾸러져도 눈을 감겠소이다.

오늘의 사회인은 보다 소박했던 학창시절로 돌아가려는 성의가 있어야 하겠고, 오늘의 가정은 출발의 원점으로 되돌아가야 하겠고, 오늘의 교회, 학교, 회사 등도 시작의 가는 물줄기로 거슬러 올라가려는 노력이 절실히 요청된다.

무슨 일이나 처음에는 깨끗하고 청순하게 시작하였으나 그 전개과정에서 때가 묻고 또 이지러지고 찌그러져서 보기 흉한 몰골화된 것이 우리들 모두의 自畵像이 아니겠는가?

創立精神, 設立의 意味를 상실한 학교, 교회, 기업이 그 存在理由를 어디서 찾을 것인가?

우리들 모두는 그날 감격도 바다처럼 출렁이던 8월로 돌아가자.

나와 네가 따로 없고, 있고 없고도 상관없이 서로 부둥켜안고 오직 우리와 祖國만이 있었던 그날로 돌아가자.

88올림픽 도로가 뚫렸다. 세계적인 챔피언이 꼬리를 물고 새롭게 나오고 있다. 각 나라의 정상급 인사들이 다투어 이 나라를 찾고 있다. 우리나라의 제품이 크게 호평은 못 받아도 세계시장으로 나아가고 있다. 모두가 다 경하해야 할 일이요, 또 감사해야 할 일이 한두 가지가 아니다.

그러나 우리들이 무엇인가 좀 들떠 있고, 좀 심하게 말하자면 모두 좀 돌았다고 표현할 만한 일이 매스컴을 누비고 있는 것도 사실이다.

사람이 돈 다음에야 좋은 집이 무슨 소용이 있으며, 금은보화가 무슨 소용이 있으며, 학식과 명예가 무슨 소용이 있겠는가?

순진하게 어머니 품속에서 잠자던 천진한 때로, 선생님을 무조건 따르던 국민학생 때로, 야망 찬 중등학생 때로, 자신에 찼던 대학생 때로, 사회의 혼탁한 물결을 청수로 갈라놓으려는 사회 1년생의 거보를 딛던 때로, 부엌에서 처음으로 직장으로 나온 감격한 때를, 가장 밀도 높았던 결혼의 순간으로, 잠시 되돌아가서 푹 젖어 보자는 것이다.

매었던 사슬은 풀리고, 감방의 문은 활짝 열리고, 모두가 우리들 모두가 길거리로 뛰어나와 태극기와 애국가로 거리의 흐름을 이루었던 8월로, 38년 전 8월로 돌아가자.

역사에는 개혁이 점철되고 있다. 새로운 개혁을 통해서만 역사는 전진할 수 있다. 종교개혁도 그렇게 평가할 수 있다. 가톨릭만이 개혁이 필요한 것이 아니라 개신교야말로 새로운 개혁이 필요하다. 세력이 너무 비대해지면 개혁은 필연적인 것이다.

우리들은 세계 속에서 중증에 걸린 환자와 같다. 개인도, 가정도, 학교도, 교회도, 기업도, 사회도 모두 중증에 걸린 환자와 같다.

이 '죽음에 이르는 병'은 개인을 치료하는 데 있고 이 치료된 개인이 모여 새로운 물줄기를 낳는 데 있다고 본다. 의미심장한 서른여덟 번째 8·15를 맞으며 성서에서 가르친 대로 우리가 다시 낳아져야 하겠다.

8월로 돌아가자. 그리고 새로운 8월을 통하여 이 나라의 보루와 기초를 다시 쌓는 정신운동의 메아리가 온 山河를 다시금 뒤흔들게 하자.

가장 거룩한 것

　　매일같이 같은 길을 오가면서 문득 山麓에 놓여진 標語를 바라보았다. "사람은 自然保護 自然은 사람 保護" 이 標語를 몇 번이고 反芻해 보았다. 사람은 自然保護를 제대로 못하고 있기 때문에 '사람은 自然保護'를 계속 강조하여도 결코 지나친 것은 아닐 것이다. 그러나 '自然은 사람 保護'란 말은 좀 어울리지 않는 것 같다. 왜냐하면 自然은 본래 사람을 保護하도록 되어 있기 때문이다. 사람만 自然을 保護하면 自然은 사람을 保護하게끔 되어 있기 때문이다.

　　山 사태가 일어났다, 洪水가 났다, 江과 바다가 汚染이 되었다. 이 모든 事實은 그 責任이 自然에 있는 것이 아니고 모두 사람 자신에 있는 것이다.

　　自然은 거짓이 없다. 精誠을 들인 만큼 거두게 되는 것이다. 自然은 가꾸면 가꾼 만큼 그 代價를 되돌려 준다.

　　한 가지 例로 나무를 생각해 보자. 나무는 우리 周圍에 아름답고 生動하는 分圍氣를 준다. 또 그대로 있는 것이 아니라 한없이 위로 싱그럽게 자란다. 그래서 우리들에게 많은 大氣를 주고 또 물을 간직해 주고 푸른 生命을, 있는 그대로 發散한다. 만일 이 세상에서 나무가 단 하나만이 있었다면 그 나무는 거의 信仰의 對象이 되었을 可能性이 짙다.

　　나무는 사람과 그토록 가까울 수가 없다. 매일같이 대하는 食卓도 나무다. 학생들이 공부하는 冊床, 椅子도 그 대부분이 나무다. 사람이 기거하는 집도 나무가 반드시 포함된다. 나무는 사람이 하는 대로 服

從하면서 말이 없다. 그저 沈默할 따름이다.

　우리는 나무에게서 많은 敎訓을 얻을 수 있다. 사람에게 가장 긴요한 役割을 할 때에는 언제나 나무가 그곳에 있어 無條件 奉仕하고 있는 것이다. 사람은 본래 慾心이 있어서 자기 주위에서 無條件 베풀고 있는 모든 萬物에 대해서 그저 당연한 것으로 생각하여 지나치는 경우가 허다하다. 심지어 人間關係에서도 自己에게 한없이 베푸는 주위의 고마운 분들에게도 그저 당연하다고 생각하고 살아가는 사람들이 사람이란 族屬이 아니겠는가? 父母와 함께 있을 때에는 父母님의 恩惠를 모르고, 男便과 아내가 함께 살 때는 내가 너의 고마움을 몰랐다가 運命이 갈라놓았을 때에야 相對方의 眞價를 비로소 알 수 있다면 너무도 늦은 것이요, 나아가 인간이 얼마나 서글픈 存在라 하지 않겠는가?

　늦가을의 감과 같이 뜨거운 太陽빛에 익어 간다는 것이 얼마나 感謝한 일인가. 사람도 세월과 더불어 익어 가야 할 것이다. 大自然의 旋律에 同參해야 할 것이다. 그 속에서 나와 너와 우리가 서로 얽혀서 녹고 녹이는 데서 참된 삶이 시작될 것이다.

　사람이 最後를 맞을 때 준비하는 棺 역시 나무다. 사람은 이 세상을 사는 동안 끔찍이도 나무를 고생시키고 못살게 하였으나 그 어느 누구에게도 마지막 가는 곳에는 나무와 함께하고 있는 것이다.

　어느 聖者가 이 나무와 거룩한 것을 견줄 이가 있겠는가?

　오늘도 나무를 이곳저곳 매만져 보았다. 만지면 만질수록 親近感을 느끼게 하는 것이 나무다. 어떤 집에서는 나무 위에 유리를 깔고 茶床으로 使用하는 이들이 있다. 保存의 面에서는 옳은 일이다. 그러나 나무와의 對話, 그 무궁한 질감과 함께하는 데는 많이 未洽한 일이다. 나무와 가까이하면 누구나 感情이 淳化된다고 한다. 일리가 있는 말이다. 나무와 함께 살면 健康해지고, 眼目이 向上되고 生活의 리듬이 굵어지고, 성내지 아니 하고, 오래 참는 德을 갖게 된다.

　나무는 사람을 差別하지 않는다. 모든 사람을 同等하게 대하고 있다. 나무 앞에는 잘난 사람도 못난 사람도 없다. 나무는 가장 民主的인 生

理를 지녔다.

지난해 레이건 大統領과 낸시 女史가 우리나라를 訪問했을 때 퍽 印象的인 場面이 많았다. 레이건 大統領이 最前線에 가서 士兵들과 더불어 祈禱하는 場面은 잊을 수가 없다. 지금 우리나라야말로 祈禱하는 市民이 要求된다. 그리고 낸시 女史는 심장병을 앓고 있는 두 어린 남녀아이의 病을 고쳐주기 위해 할머니처럼 두 아이의 손을 잡고 전용기에 오르는 場面이다. 아름다웠고, 거룩하게 보였다. 그리고 레이건 大統領이 전용기 트랩에서 두 손을 마주잡고 흔드는 場面이다. 물론 두 나라의 團結, 結集, 和合 등을 意味한다고 느꼈다.

빼어난 行動은 그 自然스러움에 있다. 사람의 行爲는 꾸미면 꾸밀수록 더 추해진다. 레이건 大統領의 그 自然스러운 모습에 크게 얼어맞았다고 느꼈던 이들이 한두 사람뿐이겠는가? 무엇이나 익으면 自然스럽게 되는 법이 아닐까. 일찍이 프로이드는 自然과 親近한 生活을 한 사람에게는 精神病이 거의 없다고 하였다.

역시 납득할 만한 순리인 것 같다. 다시 庭園에 나와서 나무들을 자세히 들여다보았다.

나무는 참으로 多樣하다. 또 그 性質이 서로 다르다. 신기한 것은 같은 나무에 달려 있건만 나뭇가지마다 같은 것이 하나도 없고 또 나뭇잎도 자세히 觀察해 보면 같은 나뭇잎이 하나도 없다. 무엇이 조금 달라도 다 다르게 되어 있다. 참으로 神의 調和는 微妙하다.

사람들을, 서로 다른 사람들을 생각해 보았다. 외로운 나무끼리, 서로 다른 나무끼리, 서로 다른 가지끼리, 저토록 잘 調和되면서 살아가는 삶의 슬기를 우리 인간사회에서는 實現할 수는 없는 것인가? 발밑에 소담히 깔린 落葉을 밟으며, 그 서걱거리는 소리를 들으며 좀 더 겸허해지고 싶다.

삶을 孤尙하게 살다 간 馬海松 先生의 遺言이 생각난다.

재주도 德도 없는 사람이
외롭단 人生을

제법 흐뭇하게 살다 갈 수 있도록
도와주신 여러분께 感謝드리며
宅內 萬福이 깃들기를 바랍니다.
共月共日

사람마다, 銀行마다, 이제는 철이 들 때다. 우리들의 나라도 이 새해와 함께 철이 들어야지.
이 세상에서 가장 거룩한 나라가 되어야지.

나무와 그 뿌리를 보면서

일산(一山)에 온 지도 어언 다섯 해가 되어 가고 있다. 젊어서는 세월이란 기차가 완행으로 가더니 60을 지나 70고개를 넘으니 갑자기 초급행열차로 바뀐 듯 느껴진다. 지나온 나날은 갈수록 길어지고 현재를 지나 앞으로 남은 거리는 점점 짧아지고 있는 것이 실감나는 순간이다. 햇빛 쏟아지는 여름날 공원에서 싱그러운 푸른 나무들을 보니 문득 산에 가고 싶은 충동이 일어났다. 미리 계획했을 때는 몇몇 벗들과 함께 등산을 하기도 했는데, 오늘은 혼자 갈 수밖에 없었다.

일산이란 산이 하나만이 있어서 일산이다. 일산에는 서울의 남산만한 고봉산(高峰山)이 있고 한복판에는 정발산(鼎鉢山)이 있다. 정발산은 말이 산이지 하나의 구릉에 불과하다. 하지만 그 속에는 건축허가가 나지 않으니 그런대로 산의 체면은 지키고 있는 셈이다.

오늘은 좀 더 우람한 산을 찾고 싶었다. 여기서 가까운 산이란 북한산(北漢山)뿐이다. 그래서 주섬주섬 등산복으로 갈아입고 3호선 종점인 대화역으로 가서 전철을 타고 30분 정도 가서 불광동에서 내렸다. 택시를 잡아서 구기터널을 지나 좌회전을 해야 하는데, 신호등이 있어서 몇 백 미터 더 가서 유턴을 하여 이북5도청 길로 접어들었다.

한참 가다가 이북5도청을 끼고 우회전하여 가다 보면 사찰로 가는 길밖에는 막다른 길이 된다. 여기서 차를 내려 보면 바른쪽으로 러시아 대사관 후문이 있고, 왼쪽으로는 잘 장리된 계단이 있다. 그 계단을 지나면 차가 일방통행만을 할 정도인 골목이 나오는데, 그 양쪽에는 우람한 빨간 벽돌집이 늘어서 있다.

집 하나만을 뜯어볼 때는 그런대로 일리가 있게 지은 집들이나 자연친화적인 분위기는 전연 고려하지 않고 지은 집들이 눈에 크게 거슬린다. 한참을 걷다 보면 양쪽에 제멋대로 나무들이 늘어선 것이 한적한 산길을 느끼게 한다.

북한산공원으로 들어가기 위해서는 누구나 매표소를 지나야 한다. 돈 받는 이에게 손으로 수인사를 하고 계속 올라갔다. 사찰로 가는 신도를 실어 나르는 봉고차만이 가끔 먼지를 일으켜 사람들의 눈살을 찌푸리게 한다. 이윽고 소위 가파른 깔딱 고개에 접어들었다. 제법 숨이 차오른다.

한참을 오르다가 쉴 양으로 길섶 바위 위에 앉았다. 이렇게 하기를 두세 번 해야 이 깔딱 고개를 넘어 약수터에 도달하게 된다. 역시 쉬지 않고 오르내리는 봉고차의 소리에 김이 새서 그 앞에 앉아 있을 수가 없었다. 그래서 길에서 좀 더 들어가서 이번에는 큰 너럭바위에 앉았다.

아주 깎아 세운 듯한 절벽에 멋들어지게 생긴 소나무 한 그루가 눈에 들어왔다. 과연 복상(伏像)이 일품이었다. 아름다운 적갈색 줄기, 짙푸른 녹엽, 그 끝에 수많은 바늘잎, 가지마다 잎마다 서로 다르게 뻗어내린 기막힌 조화, 푸르른 잎마다 마치 보석망을 휘감은 듯 영롱해 있었다. 솔바람이 불 때마다 적당히 흔들리는 솔가지, 그 사이를 자연스레 옮겨 다니는 작은 새들의 지저귐, 이들 모두가 정겨운 소나무의 벗이었다.

넋을 잃고 쳐다보다가 문득 바위틈과 흙모래 사이에, 이 나무의 뿌리가 보였다. 나무에는 뿌리가 있다는 것을 누구나 다 아는 일이고, 식목일 전후해서 집에 나무를 새로 심을 때마다 흔히 나무뿌리를 보곤 하였다. 그런데 땅 위의 모습과는 전혀 다르게 생긴 뿌리를 보고 잠시 넋을 잃었다.

땅 위의 모습이 아름답고, 신선하고, 여성적이라면 땅 밑의 모습은 전투적이고, 몸부림치는 것이고, 남성적이라고 할 수 있다.

그 뿌리는 마치 두 여인이 머리를 마주잡고 싸운 후, 막 헝클어진 여인의 머리 같았고, 그 우람하기란 늙은 농부의 손마디 같았다. 돌부리와 싸우면서 제멋대로 굵어진 뿌리, 굵기가 제멋대로 생긴 상처투성이의 거친 뿌리마다, 필자는 순간 말을 잃었고 넋을 잃었다.

산록의 노송(老松) 한 그루, 이를 지탱하기 위하여 추위와 가뭄과 싸우기를 수십 년 계속한 끝에 겨우 자리 잡은 소나무의 동맥인 뿌리, 그리고 그 수많은 정맥의 뿌리, 잠시도 쉴 수 없는 풍화작용 속에서 그 맡은 역할을 다하여 이를 통해 줄기와 잎 끝까지 공급해야 할 열량을 위하여 정중동(靜中動)으로 작용하는 뿌리, 그 숱한 뿌리, 뿌리들.

필자는 정녕 그 순간 넋을 잃었다. 필자는 이 순간 아버지, 어머니, 그 위의 아버지, 그리고 그 위의 아버지, 어머니―현재의 개인이 이토록 존재하기 위하여 고리처럼 얽매인 인간의 연(緣)을 생각할 때, 한 개인이 존재하는 근원은 민족과 국가의 성립 원인보다도 더 유현(幽玄)한 의미를 지닌다는 지극히 평범한 진리를 깨달은 지고(至高)의 순간이었다.

≪나라사랑의 길≫에서

거짓은 사실, 진리의 반대요, 우악은 도리, 사리, 순리의 반대이다. 거짓과 우악이 들어찬 사회에는 사실이 서지 못하며, 도리가 행하지 못하고, 다만 서는 것은 거짓에 따른 사기, 협잡이요, 행하는 것은 완력, 깡패, 따위에 따른 살인, 강도, 강간 그리고 불안과 공포뿐이다.

五山 100년을 맞으면서

부모님의 덕으로 필자는 1934년에 정주군 익성동 五山학교 사택에서 태어나 1941년부터 1945년까지 五山소학교를 다녔다. 五山학교 정문 편에는 소비조합이 있었고 정문 좌측에는 五山소학교, 우측에는 五山 중학교라고 대리석으로 새겨놓았다. 운동장을 들어가면 좌측으로 五山 소학교가 있고 우측에는 웅장한 五山중학교 건물이 있다.

건물 오른쪽에는 강당이 있었고 그 뒤로 가면 국제 규격의 수영장이 있었고 뒷산으로 오르면 남강 선생과 고당, 단재 등이 즐겨 섰던 단심 대가 자리하고 있다.

필자는 해방 전후로 남강 선생 묘소 앞에서 살았으며 저녁이면 남강 선생의 묘소를 찾곤 하였다. 해방 이후는 봉고제가 열릴 때 서울에서 많은 인사들이 참석한 것을 목도한 사람 중의 하나다.

월남하여 중·고등학교를 나와 임시 수도 부산에서 대학에 진학하여 1957년에 졸업을 하였다. 1957년은 남강이 五山학교를 세운 지 50주년 이 되는 해이다. 그로부터 또 50년이 흘러 올해 2007년 五山 창립 100 주년을 맞이하니 그 감회는 남다르다.

남강 정신을 계승한 五山의 맥은 고당 조만식, 다석 유영모, 씨을 함 석헌, 김옥규 전 이사장(23회), 전제현 전 교장(36회) 등을 들 수 있다.

북쪽의 五山학교 발전에 크게 기여한 분으로는 남강 선생과 고당, 여준, 김기홍 등을 들 수 있으며 남쪽 五山학교 발전에 크게 기여한 분은 주기용, 박희병, 전제현 등을 들 수 있다. 씨올 함석헌은 전제현을 가리켜 남강 선생의 분신이라고 칭하기까지 하였다.

남강 선생은 五山의 남강일 뿐 아니라 우리나라의 남강이다. 선생은 67년간 우리나라에 와서 한순간도 쉬지 않고 수고스런 땀을 흘리다 가신 분이다. 선생은 많은 일화를 남겼다.

"나라 없는 놈이 어떻게 천당에 가. 이 백성이 모두 지옥에 있는데 당신들은 천당에서 내려다보면서 앉아 있을 수 있겠소?"

"이게 무슨 순서인 줄 알아? 죽는 순서! 아무를 먼저 쓰면 어때? 의암(손병희)의 이름을 먼저 써!"

2007년은 五山 창립 100주년, 남강 선생이 이 세상을 떠난 지 77년을 맞는 의미 깊은 해이다. 남강 선생이 남긴 말씀 하나하나를 되씹어 가며 한국의 미래를 다시 설계하여 다짐을 할 때이다.

남강 선생의 어록 중에 가장 중요한 한 곳을 선택하라면 필자는 서슴없이 다음 말씀을 선택하고 싶다.

"나는 우리 학교 졸업생들이 방방곡곡에 흩어져서 백성 속에 들어가 그들을 깨우치고 그들의 힘을 길러 민족광복의 참된 기틀을 마련하는 자가 되기를 바란다."

이 메시지는 비단 오산인뿐만 아니라 우리나라 모든 분들에게 보내는 남강 선생의 메시지이다.

제 3 부

民族性과 主體性의 問題

民族은 하나의 歷史的 産物이다. 오랜 歷史를 거쳐 오는 동안에 오늘의 民族性이 形成되기에 이르렀다. 民族性은 그 자신 構造를 갖는다. 즉 物質的인 構造다. 精神的인 構造로 되어 있다. 前者는 주로 人種과 風土 등이고 後者는 政治, 經濟, 言語, 信仰, 敎育 등으로 볼 수 있다. 이 둘은 완연히 線을 그어 區分할 수는 없으나 歷史의 面에서 보면 民族은 부단히 움직이고 構造의 面에서 보면 어느 정도 民族은 沈澱되는 面을 보이고 있다. 歷史가 民族이 끌고 나가는 時間의 흐름이라면, 構造는 民族이 스스로 繡를 놓는 空間形狀이 된다.

民族性은 물론 自然의 制約을 받으면서 동시에 歷史에 의하여 形成되어 간다. 이에 대해 핸스(N. Hans)는 다음과 같은 要因을 들고 있다.[42] 첫째는 自然的 要因(natural factor)으로 人種的 要因(the social factor), 言語的 要因(the linguistic factor), 地理的 經濟的 要因(geographic and economic factor) 등과

둘째로 宗敎的 要因(religious factors)으로 유럽의 宗敎的 傳統(religious traditions of europe), 가톨릭 傳統(the catholic traditions), 聖公會 傳統(the anglican tradition), 淸敎徒 傳統(the puritan tradition) 등과

---

42) Nicholas Hans, Comparative Education: A Study of Educational Factors and Tradition(London: Rouiledge & kegan Paul limited Broadway House, 1955), p.17.

셋째로 世俗的 要因(secular factor)으로 人本主義(humanism), 社會主義(socialism), 國家主義(nationalism), 民主主義(democracy) 등을 民族的 形成의 主要要因으로 들고 있다.

趙芝薰은 우리 民族의 民族性 形成要素로서의 自然에서 海洋的이요, 大陸的인 兩面性格을 들었다. 이 두 가지 自然性이 半島的 性格을 이루었다는 것이다. 이와 같은 自然的 性格인 海洋性과 大陸性에서 産出된 政治的 特質이 多隣的 孤立的 特性인데, 이 두 가지의 政治的 特色에서 다시 두 가지의 文化的 特質이 派生되었다고 보는 것이다. 즉 文化的 特質이란 大陸文化의 停溜池의 役割을 감당한 周邊的인 特性과 外來文化를 자기 것으로 受容, 消化시켜 文化變容의 役割을 한 中心的 特質이다. 이와 같은 論據에서 그는 우리 民族性의 基本構成要素로서 平和性, 激情性, 適應性, 保守性, 爛熟性을 指適하였다.43)

이와 같이 諸要因의 影響을 받아 民族性은 부단히 變遷한다. 뿐만이 아니라 한 民族은 생각과 政策에 따라 어느 限度內에서 再形成할 수 있는 것이다. 民族性의 形成이 國家活動의 最高課題가 되어야 한다. 西洋의 境遇에 政治가 全國家를 支配한 데 반해 東洋의 境遇에 政治가 城에서 시작하여 城에서 마치는 데 깊은 뜻이 있다고 할 것이다.

다음으로 主體性에 대해서 살펴보기로 한다. 朴鍾鴻은 主體性이란 主人意識이라 하고, 이 主人意識은 요컨대 責任意識이라고 본다. 自己 民族의 危難과 悲運에 당하여 分秒間이라도 至誠으로 民族을 건져낼 수 있는 具體的 方法과 計劃을 세우고 몸 바쳐 努力하는 것이 民族에 대한 責任意識이라고 하였다.44)

申一澈은 民族主體性이란 한 民族의 單位가 되어 스스로 能動的 主體로서 國際政治的인 他律에도 불구하고 可能한 한 幅을 넓혀 가려는 賢明性과 忍耐를 必要로 하는 能動的 自律意識이라고 하였다.45)

---

43) 趙芝薰, 韓國文化史序說, 서울: 探究堂, 1968, pp.11−20 參照.
44) 朴鍾鴻, 主體的 民族史觀, 서울: 光明出版社, 1977, pp.91−93.
45) 申一澈, 主體性의 危機, 서울: 修文書館, 1977, p.322.

이에 대해 天園은 主體性이란 先進國에서는 그리 큰 問題가 되지 않는다. 거기에는 이미 主體性이 있기 때문이다. 그래서 主體性이란 말을 西歐語로 옮기기는 퍽 어렵다. 或者는 主體性을 subjectivity라는 말로 表現하기도 하나 이 말은 客體에 대한 主體, 즉 相對的인 구실밖에 못한다. 主體性은 identity라고 옮길 수 있는데 이 말 역시 主體性의 意味를 충분히 나타냈다고 보기는 어렵다. 主體性이 단순히 自我意識만을 意味한다면 거기에 큰 意味를 賦與할 필요는 없다. 그 意識이 集團・民族・國家에 결부될 때 次元 높은 意味를 지닌다. 主體性의 源泉은 sense of belogingness에 있다고 하겠다. 즉 所屬意識이다. 나는 韓國에 소속한 사람이라는 뜻이다. 다음으로 主體性은 sense of identity, 즉 同一意識을 包含한다. 韓國의 歷史・傳統・慣習이 내 것이요, 그 理解關係가 곧 나의 理解關係와 같으며 그 運命이 곧 나의 運命關係이요, 그가 가진 꿈과 理想과 憧憬이 곧 나의 것이라는 一致感이다. 그리고 主體性은 自主性을 意味한다. 남이 한다고 해서 이를 盲目的으로 追從하지 않고 外來의 것이라고 하여 이를 無批判的으로 受容하지 않는 獨自的 精神을 意味한다. 이렇게 생각할 때 自主的, 自治的 精神이라고 하여 主體性을 구태여 外國語로 表現한다면 autonomous spirit이라고 번역할 수도 있을 것이다.46)

우리에게 要請되는 主體性을 두 가지로 解釋할 수 있는데 하나는 韓國人으로서 韓國文化의 傳統과 個性을 尊重하는 民族的 主體性을 지니고 發展시켜야 하는 동시에, 現代를 살아가는 사람으로서 時代的 狀況과 그 要請에도 귀를 기울여 歷史의 一般的 潮流에 逆行하는 偏俠된 閉鎖的 民族主義 復古主義로 빠지지 않도록 警戒해야 할 것이다. 다시 말하면 普遍性 위에서 特殊性을 아울러 키워 나아갈 때 民族의 참다운 主體性 키워나가는 風土가 助成되기에 이를 것이다.

요즈음 理念의 混亂으로 社會的으로 많은 問題가 提起되고 있다.

---

46) 吳天錫, 發展韓國의 敎育理念探究, 서울: 培英社, 1973, pp.224－228 參照.

이에 대해 天園은 바람직한 韓國敎育의 指標로 여섯 가지를 提示한 바 있다.47)

즉 統整된 人品의 完成을 위하여, 自律的 意識決定能力의 培養을 위하여, 變化에의 能動的 適應을 기르기 위하여, 高次的 價値에 대한 同一體意識助成을 위하여, 永遠한 成長으로서의 발돋움을 위하여, 創造世界에의 參與를 위하여 등의 여섯 가지를 強調한 바 있다.

이에 대해 筆者는 다음과 같은 여섯 가지를 提示하고자 한다.

첫째, 價値觀이 確立되어야 한다.

인류는 20세기에 들어와서 각 방면으로 눈부신 發展을 이룩하였다. 인간은 高度로 발전한 自然科學으로 世界를 정복하였다. 그러나 物質文化가 發達한 만큼 精神文化가 이에 따르지 못한 데서 文化遲滯(cultural lag)現象이 도처에서 들어나고 있다.48) 이처럼 激動하는 社會變動과 文化遲滯 現象은 人生觀, 世界觀의 변화를 일으켜 비단 우리 社會뿐만이 아니라 現代人은 價値觀의 混亂 속에서 방황하고 있다.

이러한 現代社會 속에서 올바른 價値觀을 갖기란 여간 힘든 일이 아니다. 우리에게는 냉철한 호모 사피엔스(homo sapience)로 돌아가 人間과 社會와 國家의 課業을 바르게 수행하기 위한 價値觀의 定立이 긴요하다.

둘째, 人間性을 회복해야 한다.

現代社會는 機械文明의 發達로 세계를 얻었으나 인간성의 상실, 인간소외, 인간부재 등의 현상을 가져왔다. 이러한 현상은 서구사회에만 존재하는 것이 아니고 우리사회에서도 그 영향을 크게 받기 시작하였다. 인간은 자연을 정복하면서 동시에 자연을 상실해 가고 있다. 기계문명의 발달은 인간에게 여러 가지로 생활의 편리를 가져다주었으나

---

47) 吳天錫, 發展韓國의 敎育理念探究, 서울: 光明出版社, 1975, pp.289－314 參照.

48) W. F. Ogburn, Social Change, New York: Dell publishing Co., Inc., 1966, p.212.

도리어 인간존엄 사상을 퇴색케 하였다. 이러한 시점에서 우리는 인간의 재발견, 인간의 개인적·사회적 목표나 가치의 새로운 확립 등 인간의 문제를 교육의 초점으로 삼아 인간성의 회복하는 운동을 전개해야 할 것이다.

셋째, 모든 生命에 대한 畏敬感을 지녀야 한다.

現代社會가 大衆化, 組織化, 都市化되면서 生命에 대한 畏敬思想이 퇴색되어 가고 있다. 괴테(J. W. Goethe)는 우리들 '위에 대한 畏敬(Ehrfuncht von oben)', 즉 절대자, 신에 대한 외경, '우리들 옆에 대한 畏敬(Ehrfuncht von neben)', 즉 인간에 대한 외경, 우리들 '밑에 대한 畏敬(Ehrfuncht von unten)', 즉 동물·식물에 대한 외경을 지적하였다. 슈바이쳐(A. Schweitzer)는 '生命에 대한 畏敬(Ehrfuncht vor dem Leben)'을 그의 著書 文化哲學(kulturphilosophie)에서 主題思想으로 展開하였던 것이다. 이러한 사상은 현대인이 삶을 영위하는 데 근간이 되어야 할 것이다.

넷째, 進就的인 未來指向的인 眼目을 지녀야 한다.

인간은 본질적으로 未來指向的인 동물이다. 人間은 未來를 그려보는 데서 希望이 생긴다. 지금까지 사람들은 시간을 過去에서 現在로 흘러왔고, 그것은 다시 未來를 향하여 흘러가고 있다고 보았다. 그러나 時間은 過去에서가 아니라 未來에서 오고 있기 때문에 現在를 낳는 것은 오히려 未來에 더 가깝다. 오늘의 미국이 번영하게 된 것도 '저 언덕을 넘어서(over the hill)', '저 모퉁이를 돌아(around the corner)'의 슬로우건 때문이었다. 그들은 춥고 배고픈 겨울을 이런 슬로우건 밑에서 참고 견디었다. 지금은 고생스럽지만, 지금은 참기 어렵지만 저 언덕을 넘으면 新天地가 展開되고, 저 모퉁이만 돌아서면 물과 꿀이 흐르는 기름진 땅이 될 수 있다는 것을 믿었기 때문에 그들은 오늘의 번영을 누릴 수 있었다. 이토록 미래의 삶에 대한 꿈이 현재에 지대한 영향을 주는 것이다.

다섯째 지난날의 우리교육이 敎育方法論을 중심으로 새로운 연구가 다방면에서 성행하였고, 많은 업적도 올렸으나, 그것이 과연 무엇을 위하여 무슨 목적으로 실시되고 적용되고 있었는지는 분명치 않다. 인간의 존엄성을 내세움도 좋고, 인간성의 소외를 염려함도 필요하지마는 그것은 어느 시대 어느 나라 사람에게도 타당한 인류 전체의 이상이다. 오늘의 우리에게는 우리 현실에 맞는 것이 요구되고 있다. 일본 교과서 왜곡사건으로 한일관계의 앙금이 아직도 가시지 않고 있다. 우리나라의 교육이 아무리 잘되어 있다고 하여도 올바른 한국인을 길러내지 못한다면 그 교육은 무엇인가 잘못된 것이다. 國家主義의 교육사상은 미국과 같은 民主主義의 先峰을 걷는 나라에서도 그 뿌리가 깊다. 개인은 자기의 영혼을 구하기 위해서만이 아니라 그 나라를 구하기 위해서 교육을 받아야 한다.49)

결국 세계사를 살펴보면 民族中興을 통해 近代化를 이룬 실례를 허다하게 볼 수 있다. 民族의 固有性과 主體性이 투철할수록 그들은 世界精神과 밀접한 관계를 가지고 있음을 알 수 있다. 대대로 祖上이 물려 있는 땅, 내가 자란 땅, 앞으로 자손만대가 이어나갈 조국을 위하여 나라사랑의 일이 오늘날 한국교육에서 참으로 소중하지 않겠는가?

이제 兩極體制가 多極化되면서 世界의 國家는 自國의 이익을 위하여 國際的 信念은 國家間의 協力도 저버리고 마는 실정을 흔히 볼 수 있다. 우리가 상상할 수 있는 미래를 展望할 때 民族은 永遠한 것이다. 20세기가 부분적인 民族主義의 時代였다면 21세기는 全世界的인 民族主義時代가 닦아 온 것이다. 이러한 경향은 앞으로 더욱 激化될 것이 예측된다. 國家의 發展이 나의 發展의 根本임을 깨달아 국가 사회에 헌신하는 당당한 韓國人을 길러야 할 것이다. 우리나라도 앞으로는 각 국마다 비자 없이 여권 자체로만 통용되는 국력을 길러야 할 것이다.

여섯째, 계속교육(further education), 평생교육(lifelong education), 생애교육(career education)의 개념은 누구나 나서 죽을 때가지 계속 어떤

---

49) E. H. Wilds, The Foundations of Modern Education, New York: Rinhart Co., 1954, p.417.

교육을 받아야 한다는 것이다. 끊임없이 새로운 知識과 技術을 습득하지 않으면 발전하는 사회 속에서 낙오자가 되기 마련이다. 발전하는 사회에서는 몇 번이고 되풀이해서 새로 배워야 한다. 배우는 데는 손해가 없다. 뿐만이 아니라 인간은 인간으로서 살아 있는 시간까지 항시 새로운 환경에 적응하고 자아를 항시 새롭게 실현하는 것이 인간본연의 자세이다. 따라서 교육은 일정한 기간에 끝나는 것이 아니고 일생 동안 계속되는 것이다. 진정한 삶을 영위하는 사람은 이미 아는 것으로 만족하는 사람이 아니라 자기 자신을 계속 개척하고 확장하려는 사람이다. 인간이 사회 안에서 산다는 것 자체가 끊임없이 배우고 항상 자아를 실현해야 한다는 것을 말한다. 지금 얼마나 알고 있느냐가 문제가 아니라 지금 얼마나 알려고 하고 있는가에 더 무게를 두어야 할 것이다.

다시 民族性과 主體性의 問題로 돌아가서 結論을 맺으려 한다.

하나는 事大思想을 再檢討하는 일이다. 오래도록 뿌리깊이 박힌 慕華思想을 비롯하여 지금도 지나치게 日本에, 美國에 그리고 西歐에 傾倒되고 있는 國民의 意識構造를 再定立하는 일이다.

둘은 民族의 自主性을 길러나가는 問題이다. 앞에서도 말한 것과 같이 西歐列强들은 구태여 主體性이란 말이 필요 없다. 이미 그들에게는 主體性이 있기 때문이다. 그런 뜻에서 主體性이란 用語自體가 發展되지 못하였다. 主體性이란 弱少民族에게는 더욱 强調되어야 하는 用語요, 內容이다.

셋은 비단 宗敎뿐만이 아니라 一般文化의 受容까지도 모두 韓國이라는 民族의 용광로에서 다시 끓이고 달구어서 다시 再生産하는 過程을 밟아야 할 것이다.

그리하여 韓國의 基督敎, 韓國의 佛敎, 韓國의 儒敎로 土着化시키고 接木하는 誠意가 있어야 할 것이다. 동시에 우리나라 固有의 民族宗敎까지도 역으로 普遍性 위에서 그 特殊性이 自立되어야 世界 속의 宗敎로 成長할 수 있을 것이다. 지금은 宗敎까지도 제 몫을 못하는 데서 理念的 混在가 거듭되고 있다고 본다.

 島山과 南岡의 만남

島山 安昌浩와 南岡 李承薰은 각각 평남과 평북에서 태어났다. 남강이 도산보다 14년 위이다. 두 분은 모두 가난한 농사꾼의 아들로 태어나 일찍부터 기울어져가는 사직을 바로 세우기 위하여 그 일생을 바친 민족 지도자 중의 으뜸갔던 분들이다.

도산은 이미 9세에 유명한 쾌재정의 연설로 유명했었는데 29세에 미국에서 귀국하여 평양 모란봉 밑에서 대중 앞에 나서 구국을 위한 연설을 하였다. 44세인 남강은 연단에서 그리 먼 곳이 아닌 자리에서 연설을 들었는데 도산의 얼굴과 몸과 음성을 통하여 그의 웅장한 혼이 호소하는 말이 가슴에 깊이 와 닿았다.

그때 도산의 연설은 대개 이러하였다.

도산은 4천년의 명맥이 이제 끊기고 백성들의 쫓겨남이 경각에 달렸으니 뉘 있어 이 망국을 막으랴 하여 눈물을 흘렸다. 그는 다시 말을 이어 이제라도 정부 당국이 부패하지 않고 백성이 깨어 일어나 힘을 합하여 산업과 교육을 일으키는 데 힘쓴다고 하면 넉넉히 이 곤욕을 돌릴 수 있을 것이라고 하였다. 그러나 그렇지 못하고 정부나 백성이 한가지로 어두운 동굴 속에서 기어나오지 못하고 세력 다툼이나 양반 재세에 기울어져 상투를 짜고 관 쓰고 도포 입고 다니는 구습만 끌고 나간다면 우리는 마침내 아주 뒤떨어지고 쓰러지고 사라져 없어지는 자가 되고 말 것이다. 사람들은 입을 열면 개혁을 부르짖으나, 백성이 낡은 대로 있는데 정부의 세력이나 제도를 바꾸었댔자 그것으로써 나라의 기울어짐을 바로 세움이 못 된다. 백성 한 사람이 덕스럽고 밝고 힘 있는 사람이 되기 전에 이 어둡고 흩어지는 백성의 떼를 가지고 부강하고 영광된 나라를 만들 수는 없는 것이다.

남이 자기를 업신여기는 것을 우리들은 분하게 생각하고 있으나, 나 스스로 자기를 업신여긴 연후에 남이 나를 업신여김을 알아야 할 것이다. 우리에게는 오직 한 가지 길이 있으니 그것은 삼천리 방방곡곡에 새로운 교육을 일으켜 2천만 한 사람 한 사람이 덕과 지식과 기술을 가진 건전한 인격이 되고, 이 같은 때 사람들이 모여 서로 믿고 돕는 성스러운 단결을 이루어 민족의 영광을 회복하는 기초를 닦는 일이 있을 따름이라고 하였다.

연설이 끝나자 남강은 사람을 헤치고 단에 나가 내려오는 도산의 손을 꽉 잡고, 자기는 이승훈으로서 참으로 옳은 말을 들려주었다고 하면서 돌아가 그 말대로 실행하기로 작정하노라고 하였다.

남강은 도산의 연설을 듣고 돌아온 이튿날로 머리를 깎고, 술과 담배를 끊기로 하였다. 며칠 후 도산이 보낸 사람을 따라 그의 침소로 갔다. 도산은 남강의 변한 모습에 또 한 번 놀랐다. 도산은 이 갑이라는 청년 장교를 남강에게 소개하였다. 세 사람이 마주 앉아 이야기한 지 몇 시간이 못 되어 세 사람은 서로 믿고 공경하는 동지가 되었다. 이 첫 만남에서는 그들 사이에 주로 교육과 산업에 대한 이야기가 오갔다. 도산의 교육 제일주의는 남강으로 해서 산업으로 보강되었고, 남강의 산업계획은 도산으로 해서 교육의 뒷받침을 받게 되었다. 남강은 나중에 자기가 평양에서 도산의 연설을 들었고 또 도산과 나랏일을 의논하게 된 것이 일생에 잊혀지지 않는 감격 어린 장면이라고 술회하였다.

향리에 점진학교를 설립하였던 도산은 남강과 이갑 등과 함께 신민회를 조직하였고, 같은 해에 도산은 평양에 대성학교를 남강은 평북 정주에 오산학교를 각각 설립하였다.

교육을 통한 국권 회복이란 면에서는 도산과 남강이 그 뜻을 함께하고 있었으나 도산은 우리나라와 외국을 무대로 하였으나, 남강은 오직 우리나라 안에서만 활동하였다. 국권 회복의 장을 전 세계로 도산이 잡았다고 하면 남강은 이 땅 위에서 그 농도를 짙게 심화하였다고 볼 수 있다.

도산은 교육에서 시작해서 산업으로 연계 지었다고 한다면, 남강은 산업으로 시작하여 교육으로 연계를 지었다고 할 수 있다.

도산 교육사상의 핵은 주인정신으로서 요약된다. 그의 교육자적 품격은 강직·모범·서민정신·신앙을 들 수 있으며 그 기저는 주인정신으로 일관하고 있다.

남강 교육사상의 핵은 솔선수범으로 요약된다. 그의 교육자적 품격은 성실·근엄·궁행·인내를 들 수 있으며 그 기저는 주인정신으로 일관하고 있다.

남강 교육사상의 핵은 솔선수범으로 요약된다. 그의 교육자적 품격은 강직·모범·서민정신·신앙을 들 수 있으며 그 기저는 솔선수범으로 일관하고 있다.

오산학교가 대성학교보다 그 설립이 앞선 것은 대성학교의 경우는 설립 자금을 얻는 데 시간이 걸렸고 오산학교는 남강이 이것을 밀고 나갔는 데 그 이유가 있다. 이 두 학교는 같은 뿌리에서 뻗은 굳센 가지다. 대성학교는 설립자의 망명과 함께 흥사단으로 그 모양을 바꾸었고, 오산학교는 줄곧 학원으로 남아 있어 국내에서 사나운 서리와 비바람을 맞으면서 뻗어나간 것이 다를 뿐이다.

도산과 남강은 다같이 양계초의 「음빙실문집」을 탐독하고 크게 공감한 대목이 공통적으로 들어나고 있다. 이 책은 상하 편으로 되어 있었는데 상편은 총론·정치·시국·종교·교육에 관한 논문이고, 하편은 학술·학설·역사·전기·지리·잡문·논총을 모았는데 정치·경제·법률·역사·지리·철학·윤리·교육·종교·수양의 종합 교재로 볼 수 있다. 이 중에서도 도산과 남강에게 강력한 영향을 준 내용을 살펴보면 '국민성 혁신에 대한 주장', '오늘날 중국에 있어서 국민성 혁신이 제일의 급선무라는 것을 주장한다', '우수하면 승리하고 열등하면 실패하는 이치',

'자유포기의 죄', '자유국가 국민의 선조', '중국의 안전을 돌봐 준다는 말', '천하에는 값없는 물건이 없다' 등을 지적할 수 있는 근거가 여러 사료들을 통해서 들어나고 있다.

결국 도산의 주인정신은 주체정신이요, 책임정신을 의미한다. 도산은 다음과 같이 말을 하였다.

"……영국의 일은 영국 사람이 하고 중국의 일은 중국 사람이 하고, 아라사의 일은 아라사의 사람이 하더라. 그러면 대한의 일은 어느 사람이 할꼬. 다시 묻습니다. 여러분! 대한의 일은 뉘게 맡기려 합니까. 영국 사람에게 맡길까, 중국 사람에게 맡길까, 미국이나 아라사나 어느 다른 나라 사람에게 맡길 것인가, 아니오. 영국의 일은 영국 사람이 하는 것처럼 대한의 일은 대한의 사람이 할 것입니다

그런즉 대한 사람인 우리는 대한의 일에 충성을 다함이 피치 못할 의무와 천직이 아니옵니까. 어떤 이는 우리 일의 잘되고 못되는 것을 대통령이나 각원에게만 책임을 지우고, 자기는 아무 책임이 없는 줄로 생각하니 이는 자기의 의무와 책임과 천직을 모르는 사람이요, 자기의 권리를 포기하는 사람이외다. 어떠한 직책, 어떠한 지위를 막론하고 대한 사람인 이상에는 동일한 책임이 있소. 그런즉 우리는 결단코 대한의 일에 대하여, 무의식한 태도로 방관할 수가 없고, 모두 다 들러붙어 각각 자기의 능력을 다하여 오늘 내일 모레 날마다 간단없이 꾸준한 노력을 하는 자가 대한인의 책임을 다하는 자라고 하겠소."

또한 남강의 솔선수범은 그의 자주정신에서 나오는 것이다.

1922년 7월 22일 동아일보는 다음과 같은 내용을 담고 있었다.

"일시 삼천리 산하를 진동하던 독립선언서 사건의 관계 제씨도 거의 다 출옥하고 다만 60평생에 반생을 국사범과 강옥생활에 허비하여 검은 머리가 희어진 이승훈 씨만 재감 중이더니 작일 오전 10시에 돌연히 경성 감옥으로부터 가출옥이 되었다. 씨는 백발이 성성하나 오히려 추상같은 기개를 띤 얼굴로 말하되 '다른 사람이 모두 출옥되고 나만 남아 있었는데 나는 실로 조석으로 기도하기를 이와 같이 나오게 되지

말고 하루라도 더 있으면서 우리 형제의 마음을 위로코자 하였소. 지금 경성 감옥에 있는 정치범이 수백 명인데 그중에 종신 징역이 22명이요, 그 외 10년 이상의 징역을 받은 사람이 수십 명이다.

그들을 불덩이같이 뜨거운 옥 속에 두고 나오는 생각을 하니 감옥문에 나서자 더운 눈물이 앞을 가리어 차마 발길이 돌아서지 못하였소'라고 하며 목이 메어 말끝을 마치지 못하고 쏟아지는 눈물을 씻고 잠시 동안 묵연히 앉았다가 다시 말을 이어 '내가 감옥에 들어간 후에 한 일은 2천7백여 페이지나 되는 <구약>을 열 번 읽었고 <신약>을 40번 읽었으며 그 외 기독교에 관한 서적을 읽는 것이 7만 페이지는 될 터이니 내가 평생에 처음 되는 공부를 하였소. 장래 나의 할 일은 나의 몸을 온전히 하나님에게 바치어 교회를 위하여 일할 터이니 나의 일할 교회는 일반 세상 목사나 장로들의 교회가 아니라 온전히 하나님이 이제로부터 한 민족에게 복을 내리시려는 그 뜻을 받아 동포의 교육과 산업을 발달시키고자 하오' 하며 씨는 계동 139번지의 김성수 씨 별채에 2, 3일 동안 유숙하다가 23일 밤에 떠나 정주 향리로 향할 터이라더라."

도산의 교육방법은 첫째로 學校設立이다. 점진학교, 대성학교, 동명학원 등을 통하여 '건전한 인격을 가진 애국심 있는 국민의 양성'에 있었다.

인격의 함양이란 참으로 중심을 삼는 일이요, '거짓이 없는 성실한 사람'이 된다는 일이었다. 둘째로 흥사단 운동이다. 도산의 교육사상은 흥사단운동으로 실천되고 있는데 창립 당시 표시된 단의 목적 조문을 보면 '본단의 목적은 무실역행으로 생명을 삼는 충의 남녀를 단합하여 정의를 돈수하고 덕·체·지 삼육을 동맹 수련하여 건전한 인격을 형성하고 신성한 단결을 조성하여 우리 민족 전도대업의 기초를 준비함에 있음'이라고 하였다. 셋째는 이상촌 계획, 넷째는 미소운동이다. 그는 '화기 있고 온기 있는 민족'을 그리워하였다. 그는 전국적으로 미소운동을 전개하는 것이 좋겠다고 하였다. 다섯째는 세계주의이다. 그의 민족주의는 세계주의를 지향한 것이었다. 도산은 우리 민족을 서로 사랑하는 민족, 거짓이 없는 민족, 화평한 민족을 만드는 것이 곧 세계 인류를 그렇게 만드는 길이라고 하였다. 올바른 민족주의는 곧 국제주의로 나아가는 지름길이라는 것이다.

남강의 교육방법은 첫째로 學校設立이다. 그는 온 재산과 나중에는 자기 뼈까지도 오산학교를 위하여 바쳤던 것이다. 둘째로 기독교 신앙이었다. 그는 따로 교회를 세웠었고 특히 출감 후에는 굳은 믿음의 사도가 되어서 여생을 교육과 신앙을 통해서 나라와 하나님에게 바치기로 결심하였던 것이다.

셋째로 이상촌 계획이다. 넷째로 솔선수범이다. 그는 마지막 남은 재산도 백형과 가족과 다투어 가면서 오산학교 교직원을 지원하였었고 추운 겨울 인분이 산처럼 쌓인 변소에 혼자 내려가 언 인분을 곡괭이로 까부셔서 온몸에 인분투성이가 되었다는 것은 널리 알려진 이야기다. 다섯째로 추수지도다. 그는 졸업생을 전국적으로 배치하고 계속 쉬지 않고 전국을 누비며 현장에서 추수지도를 하였던 것이다.

도산과 남강은 이상촌 계획에도 거의 일치하고 있다. 그 이유는 두 분이 자주 만나서 이상촌 건설에 대한 청사진을 서로 주고받았을 가능성을 짐작할 수 있는 데서 찾아야 할 것이다.

이 두 분은 모두 교회로 민중의 무지를 깨치고, 학교로 교육을 일으키고, 산업으로 나라를 근대화하는 데 대이상향 실현의 세 요소였던 것이다.

남강은 1930년 고난 어린 생애를 67세의 일기로 마쳤다. 옥에 가기 3번, 있기가 전후 아홉 해였다. 남강은 사회장으로 모셨는데 중앙위원회 위원장 윤치호, 지방위원회 위원장 조만식 그리고 침통해하는 많은 인사들 중에는 현상윤, 안재홍, 최두선, 최린, 송진우 등의 얼굴도 보였다.

1935년 봄 도산이 대전 감옥에서 나와 오산에 들어와 평양에서 갖고 온 소나무 두 그루를 남강 묘에 기념 식수하였다.

남강이 세상을 떠난 것은 겨레가 이민지 겸제에서 풀리기 15년 전이었다.

남강이 세상을 떠난 것은 도산이 세상을 떠나기 8년 전, 이갑이 세상을 떠난 지 13년 뒤였다. 이준이 세상을 떠난 지 23년, 서재필이 세상을 떠나기 21년 전, 김구가 세상을 떠나기 19년 전, 손문이 세상을 떠난 지 5년, 간디가 세장을 떠나기 18년 전이었다.

도산은 남강의 묘를 찾은 지 3년 후 60세를 일기로 이 땅을 하직하였다.

망우리에 안장하는 데 일경은 회장자 20명으로 제한하였다. 도산 별세의 소식이 퍼지니 해외에서는 성대한 추도식이 있었으나 국내에서는 쓸쓸한 장례 외엔 아무런 행사도 할 수 없었다.

저녁마다 북녘 땅 남강의 묘소에서 지낼 수 있었던 필자는 수난받았던 남강의 동상과 묘비를 머리에서 지울 수 없었다.

이 두 분의 뼈가 땅속에서까지도 울지 않게 하기 위하여 오늘을 살아가는 우리들 모두가 저마다의 삶의 좌표를 재다짐할 때가 온 것이다.

民族的 反省

니체는 '너무나 人間的'이란 말을 자주 하였다. 요즈음은 '너무나 民族的'인 方向으로 치닫고 있는 느낌이 든다. 물론 民族의 座標를 바로하여 스스로 反省하고 나아가 앞으로의 向方을 軌道修正하는 契機가 된다면 퍽 다행이겠으나 남을 批判하는 데 焦點을 모으는 自體로 끝난다면 또 하나의 歷史的 機會를 놓치게 될 것이 아닌가 싶다.

실로 日本이 우리에게 한 近代史의 過程을 더듬어 보면 日本이란 서로의 情을 나눌 수 없는 民族이다. 멀리는 그만두고라도 2次大戰 중 日本이 우리나라를 비롯하여 아시아 도처에서 저지른 天人共怒할 만행은 한 世代가 아니라 한 世紀를 두고 贖罪한다고 해도 못다 할 것이다. 요새 日本의 文教政策은 위선으로 차있어 심지어는 또다시 軍國侵略主義로 되돌아가는 徵兆를 들어내고 있어 비단 우리나라뿐이 아니고 전 아시아, 全世界가 共人共怒하고 있는 것은 너무도 당연한 일이라고 하겠다.

그러나 우리 社會의 分圍氣, 매스컴의 실상은 남을 批判하고, 잘못을 指摘하기에 바빠 실상은 民族的인 反省, 道德的인 沈痛한 自家反省이 缺如되고 있다는 데 着眼할 때가 아닌가 싶다. 일찍이 피히테는 깊은 民族的 反省과 道義心의 振作에 눈을 돌리지 못한 民族國家는 發展할 수 없다고 하였다. 힘의 源泉, 國力의 本質에 대하여 크게 한번 마음을 고쳐먹을 때인 것이다.

최근 PLO는 이스라엘만큼 正當性이 不足해서 레바논에서 쫓겨난 것이 아니다. 힘의 結集에 무엇인가 未洽했기 때문에 世界各地로 흩어졌던 것이다. 祖國이 光復된 지 37년이 지났으나 아직 獨立記念館을 못 가진 國民으로서 크게 反省하지 않을 수 없다. 日本의 敎科書歪曲事件이 없었으면 獨立記念館 建立에 대한 誠金을 내는 사람과 團體가 없을 뻔한 데는 도시 想像조차 하기 싫을 정도로 우리들은 忘却의 늪에 빠져 있지나 않았는지 저마다의 心眼을 疑心치 않을 수 없다. 또 6·25 動亂을 겪은 지 32년이 되었어도 6·25가 얼마나 悲慘했느냐를 알리고 앞으로 자라나는 世代에게 이와 같은 일이 다시 反復되어서는 안 되겠다는 것을 보여줄 資料를 體系的으로 모아놓은 綜合展示館 하나를 못 갖고 있다는 데 우리들 모두의 깊은 反省을 促求치 않을 수 없다.

日本이 하는 짓은 秋毫도 容恕할 수 없다. 그러나 集團的으로 떠들어댄다고 어떤 問題가 解決되는 것은 아니다. 우리는 各分野에서 日本을 넘어서는 實力을 쌓는 過程이 절실히 要請된다.

힘이 있는 民族은 남고 힘이 없는 民族은 歷史의 舞臺에서 그늘에 서야 하고 심지어는 이 地上에서 영원히 사라지는 國家와 民族을 흔히 보아왔다. 가까이는 漢族이 그렇고 멀리는 사라센帝國, 美國의 原住民을 들 수 있다.

國力이란 어떤 外形的 運動만으로 키워질 性格의 것이 아니다. 外國의 軍靴가 우리 땅을 자주 밟았다면 왜 우리는 그들의 軍靴를 막지 못했는가라는 점에서 기리 지난날을 되새김질했어야 되었을 것이다.

때늦은 대로 '獨立記念館'은 반드시 우리의 힘으로 세워져야 한다. 이것이 오늘을 사는 우리들이 먼저 간 先人들에 대한 民族的 道理요, 義務이기 때문이다.

하지만 記念館 하나 세워놓고 日本을 또다시 忘却하는 일이 反復되어서는 절대로 안 되겠다고 생각한다. 이제 다시는 日本의 支配를 받지 않기 위하여 政治的으로, 文化的으로, 軍事的으로, 産業的으로, 조용하고, 차분한 前進이 있어야 할 것이다.

지금은 私보다 公을 앞세워, 個人의 利益보다 나라 全體의 利益과 福

祉社會建設에 더 힘써야 할 때다.

지금은 利보다 義를 더 尊重해야 할 때이다. 利는 個人의 利益을 말함이요, 義란 마땅히 해야 할 義務요, 職分이다. 모든 國民은 서로 주어진 天職에 全力을 다함으로써 國家에 奉仕하게 됨을 각성할 必要가 있다.

그리고 自信과 勇氣를 갖고 '삶의 質'을 向上케 하는 데 눈을 떠야 할 것이다.

누워 있던 사람은 일어나 앉고, 앉아 있던 사람은 일어서고, 일어섰던 사람은 걷고, 걷던 사람은 先導的으로 뛰어 우리 모든 國民을 모두 國際레이스에 내놓아 챔피언이 될 수 있는 民族의 矜持를 再確認해야 할 것이다.

나중에 저 피안의 世界에 가서 먼저 간 先覺者, 獨立鬪士들을 떳떳이 대할 수 있고 子孫萬代에 이어갈 이 땅의 후배들을 자랑처럼 내려다볼 수 있는 歷史的 課業에 우리 모두가 同參해야 할 것이다.

토인비는 歷史에 桃戰하고 應戰한 만큼의 歷史的 代價가 돌아온다고 하였다. 지난 5年의 歷史的 幻想에만 머무를 때가 아니라 지난 歷史를 파헤쳐 가질 것과 버릴 것을 과감히 再整理하여 現在와 未來에 보다 높은 次元으로 飛翔하기 위한 跳躍臺로 삼아야 할 것이다.

하나의 歷史的 비전을 높게 지니고 이를 위해 盡力하는 國民을 보다 많이 가진 國家가 繁榮한다는 것은 歷史의 法則이 아니겠는가?

남보다 뒤졌으면 내일은 같아질 準備를, 그다음에는 남을 능가할 준비를 차분하게 하여 그래도 우리 世代에는 民族發展의 加速에 있어 이웃 나라와는 결코 뒤지지 않았고, 나아가 發展의 기틀을 마련해 놓았다는 自負心을 후예들에게 물려주어야 할 것이다. 이제 꼬리를 감추는 多事多難했던 또 한 해를 보내며, 재삼 다짐해야 하는 季節이다.

日本을 向한 그 瞳孔을 내 自身의 모습으로 되돌려 日本을 도리어 넘어설 수 있는 힘을 기르는 것이 무엇보다도 先行되어야 하겠다.

이를 위한 汎國民的, 汎國家的 反省이 促求된다고 하겠다.

祖國의 하늘과 닭

금년은 을사조약 100주년이 되는 해요, 동시에 광복 60주년을 맞는 뜻 깊은 해이다. 아동문학가 강소천(姜小泉, 1915~1963) 님은 일제(日帝) 말기 혹독한 일제감시를 피해 고향 함흥(咸興)을 떠나 북간도(北間島)로 잠시 이주한 때가 있었다. 그는 앞마당에서 닭이 물을 먹는 것을 보고 「조국의 하늘과 닭」이라는 동시를 지었다. "물한모금먹고 / 하늘쳐다보고 / 또 물한모음먹고 / 하늘처다보고" 이것이 이 동시의 전부다. 비단 북간도에 간 사람만이 아니라 전 세계로 흩어진 우리 애국선열들은 닭이 물을 먹고 매번 하늘을 쳐다보는 것같이 이국(異國)의 하늘을 그렇게 쳐다보며 정말 조국의 하늘을 처절하게 그리워했을 것이다.

금년은 을유(乙酉)년이다. 즉 닭의 해이다. 닭은 다섯 가지의 덕(德)을 지닌 동물이라고 전해진다. 머리에 벼슬이 있음은 문(文)을 상징함이요, 발의 날카로운 발톱은 무(武)를, 적을 보고 용감히 싸우는 것은 용(勇)을, 먹을 것을 놓고 처자(妻子)를 부르는 것은 인(仁)을, 그리고 여명(黎明)과 함께 어김없이 때를 알리는 것은 신(信)에 해당한다. 이 중에서도 계명성(鷄鳴聲) 뒤에는 반듯이 밝음이 오고, 만물이 새롭게 하루를 시작하게 된다는 뜻에서 계명성을 그중 으뜸으로 꼽는다.

우리사회에서 을유문화사(乙酉文化社, 社長 鄭鎭肅)가 일찍이 많은 양서(良書)를 출판하여 계명성의 기치를 높이 들고 문화발전에 큰 몫을 하였다. 지금도 을유문화사가 우리사회에 광명을 가져오는 데 전위적인 자리에서 진력하고 있음을 필자도 잘 알고 있다.

1910년에서 1945년에 이르는 동안 우리민족은 나라 없는 민중이 되어 어디에 머리를 두고 살아야 할지 알 수 없는 고난의 역정(歷程)을 뼈저리게 체험하였다.

우리는 60년 전 1945년 8월 15일 그토록 기다리던 '그날'을 맞이하였다. 심훈의 '그날', 만해의 '그날', '고당'의 '그날'을 맞이했던 것이다. 시인 김기림(金起林)은 '감격도 파도처럼 출렁이던 8월'이란 표현을 하였다. 3·1과 8·15에는 한반도 전체가 하나가 되었던 해이다. 전 세계에 흩어졌던 애국열사, 그리고 일제 치하에서도 용케 견디어 왔던 우리겨레는 당시 목이 터지라고 불렀던 노래가 있었다. 天園은 미국유학에서 귀국하에 황해도 백천(百川) 온천마을에 피신 갔다가 그곳에서 광복의 날을 맞았는데, 그도 또한 이 노래를 불렀을 것이다. "어둡고 괴로워라 / 밤도 길더니 / 삼천리강산에 / 먼동이 텄네 / 동무야 자리차고 일어나거라 / 산 넘어 바다건너 태평양건너 / 아아 짜유의 자유의 종이 울린다." 天園은 그 후 북아현동 자택으로 돌아와 그곳에서 생을 마치셨고 우리나라 민주교육에 초석을 놓는 일을 통해 조국을 위한 삶을 불태우며 헌신하시다 가셨다.

금년은 광복 후 다섯 번째 맞는 을유년이다.

다가오는 8·15는 전 국민이 하나의 감동체(感動體)로 결집(結集)하여 새롭게 다짐하는 출발이 되었으면 참 좋겠다.

한데 작금의 우리나라 주변정세(周邊政勢)는 바로 20세기 초를 방불케 한다. 북쪽에는 여전히 러시아가 호시탐탐 버티고 기회를 엿보고 있고, 서쪽에는 중국이 있어 이른바 '동북공정'이라는 팽창주의적 패권을 내걸고 '연변'뿐만 아니라 '고구려'까지도 한족(漢族)의 변방이라고 억지를 부리고 있고, 동쪽에는 역시 일본이 있어 과거의 식민지통치를 한국 근대화에 기여했다고 미화(美化)하는 궤변을 비롯하여 갖가지 역사날조의 간계를 부리면서 '중국'과의 맞장구를 치고 있는 형세이다.

19세기 후반에서 20세기 초반에 걸친 국제 정세와 거의 다를 바가 없는 것이 오늘의 '한국'이 처한 그것이다.

그러함에도 작금의 한국 국내 정치정세는 구한말(舊韓末)의 그것을 닮은꼴이니, 이러다가는 '大韓帝國'의 쇠망이라는 역사까지도 오늘의 '大韓民國'이 재연(再演)하겠다는 말인가라는 비분강개(悲憤慷慨)의 소리마저 들려오는 요즘이다.

온갖 불의와 부조리의 추악한 불협화음이 하늘을 찌를 듯하다. 전부가 고양이이니 생선을 어디 맡길 데가 없다. 어디서부터 어떻게 손을 써야 할지 알 수 없는 중환자(重患者)가 우리사회의 실상이라 해서 과언이 아니다.

조국(祖國)에서 쫓겨나 이국(異國) 땅에서 이리 밀리고 저리 쫓기면서 그래도 '조국의 하늘'을 닭처럼 그리워하시던 60여 년 전의 애국선열들 가슴으로 되돌아가 조국을 위한 알차고 진실한 보다 큰 그림을 그려야 한다.

'감격도 바다처럼 출렁이던 8월로 돌아가' 우리는 지금 민족의 저력인 은근과 끈기와 창의력을 발휘하여 자학(自虐)을 거부하는 의연한 자세로 조국 대한민국의 성공(成功)하는 역사를 기어코 창조해야 한다.

이렇게 나는, 을유년 닭 해 8·15를 맞는 한국의 한 교육학 학도로서 이 땅에 '민주교육'의 터전을 닦아 주신 대선배 天園 선생에게 '밤이 주는 순수한 가슴'으로 감사드리는 독백을 조용히 적어 본다.

<2005. 3. 12.>

민족 얼

우리나라의 민족 얼은 '한' 사상으로 대표된다. '한'이란 광명정대(光明正大)하다는 뜻이다. '한'이란 크다, 바르다, 곧다, 밝다 등으로 해석된다.

우리나라의 건국이념은 홍익인간(弘益人間), 이화세계(理化世界)로 볼 수 있다. 홍익인간, 넓게 사람을 유익하게 한다는 뜻이다. 이 이념 속에는 민주이념까지 포괄해도 남음이 있다. 우리민족은 본래 광명정대한 역사의 길을 걸어 왔다. 이렇듯 우렁찬 역사가 이웃나라의 학자들에 의하여 잘못 전해 내려왔다.

물론 민주적인 이념, 세계시민성이 필요한 것은 사실이다. 그러나 우리 민족혼의 맥박을 떠나서 무조건 국제시민이 되려는 경향은 크게 우려되는 바이다.

올바른 민족론, 국가관을 바로 세운 위에 세계성을 지닌 시민을 길러내야 한다. 흔히 국제문화란 말을 누구나 쓰고 있으나 각 나라의 문화를 심화시키지 않고는 국제문화가 결코 꽃필 수가 없는 것이다. 편협적이고 배타적인 민족주의는 경계해야 하지만 자기가 난 땅과 조상의 얼에 대한 사랑은 세계시민으로 나아가는 지름길이 된다.

올바른 민족주의는 국제주의로 나아가는 징검다리가 된다. 국제 비행기만 타면 곧 국력이 반영된다. 조국을 떠나 먼 나라에서 사는 사람은 애국심을 고취하지 않아도 다 애국자가 된다는 말이 있다.

인도의 애국자 간디는 자기민족을 위하여 이런 기도문을 남겼다.

"인도는 나의 나라입니다. 물론 인도 사람들은 나의 형제이고 자매들입니다. 나는 우리나라를 사랑하고 그 풍요롭고 다채로운 유산을 사랑스럽게 여깁니다. 나는 언제나 그것의 가치를 떠받들려고 애를 씁니다. 나는 부모와 선생님, 그리고 모든 어른들을 존경하고, 모든 사람들을 정중하게 대합니다. 나의 나라와 나의 국민에게 헌신할 것을 맹세합니다. 그분들의 안녕과 번영이 곧 나의 행복입니다."

개천절의 참뜻

사람마다 생일이 있듯이 민족과 국가에도 최초의 건국한 날이 있다. 아득한 옛날 우리 선조들은 태양(太陽)을 숭배하는 신앙을 지니고 있었다. 하늘에는 태양이 있고 땅 위에는 임금이 계셨는데 이 임금을 태양의 아들이라고 불렀다. 이런 의미에서 임금을 곧 하늘의 일부같이 생각했기 때문에 개천(開天)이란 하늘에서 내려와 나라를 세웠다는 뜻으로 우리나라의 건국을 의미한다.

개천이란 고대사에서 기록된 바와 같이 단군왕검이 아사달에 도읍을 정하고 우리나라를 세운 것을 뜻하는 것이다.

개천절이란 우리나라 개국을 뜻하는 날로 오랜 전통을 이어 기려왔었다. 현대에 와서 대종교(大倧敎) 등에서 기념하여 지내오다가 대한민국 임시정부에서 전 민족적인 국경일로 공포하고 기려왔는데 대한민국 정부가 수립되면서 음력 10월 3일을 양력으로 바꾸어 오늘에 이르고 있는 것이다.

그리스도가 탄생한 크리스마스도 귀한 날이고, 불타가 태어난 불탄일도 분명히 귀한 날임에 틀림없다. 인류사적으로 볼 때 더욱 그러하다. 그러나 우리민족에게는 10월 3일 개천절이야말로 온 국민이 함께 기려야 할 민족의 생일이다.

요즈음 국경일에 태극기를 거는 가정이 점점 줄어들고 있는 것은 가슴 아픈 일이 아닐 수 없다. 금년 10월 3일은 거국적으로 개천절을 기념하면서 온 가족이 다 태극기를 내다 걸고 그 태극기의 물결 속에서 개천절을 기념하여 민족의 얼과 국가의 기상을 높이는 날이 되었으면 한다.

국가가 없으면 가정과 개인이 살아가는 데 엄청난 시련을 겪게 마련이다. 멀리는 그만두고라도 현대사의 1910년부터 1945년에 이르는 36년 동안 나라 잃은 백성이 얼마나 비참한지를, 또 우리 민족이 그 많은 시련 속에서 조국 광복을 위하여 국내에서 국외에서 얼마나 많은 애국지사의 피와 목숨이 뿌려졌는지를 다시금 되씹어 보는 날이 되었으면 한다.

국가는 마치 개인에 있어서 집과 같다. 집이 있어야 개개인이 자기의 몸을 보존할 수가 있다. 개인에게 집이 소중하다면 민족을 보호하고 있는 국가는 더욱 소중하지 않을 수 없다.

올해 2003년 맞이하는 10월 3일 개천절은 365일 일 년 중에서 우리 민족에게는 가장 소중하고 마음속 깊이 간직하면서 애국애족의 마음으로 집집마다 태극기를 계양하고 나라사랑의 참뜻을 기리며 우리나라의 대축제일로 자리매김하는 계기가 되었으면 하는 마음을 갖게 된다.

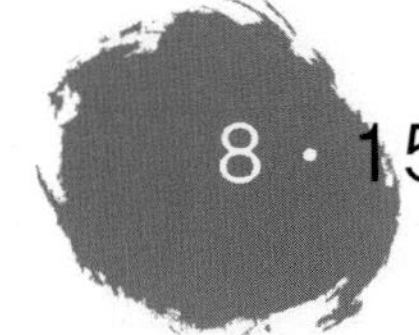

8·15 광복과 통일을 비는 마음

　　우리나라는 반만년 역사상 수천 번 외국의 침략을 받아 왔다. 적게는 해안선을 타고 침입한 외적(外敵)이 수십 명에서, 많게는 수십만 대군까지 우리나라의 산야를 휩쓸기 천여 차례란 말이다. 그런데 용케도 우리나라의 국권은 등잔불처럼 가물거렸으나 꺼지지 않고 명맥을 이어 왔으니 거의 기적 같은 이야기다. 거기에는 우리 민족의 은근하고도 끈질긴 저력(底力, 밑받침되는 힘)이 있었기 때문이라고 생각한다.

　　조선조 말 쇄국정책에 의하여 1905년 우리나라의 외교권은 거의 일본으로 넘어갔다. 드디어 1910년에는 한일합방이라는 치욕을 겪기에 이른다. 많은 애국자들이 스스로 자결하는 일도 많았고 외세에 의한 타격으로 이 땅을 떠난 분도 엄청났다.

　　말이 쉽지 우리의 모든 강토는 일본에 짓밟힌 지 36년 만에 드디어 광복을 찾기에 이르렀다. 지금으로부터 58년 전의 일이다. 우리는 일제의 사슬에서 풀려난 것이 너무 고마워서 감격으로 온 나라가 출렁이었다. 그로부터 3년 지나 북쪽과 남쪽은 서로 다른 정부를 갖게 되었다. 어쩔 수 없는 국제정세 때문이었다고 본다.

　　이렇게 된 데는 독일도 우리와 다르지 않았다. 그러나 독일은 민족이 하나가 되어 그 냉엄한 국제정세를 뚫고 통일이 되기에 이르렀다. 전 세계에서 둘로 나누어진 국가가 우리뿐이 되었다. 이제 1945년 8월 15일 58주년을 맞아서 우리 민족이 크게 반성해야 할 과제가 남아 있다고 하겠다.

지금 우리사회는 엄청난 비도덕적 관습이 곳곳에 자리하고 있다. 위에서부터 아래까지 부정으로 얼룩져 있으며, 생활고에 시달리는 시민의 자살소동은 꼬리에 꼬리를 물고 일어나고 있다. 어디서부터 어디까지 어떤 처방을 내려야 할지 갈피를 잡을 수 없는 것이 또한 요즘의 현실이다.

문제는 각 개인마다 자기 자신을 끔찍이 사랑하고 이 힘에 의해 사회와 국가를 위하여 헌신하는, 더불어 사는 삶의 마음자세가 절실히 필요하다. 작은 행복을 양보하더라도 보다 큰 공동의 광장을 올바로 이룩하기 위하여 힘을 모을 때가 되었다.

이러한 마음을 가졌을 때 참다운 통일을 기대할 수 있을 것이다.

제 4 부

제3세력의 심리학

    금세기 중엽까지 전 세계를 지배한 양대산맥의 심리학 체제는 프로이드 학파의 정신분석과 행동주의 심리학에 기초를 둔 S. R. 이론이 있다. 인간주의 심리학은 1940년대에 이 두 체제에 대항하였는데 일반적으로 인간주의 심리학을 제3세력의 심리학이라고 부른다.

    물론 인간주의 심리학자들은 프로이드 심리학과 행동주의 심리학이 인간행동을 이해하는 데 커다란 공헌을 하였다는 점을 시인한다.

    인간주의 심리학자들은 프로이드의 정신분석이 현대사회에서의 신경병 환자나 정서장애자들을 보다 깊이 이해하고 또 치료하는 데 도움이 되었다는 것도 인정하고, 나아가 초기 행동주의자들이 심리학을 경험적 자료나 실험 그리고 자연과학의 엄밀한 방법론적 원리에 기초를 둔 학문으로 발전시킨 행동주의자들의 공헌을 크게 존경한다.

    그러나 인간주의 심리학자들은 이 두 심리학적 체계가 한결같이 인간의 목적이나 가치의 문제를 다루지 않고 인간의 의식·개성·책임·완성 등을 위한 노력에 인색했으며 더욱이 사랑·창조·인간의 신비적 경향 등에 대해서는 아예 외면하였다고 믿고 있다.

    특히 무엇보다도 간과하지 않으면 안 될 것은 두 심리학적 체계가 모두 인간의 자유문제를 만족스럽게 다루지 않았다는 점을 통렬히 비난하고 나서고 있다.

    제3세력 심리학의 발전에 의미 있는 공헌을 한 인물은 A. 매슬로우, C.

로거스, R. 매그, E. 프롬, G. 알포트, P. 리키, A. 컴브스 등 실존주의자, 형이상학적 지각주의자, 인성주의자들로 분류되는 많은 사람들이 이에 속한다.

제3세력 심리학은 1940년대에 대두되어 1950년대를 거쳐 1960년대에는 급속도로 세계적으로 퍼져갔다. 제3세력 심리학은 결정론적이고, 기계론적이며, 비인간적인 특징을 지니고 있는 정신분석 행동주의에 대항하여 일어났다.

제3세력 심리학은 인간의 최고 목표를 자아완성(self-fulfillment), 자아실현(self-actualization)에 두고 있다. 자아실현인은 참된 자아에 충실하려는 사람이다. 자아실현인은 외부지향적이 아니라 내부지향적인 사람이다. 자아실현인은 지적으로 도덕적으로 자유로운 사람이다. 자아실현인은 자신에게 가장 풍부하고 가장 행복하며, 가장 건설적이고 긍정적이며, 가장 만족스런 양식의 삶을 신뢰하는 사람이다.

인간주의 심리학이 내어놓고 있는 또 하나의 기본적인 원리는 지각(perception)이다. 특히 A. W. 컴브스는 이면을 더욱 강조한 집단에 속한다. 지각이란 개인이 자신의 경험을 해석하고 그 경험으로부터 어떤 의미를 찾아내는 과정이다. 사람은 언제나 어떤 환경에 처하게 마련이고 또 살아간다는 것은 끊임없는 도전 속에서 서로 상처를 받게 마련이다. 그러나 어떤 주어진 상황에서 개체가 무엇을 행하는가는 객관적 실체에 의하는 것보다는 이른바 각 개체의 마음의 눈에 의하여 삶이 다채롭게 전개된다는 것이다.

한 사람의 행동을 이해하기 위해서는 그 사람의 세계에 뛰어들어 그 자리에 앉아서 그 사람이 그의 세계를 느낀 그대로 사물에 대하여 느끼도록 노력할 필요가 있다. 인간을 객관적으로 이해하는 데는 일정한 한계가 있기 때문이다. 그 사람과 일체가 되기 위해서는 온갖 형식의 틀에서 벗어나 주관적인 자세를 취할 때만 가능한 것이다. 한 사람에 의해서 진실하게, 아름답게, 선하게, 적합하게, 적절하게 지각되는 것이 또 다른 사람에 의해서도 똑같이 적용되는 것은 아니다.

　객관적으로 아무리 행복한 조건이 다 갖추어져 있어도 자기가 가장
불행하다고 느끼는 삶은 우리 주위에 얼마든지 있을 수 있기 때문이다.
한 개인이 한순간에 정확히 지각한 것은 그것이 비록 객관적이든 주관
적이든 그 사람에게 어쩔 수 없는 실체가 된다.

　교육은 행동의 바람직한 변화라고 할 때 이 행동의 변화를 가능하게
하려면 우선 근로자 내부에서 일어나고 있는 생각의 의미를 먼저 알아
야 한다. 한 사람이 다른 사람에게 행동의 변화를 일으키게 하고 또
그 행동의 변화를 전보다 더 의미 있게 효율적으로 오래 지속되게 하
기 위하여 근로자 개개인의 의식 속에 자리하고 있는 개인적 의미를
변화시킬 수 있도록 힘써야 한다. 종래의 사고의 틀 속에서 객관적인
자료에 의해서 인간의 행동을 규정하고 지도하는 시대는 이미 지난 것
이다. 오히려 근로자 내부 깊이에 잠재해 있는 주관적인 개인의 의미
에 관심을 갖고 탐구할 때 내부로 행동의 변화가 가능하게 된다는 데
에 제3세력 심리학자들은 일치하고 있다.

중국 견문기

중국은 서부의 산악 및 고원지대와 동부의 저평한 지역으로 양분된다. 그리고 톈산(天山), 쿤룬(崑崙), 히말라야, 대싱안링(大興安嶺), 칭바이(長白) 등 제 산맥이 지형의 뼈대를 이루면서 고원지대와 분지를 형성하고 있다.

베이징(北京), 톈진(天津), 상하이(上海)의 세 직할시를 비롯하여 22개 성, 5개 자치구가 있다.

고대 黃河중류에 漢민족이 개국한 나라로서 전설에 의하면 三皇·五帝 및 夏·殷의 평안한 시대가 있었다.

기원전 12세기 초 殷末로부터 역사시대로 돌아가 周, 春秋代國, 秦, 漢, 三國, 晋, 南北朝, 隨, 唐, 五代, 宋·遼·金·元·明·淸을 거쳐 1912년 공화정의 선포와 함께 중화민국이 수립되었다.

제1차세계대전 이후 일본은 중국의 약화와 분열을 기회로 하여 1931년 만주를 점령하고, 1937년 중·일 전쟁으로 대륙을 침략하였다.

제2차세계대전에 패한 일본이 중국에서 철수하자 國共內戰이 계속되어 오다가 1948~49년간에 패배한 정부군이 타이완으로 철수하고, 중국공산당이 대륙을 석권하여 오늘에 이르렀다. 1992년 8월 24일 우리나라는 중국과 정상적인 외교관계를 수립하게 되었던 것이다.

중국에는 56개의 다양한 민족이 살고 있으며 그중 漢민족이 전체의 94%를 차지하고 있으며 나머지 6%가 55종류의 소수민족이며 반대로

땅은 소수민족 6%가 9할 이상을 점유하고 있으며 인구 94%인 漢민족
은 중심지 한 자리 숫자의 땅을 차지하고 있는 실정이다. 지금 중국에
서는 103곳의 자치구가 설정되어 있다.

중국의 학제는 법령상으로는 소학, 초급중, 고급중, 대학의 6·3·3·
4제를 채택하고 있다. 1980년대에 들어와서는 국민학교 6년, 중등학교
6년(초급중학과정 3년, 고급중학과정 3년), 중등전문학교 3년, 대학 3~
4년, 석사과정 3년, 박사과정 3년으로 개편되어 가고 있다.

필자는 8월 11일 아침에 서울 김포공항에서 출발하여 우선 상하이
(上海) 국제공항에 도착하였다. 상하이는 장강(長江)의 하구에 위치하
고 있다. 6000㎢의 면적에 인구 1300만 명을 가진 중국 최대의 도시로
서 황포항(黃浦港)을 지니고 있다.

우선 尹奉吉 의사의 의혈의 피가 서린 홍커오꽁유엔(虹口公園)을 찾
았다. 1932년 일본천황 생일인 천장절 기념식장에서 시한폭탄을 던져
白川大將 등 일본고관을 폭사시켜 세상을 놀라게 한 곳이다. 그러나
윤 의사에 대한 기념비 하나 찾을 수 없었다. 과연 이국은 이국이라고
생각하였다. 지금은 루신꽁유엔(魯迅公園)으로 이름이 바뀌었으며 공원
안에는 노신기념관과 노신의 묘가 있었다. 그의 묘비에는 '魯迅先生之
墓'란 모택동의 친필이 새겨져 있었다.

다음으로 萬國公園에 갔는데 중앙에는 宋慶齡(1890~1981)을 기리는
대리석 비석과 기념관이 있었으며 이곳에서 오른편으로 50m 정도 들
어가면 외국인 묘지가 있는데 이곳에 金九 선생과 함께 상해임시정부
를 운영했던 朴殷植, 盧伯麟, 두 선생의 영령이 잠들어 있었다. 여기서
두 선생의 약력을 생략하거니와 초라하게 방치되어 있는 묘비를 몇 번
이고 사진으로 담아서 가져왔다.

그리고 上海市 盧灣區 馬堂路 普慶里 305弄 4號를 방문하였다. 이곳에
서는 1926~1932까지 임시정부요인들이 6년간 사용했던 역사적인 건물이
다. 역사적인 의미가 큰 이 건물을 1992년 2월 25일 한국의 삼성물산과 상
해시 문물보호관리소 간에 정식복원합의서를 교환, 1992년 3월 말부터 복

원공사를 착수하여 93년 초까지는 완공할 예정이라고 해서 마음이 놓였다.

복원될 창사의 명칭은 '大韓民國臨時政府舊址'라고 명명하기로 하였으며 복원에 소요되는 비용은 우리나라 돈으로 약 3억 원의 비용이 들 것이라고 한다.

그 다음날은 비행기로 長春에 도착하였다. 長春은 지린성(吉林省)의 省都로서 도시 인구는 약 200만 명이다.

1905년 노일전쟁 후 일본은 長春 이남의 철도를 이양받아 南滿洲鐵道公社를 설립, 장춘에 租界를 설치하여 중국침략의 디딤돌로 삼았던 곳이다. 1931년 일본은 관동군이 일으킨 '만철폭파사건(만주사변)'을 기화로 '만주국'을 수립, 長春을 수도로 하고 이름을 '新京'으로 고쳤다. 해방 후 장춘이라는 이름을 되찾은 이 도시는 공업화를 적극 추진하여 중국 최초의 자동차 공업기지가 되었다.

'만주국' 당시의 皇官은 吉林省박물관, '新京神社'는 유치원, '관동군사령부'는 吉林省당위원회, '滿鐵빌딩'은 중국철도국 등으로 변해 있었다. 地質學院에서 斯大林大街에 걸친 지역은 지금도 넓은 부지의 고색창연한 양옥이 많이 남아 있는데 이를 통해서 만주국 당시의 영화와 거리 모습을 엿볼 수 있었다.

그리고 꽝푸스창(光復市場)의 동쪽에 위치하고 있는 웨이 황꿍(僞皇官)을 살펴보았는데 이곳에서는 '마지막 황제' 영화에서 본대로 만주국 황제 溥儀가 살던 곳으로 지금은 吉林省博物館으로 일반에게 공개되어 있어, 많은 감회를 느끼게 하였다.

長白山飯店에서 일박하고 새벽 일찍 버스로 장춘을 떠나 동남으로 가로 질러 白頭山을 향하였다. 18시간 후에 간신히 이도백화를 거쳐 장백산장에 도착할 수 있었다. 동경 128° 북위 42°가 교차하는 이곳에 '白頭山 天池'가 있다. 이 부근 일대는 장백산맥이며 그 주봉은 백두산으로 북한과 중국의 국경을 이루고 있었다.

일박하고 지프로 갈아타고 40여 분 산에 올라서 다시 400m 정도 걸어 올라가니 '天池'에 도달한 것이다. 처음에는 안개가 끼어 한치 앞도

안 보이더니 10여 분 지나서 안개가 서서히 걷히면서 '天池'가 그 모습을 드러내는 것이었다.

이때의 감격은 이루 말로 형용할 수 없었다. 북한으로 올라오면 될 것을 남의 땅을 이억만리 돌아서 그것도 남의 땅을 밟아 민족의 靈山을 보는 그 순간 만감이 오가는 전율을 느꼈다. 과연 '天池'는 신비하다 못해 엄숙해 보였다. 압록강, 두만강, 송화강의 시원답게 지극히 성스러워 보였다. '天池'를 돌아서면서 다시 찾고 싶은 감회가 마음 깊이에서 용솟음쳤다. 마음 같아서는 언제나 이곳에 있고 싶었다.

天池를 뒤로하고 온 대로 그 역순을 밟아 고생 끝에 장춘에 도착하여 하루를 쉬고 아침 일찍 비행기로 베이징(北京)으로 향했다. 베이징은 행정구역상 10개 구, 9개 현으로 되어 있으며, 인구 970만 명, 면적 16800㎡의 대도시이다. 3000여 년 전에 이미 마을이 형성되었으며, 전국시대에는 燕나라의 도읍지였다. 1420년 明나라의 수도로 정해지고 베이징이라 명명된 이후 北京은 280년간 명왕조와 270년 동안의 淸왕조의 왕도로서 전 중국에 군림했다.

1911년, 신해혁명으로 인해 청나라는 붕괴되고 중화민국의 시대로 들어오면서 孫文이 南京을 중화민국의 수도로 정했다. 그러나 袁世凱 등의 북양군벌은 북경에 눌러 앉았기 때문에 북경은 여전히 사실상 수도로서의 입장을 지켰다. 북경이 단기간일지라도 수도의 지위를 상실한 것은 1928년부터 1949년까지의 20년간인데 북벌을 끝낸 蔣介石이 남경을 수도로 정하고 북경을 '北平'이라는 구명칭으로 부른 기간이다.

북경이 중공군에 의해 점령된 것은 1949년이었다. 동년 중국공산당 주석 마오쩌둥(毛澤東)은 天安門 위에 우싱훙치(五星紅旗)를 계양하고 '중화인민공화국'의 성립을 선언하였는데, 북경은 이때부터 다시 중국의 수도로 되돌아왔다.

TV에서 자주 보는 대로 天安門廣場, 人民英雄紀念碑, 人民大會堂, 故宮, 頤和園, 萬里長城, 王府井大街, 前門大街, 大柵欄街, 北京大學 등을 고루 보았다. 옛날의 영화가 그대로 느껴지는 순간이었다. 嶺南飯

店에서 일박하고 비행기로 다시 上海에 와서 KAL을 타고 귀국하니 떠난 지 8일째 되는 날이었다.

8일 동안 열심히 보았으나 중국의 극히 일부분을 보았다고 할 것이다. 그러나 중국을 이해하는 데 작은 실마리를 잡았다고 할 수 있을 것이다.

안내원의 인상적인 말을 옮기기로 한다. "중국사람은 비록 천천히 가는 한이 있어도 결국은 모든 일을 해내고 만다."고 했을 때 부분적으로 수긍이 갔다.

"세계에서 黃河가 밑으로는 가장 빨리 흐르나 江 표면에는 靜中動으로 조용히 흐른다."는 魯迅의 말은 우리들 모두가 다시금 되새김질 해야 할 것으로 감지된다.

세계화를 지향하는 청소년의 공동체의식 어떻게 생각하나

1. 나와 삶의 보람

지금 나는 여기 서 있다. 나는 누군가? 나는 무엇이 되려고 한다. 또 무엇이 되고 싶다. 몸부림치며 무엇인가 지향하고 있다. 나는 과연 누군가? 만일 내가 인간으로서의 '어떤 것'이라면 그것은 내가 생각하고, 판단하고, 느끼고, 평가하고, 존경하고, 존중하고, 사랑하고, 미워하고, 두려워하고, 욕망하고, 바라고, 믿고 그리고 행동하는 것이다. 내 이성과 감정이 구제불능으로 꼭 막혀 있는 것이 아니라 하나의 인간으로서 나를 정의하는 모든 내용들이 계속 변하고 있는지도 모른다. 나의 본성은 나의 내부에 있어 작고 딱딱한 핵이 아니라 오히려 다이내믹하게 움직인다. 인간의 감정이란 파도처럼 순간순간 출렁이며, 때로는 포말처럼 산산이 부서지기도 하고 때로는 잔잔한 파도처럼 잔물결을 일으키기도 한다. 다시 말하면 "네가 어제 나를 알았다면, 오늘 네가 만난 나와 어제의 내가 꼭 같은 사람이다"고 느낄 필요는 없다. 나는 지난 날보다 더 많이 살았고, 주위의 모든 분들에 대해 새로운 깊이를 느꼈고, 더 외로워했고, 더욱더 괴로워했고, 그래서 많은 뉘우침과 후회와 용서와 그리고 밀도 높은 기도를 하였다. 나는 어제의 나와 다르게 변해 가고 있는 것이다. 그 변하는 모습이 어떤 때는 흐뭇하고, 또 어떤 때는 내 모습이 한없이 싫어지기도 하였다. 한없이 변하고 출렁이는 순간순간을 붙들고 '나는 누군가', '나는 무엇이 되려고 하는가'라는 자문자답을 숱하게 해보았다. 내가 이 시점에 서 있다는 것은 하잘것없는 것이요, 대수롭지 않다고 자기를 멸시할 때도 있었으나, 또 한편 생각해 보면 내가 지금 이곳에 서 있다는 것은 참으로 위대한 일이요, 적어도 내게는 온 세상과 바꿀 수 없는 아늑함과, 존귀함을 느낄 때도 있다.

나는 소중한 존재다. 또 자기 자신을 가장 소중하게 키워나가는 데서 아름다운 삶의 내용이 펼쳐지게 마련이다.

모든 단계는 결국 나로부터 풀어나가게 된다. "다른 사람들이 나를 어떻게 보느냐"의 문제가 아니라 "내가 나를 어떻게 보느냐"가 더 근본적인 문제이다. 나 자신에 대한 신뢰, 확신만큼 이 세상에 더 소중한 것은 없을 것이다.

나와 내 생명이 존귀하면 그만큼 너의 존귀함을 인정해야 한다. 사람은 나와 네가 서로 기대어 자라게 되어 있다.

모든 사람들은 저마다의 마음을 갖고 있다. 이 마음은 마치 반짝이는 보석과도 비길 수 있고, 값진 거울과도 견줄 수 있다. 사람은 자기 홀로 속에서는 적나라한 자기를 진단키도 어렵고 성장케 하기는 더욱 어렵다.

사람과 사람과의 만남은 참으로 위대한 일이다. 상대방의 거울에 비추어 보아서 자기 자신의 진면목을 바로 볼 수 있는 것이다.

가능한 한 나는 그의 세계 속에 그는 나의 세계 속으로 뛰어들 때 서로 충실해질 수 있는 것이다.

사람들은 이 순간도 많이 만나지만 참다운 만남이 없이는 서로 스치고 지나치는 과정에서 만 가지 오해와 복잡한 인간관계에 얽히게 된다.

서로 친숙해질 수 없는 사람은 이 세상에 한 사람도 없다. 단지 마음의 장벽을 쌓고 서로 갈라서게 되는 가장 큰 원인은 나와 너 사이에 '진실함'이 결핍되었을 때이다. 누구나 단점 없는 사람이 없고 장점 없는 사람도 없다. 정도의 차이는 있겠으나 이 두 가지는 누구나 다 지니고 있다. 그 장단점을 그대로 갖고서도 진실하기만 하면 얼마든지 서로 '만남'의 심도(深度)에 돌입할 수 있다.

내 일과 남의 일이 따로 있는 것이 아니다. 남의 일을 자기 일처럼 생각해서 도우면 결국 자기의 일이 풀리게 된다. "옆에 있는 네 형제를 사랑하지 못하고 하늘에 있는 하나님 아버지를 어떻게 사랑할 수 있겠느냐"는 말씀도 바로 이런 뜻으로 해석해야 할 것이다. 주위에 불편한 사람이 한 사람이라도 있으면 그 불편을 함께 나누는 진실함에서 참다운 '만남'이 있게 되고, 서로 마음과 마음이 얽히고설켜 일체감을 갖게 된다. 그 대상에 따라서 친숙의 정도가 취사선택되는 것이 아니라, 남녀노소 누구하고도 그 빛나고 진실한 마음의 거울이 서로 마주치면 곧 한 몸과 같은 일체감을 갖게 된다는 것이다. 내 입장과 네 입장이 따로 있는 것이 아니다. 자기의 존귀함이 정성으로 너에게 투영될 때, 서로는 그 이해의 극치에 도달케 되는 것이다.

2. 나와 공동체와의 관계

나의 어머니, 우리들의 어머니는 10개월 동안 생명을 잉태하고 온갖 어려움을 극복하였으며 생명을 낳는 아픔을 경험하지 못한 사람들은 거의 상상조차 할 수 없는 아픔 끝에 나와 우리들 모두가 이 세상에 태어난 것이다. 갓난아기를 키운다는 것은 어떤 때는 희열도 있으나 또 어떤 때는 극심한 고문과도 같다. 잠도 제대로 잘 수 없고, 젖은 자리를 갈아야 하고, 젖을 먹어야 하고, 열이 오르면 언제나 의사를 찾는데 때가 따로 없다. 커가면서 큰 병치레를 한다. 때로는 생과 사의 갈림길에서 어머니는 손발을 잡고 때로는 가슴으로 안은 채로 밤을 새울 때가 어디 한두 번이겠는가? 조금 크면 학교에 보내진다. 부모들은 학

교에 보내진 아들딸의 성장하는 것만이 흐뭇하여 일에 열중하며 정신
적, 물질적인 지원을 하게 된다. 심지어는 온몸을 불태워가며 아들딸을
위하여 문자 그대로 헌신하는 것이다.

부모들뿐만 아니라 주위의 가족, 학교의 선생, 지역 사회의 고마운
인사, 그리고 국가사회의 혜택으로 지금까지 이곳에 온 것이다.

자기의 능력을 극대화하면 그것이 곧 자기가 속한 가정, 학교, 사회,
국가에 기여보비하는 것이다. 자기가 게을러서 자기 계발을 소홀히 하
면 그가 속한 가정, 학교, 사회, 국가는 하향의 길을 가지 않을 수 없
다. 자기를 충실히 키워 나가는 일은 곧 자기만의 일이 아니라 그가
속한 가정, 학교, 사회, 국가와 직결되게 된다.

천당에나 지옥에나 팔꿈치를 구부릴 수 없게 되어 있는데 지옥에서는 서
로 자기 입에 넣으려고 하여 모두가 굶고 있고, 천당에서는 그 구부릴 수
없는 손으로 상대방을 서로 먹여주니 배부르게 먹고 있다는 은유가 있다.

결국 개인적 이기주의는 순간적으로는 잘되어가는 것 같으나, 나중
에는 파멸의 길로 가게 마련이다. 요즈음은 개인적 이기주의가 사회적
으로 통하지 않으니까 집단적 이기주의가 횡횡하고 있다. 집단적 이기
주의도 처음에는 잘 되어가는 것 같으나 나중에는 자동 해체되고 그
보복을 받게 마련이다.

힘과 권력이 있으면 이 세계를 통일한다고 믿는 사람도 없지 않다.
그렇다면 동물세계에서는 힘센 사자와 호랑이로 득실거려야 하는데 힘
센 동물은 찾아보기 힘들고 가장 약한 노루, 사슴, 토끼 등이 크게 번
식하는 것은 무슨 이유일까.

또 사람들은 자기만이 잘 살려고 하고, 자연에 대해서는 배려를 덜
한다. 사람만이 살려고 하고 자연을 아무렇게나 대하면 나무가 죽고,
물이 죽고, 공기가 죽게 마련이다. 물이 썩어가고 있으며 공기가 탁해
지고 있는 자연 속에서 사람만이 평안하고 건전하게 살아갈 수는 더욱
없는 것이다. 내가 너를 살리면 나도 살고 너도 살지만 내가 너를 학
대하고 죽이면 나 자신도 삶의 터전을 잃게 되는 것은 지금 우리 주위

에서 실감나게 느낄 수 있는 것이다.

3. 공동체 간의 윤리

유교의 윤리를 한글자로는 인(仁)으로 대표되고 두 글자로 말한다면 충(忠), 효(孝)로 요약할 수 있다. 충이란, 즉 임금과 신하와의 윤리, 나아가 개인과 국가와의 윤리로 볼 수 있고, 효란 어버이와 자녀와의 윤리로 볼 수 있다.

예를 든다면 가족 성원 간의 우애는 돈독할수록 좋고 가족 성원의 응집력이 깊으면 깊을수록 좋다고 본다. 그러나 서로 피가 엉긴 가족 친족 간의 응집력으로 인하여 서로 가족이 아닌, 친족이 아닌 사람들과의 나눔에 인색할 때 그 집단은 곧 가족 중심적 이기주의로 빠지게 된다. 여기서 가족과 가족, 그리고 친족과 친족 간을 연계하는 유대가 절실해지는데 이것이 말하자면 사회에 대한 사랑, 민족에 대한 사랑, 인류에 대한 사랑 등으로 발전·비약하지 않으면 안 된다. 바로 이때에 효의 윤리는 곧 충의 윤리로 나아가야 한다. 우리 사회는 전통적으로 가족 중심적 이기주의가 거의 세습하여 오늘에 이르렀다고 볼 수 있다. 뿐만이 아니라 자기출신지역, 출신학교, 종교적 배경 등에 얽매인 이기주의는 자칫 잘못하면 국가사회 전체의 안위를 위협할 수준에까지 이르렀다. 자기 고향을 사랑하는 것은 결코 결점이라고 할 수는 없다. 자기 모교에 대한 자부심과 사랑은 깊을수록 바람직하다. 그러나 자기 출신 지역 이외의 사람을 배타적으로 대하거나 자기의 동창이 아니면 믿을 사람이 없다거나 이렇게 분파화된다면 결코 바람직한 현상으로 볼 수만은 없는 것이다.

서로 믿고, 서로 당기고, 서로 돕고, 서로 감싸고 상호 부조하는 데서 공동체의 힘이 나오고 공동체의 폭발적 에너지가 나오게 되는 것이다.

4. 세계화에로의 길

지금은 세계화(globalism)의 향방으로 전 세계가 나아가고 있다. 예를 들면 대기의 오염, 남극에서의 오존층의 파괴 등은 어느 한 나라만의 노력으로 해결할 수는 없는 수위에 도달하였다. 지구를 하나의 덩어리로 보아 공동으로 해결하지 않을 수 없다. 지금은 전 세계가 일일생활권으로 접어들고 있다. 우리나라의 제품도 세계적인 경쟁 없이 다른 일부 국가에 내다 팔 수 없게 돼 있다.

반도체를 예로 든다면 미국, 일본, 그리고 한국의 순서로 따라가고 있다. 전 세계 수출량의 약 8%를 우리나라가 차지하고 있다. 이제 21세기가 되면 우선 반 이상으로 수출량을 늘일 수 없다면 현상 유지도 어렵게 될 냉혹한 현실에 와 있다. 우리나라의 자동차는 미국의 지엠, 크라이슬러, 포드와 경쟁해야 하고 일본의 도요다, 이스르, 고단과 경쟁해야 하고 독일의 벤츠, 아우디와 그리고 스웨덴의 볼보와 함께 경쟁해서 살아남아야 한다.

이러한 세계화의 추세는 비단 자동차 회사뿐만이 아니라, 대학, 은행, 보험, 병원, 학원 등 전 분야에 걸쳐 개방화 추세에 있다.

지금 여러분은 전 세계의 학도들과 어깨를 나란히 겨루어 나아가야 한다. 은국(隱國), 은자(隱者)의 곳은 있을 수 없고 세계화 속에서만 살아남을 수 있다.

우리나라의 건축계는 전 세계 시장을 누비고 있다. 그러나 성수대교, 삼풍백화점 등의 허실과 참사는 우리나라의 건축계의 세계화에 암영을 던지고 있다는 것 또한 부정할 수 없는 사실이다. 우리나라의 교통질서가 위태로운 수준에 와 있다는 것은 우리나라 관광자원 개발에 엄청난 상처를 주고 있는 것 또한 사실이다.

이제 우리 사회에서 잘못된 곳이 있다면 맨 처음부터 새롭게 쌓아 나아가야 한다. 그렇게 하는 것이 보다 역사의 과정을 단축할 수 있는 유일한 길이다.

우리에게는 지금 새로운 생활 질서가 요청되고 있다. 남의 일을 내 일로 여기는 윤리가 필요하고, 서로 공동체의 발전을 위한 개인의 헌신이 지금처럼 요청되는 시기가 과거에는 별로 없었다.

그리고 과거에는 닫힌 사회, 폐쇄사회 속에서 그런대로 살아갈 수 있었다. 그러나 지금은 열린 마음, 열린사회의 기풍으로 옷을 갈아입지 않고는 순간도 존재할 수 없는 현실로 변하였다.

세계 어느 구석에서 사고나 기아의 참사가 일어났다면 이제는 우리도 그들을 도와야 한다. 이 세계화의 엄숙한 현실 속에 우리사회가 전진을 계속하려면 과거보다 더 일층 노력과 헌신이 요청된다고 하겠다.

어느 나라의 역사를 보아도 수고로운 땀과 피와 정열 없이 오늘의 복지국가를 이룩한 나라는 없다. 그들은 지금의 위치를 누릴 수 있는 특권을 가진 만큼 그 땅에다 땀과 피와 열정을 부었기 때문에 가능했던 것이다.

이제 4년이 조금 지나면 21세기가 다가온다. 여러분들은 21세기의 주인공이다. 이 주인공, 즉 역사의 주체가 되기 위한 겸허한 준비가 요청된다고 하겠다.

지금은 우리나라도 10대 교역국가로 진입하려고 하고 있고, UN안보리 비상임국가가 되려고 하고 있고, FIFA 월드컵 축구를 유치하려고 하는 시기에 와 있다. 금년으로 우리나라 일인당 GNP는 만 불을 넘어서게 되어 있다. 이것을 기초로 하여 국가사회를 보다 높은 차원으로 도약시켜야 할 책무가 여러분의 어깨에 달려 있다. 역사는 우리들에게 순간순간 엄숙한 선택을 기대하고 있다. 문제는 모두의 결단적 행위에 있다고 본다.

올림픽에로의 길

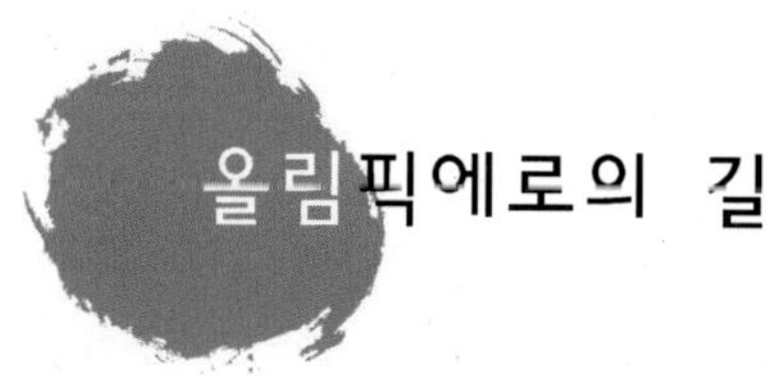

    우리나라 역사상 최대의 行事인 88 서울 올림픽이 다가오고 있다. 이를 위해 都市의 整備, 각 나라 選手들을 수용할 아파트의 建立, 각종 競技場과 新政策 등 허다한 課業이 지금 여러 모양으로 進行中인 것으로 알고 있다.

    이 모든 일은 반드시 해야 할 것이고, 또 해내지 않을 수 없는 課題들이다. 그러나 物量的인 것은 그 工程에 따라 얼마든지 時間을 短縮할 수 있는 것이다. 하지만 生活習慣의 改變이란 次元에서 보면 결코 一朝一夕에 이루어질 수는 없는 것이다. 物量的인 建設은 一定한 人力投入으로 可能할 수도 있으나 온 國民의 生活態度란 全國의 團合된 意志의 結晶으로만 向上 定着될 수 있는 것이다.

    우리가 가난하게 사는 家庭을 訪問해 볼 때마다 많은 示唆를 받게 될 때가 있다. 가난하게 사는 것이 부끄러운 것이 아니라 그 環境을 그 나름대로 整理, 管理를 못하는 것이 일층 더 부끄러운 것이 아니겠는가?

    큰돈이 들지 않아도 벽지도 깨끗이 하고 物件을 있어야 할 곳에 놓고, 빛바랜 대문도 깨끗이 塗裝하고 그곳에서 살아가는 家族成員의 눈빛이 빛나고 和氣에 찬 表情을 보면 누가 감히 집이 작다고, 옷이 남루하다고, 차가 집 앞까지 못 들어간다고 깔볼 수 있겠는가?

    흔히 거기 秩序確立이란 말을 요즈음 자주 듣는다. 先進國家의 都市를 거닐다 와서 보면 거리 秩序가 우리들은 너무도 혼잡해 있는 것을

實感할 수 있다.

또 뒷골목이 너무 더럽다. 이러한 것들은 꼭 經濟問題와 連結시킬 것만은 아닌 것 같다.

한마디로 表現한다면 삶에 대한 誠意와 活氣를 우리들 스스로가 불어넣을 때가 온 성싶다.

지금 한창 外國産 物品을 國産으로 代替하는 作業이 官街에서 指導層에서 活發해지고 있다. 참 고마운 일이 아닐 수 없다. 전에는 國産品이 여러모로 外國産品에 비해 뒤떨어졌었다. 그러나 요즈음은 生活 全般에 걸쳐 國産品을 使用해도 별로 不便할 것이 없을 정도로 큰 發展을 하였다고 볼 수 있다.

그러나 아직까지 反省할 것이 한두 가지가 아니다. 대체로 技術開發 問題도 있겠으나 誠意의 不足이 여러 製品에서 찾아볼 수 있다.

예를 들면 自動車만 보더라도 그 組立이 조잡하기 이를 데 없다. 10년 전의 것이나 지금의 것이나 겉모양 빼놓고는 다를 바 없다. 自動車는 서 있는 것이 아니라 움직이는 物體다. 出庫한 새 차도 窓에 유리가 흔들린다. 그 유리를 플라스틱으로 대강 固定시켰기 때문이다. 이런 車의 出庫를 官에서는 계속 허락하고 있다. 이런 無誠意한 車가 外國으로도 輸出된다고 듣고 있다. made in Korea를 믿고 購入한 需要家들이 또 우리의 車를 친구들에게 紹介할 수 있겠는가? 참으로 아득한 생각이 든다.

각종 電子製品만 해도 그렇다. 늘 使用하게 되는 것이 電氣를 넣었다 빼었다 하는 스위치다. 이 스위치가 너무 약하다. 곧 고장이 나서 들고 갔더니 스위치를 가만히 눌러 사용하라는 것이다. 電子製品은 어른만이 쓰는 것이 아니다. 오히려 TV, Radio, 전축 등은 兒童이 더 많이 使用할 때가 많다. 어떻게 조용히, 가만히만 틀 수 있겠는가?

이에 대한 專門知識이 없어서 잘 모르겠으나 무엇인가 誠意가 不足한 것이 아닌가 싶다.

한 채의 집을 지어도 그렇고 아파트를 지어도 그렇다. 우리들은 뒷

정리가 소홀하다는 느낌이 든다.

이번 機會에 우리 國民 모두가 너 나 할 것 없이 크게 마음을 고처 먹어야 할 것이다.

적당히 해치워 버리는 習慣에서 크게 벗어나야 할 것이라고 생각한다.

올림픽은 비단 運動競技뿐이 아니라 우리나라가 先進國으로 進入하는 매듭단계가 될 것이다.

지금은 같은 製品이라도 그 國家의 背景에 따라 그 物品의 값을 國際的으로 달리하고 있다. 즉 우리나라 製品은 그 값을 제대로 받지 못하는 境遇가 허다하였다. 이러한 現實에서 비약하여 88년 이후에는 先進國家의 製品과 같은 값을 받기 위해서는 그 製品의 精密度가 뒤따라야 할 것이 아니겠는가? 그것도 技術의 落後性이라면 계속 技術導入에 迫車를 加해야 할 것이나, 製品過程에 誠意의 不足에서 由來하고 있다면 참으로 참담하다고 아니 할 수 없다.

모든 製品은 그 나라 사람들의 技術的, 人格的 表現이 아닐까?

길을 걷는 態度, 電話를 받는 姿勢, 낯선 사람을 대하는 習慣 이 모두가 올바로 몸에 배는 汎國民的 運動이 조용하게 일어나야 될 것이다.

이제 지루하던 寒波가 물러가고 山 넘어 봄이 오고 있다. 萬物이 새롭게 生動하는 出發의 季節을 맞아 우리들이 마음을, 우리들의 주변을 조심스레 살펴보아, 고칠 것은 고치고 철거할 것은 들어내고, 가꿀 곳을 가꾸는 視野를 갖추어야 할 것이다.

家庭에서도 나무를 심을 空間을 찾아 푸른 家庭을 가꾸도록 힘써야 하겠고, 마을마다 建設의 해머 소리가 울려 퍼져야 하겠고 메마른 學校의 校庭도 좀 더 윤택하게 가꾸어야 할 것이다.

거리를 지날 때 이 거리가 너무 좁다든가 길이 바르지 못하다든가 그런 것은 行政의 次元에서 해야 할 일이나, 길거리가 지저분하다, 看板이 지나치게 無秩序하다, 이런 등등의 일은 市民 모두가 協力하여 얼마든지 改善해 나아갈 수 있는 일이 아니겠는가?

예로부터 우리나라는 錦繡江山이라고 하였다. 특히 서울의 地勢는 거의 世界的이라 할 수 있다. 88 올림픽을 맞이하여 高級호텔을 더 짓고, 고층 빌딩을 더 올리는 것도 중요하지마는 이보다 더 중요한 것은 한 가정, 한 가정마다, 거리를 지나가는 개인 개인이 보다 활기에 차고, 자신감에 넘치고, 주위를 정비 관리하는 정성이 지극하면 그것으로 88 올림픽 준비의 그 대부분을 마쳤다고 하여도 과언은 아닐 것이다.

어찌 나라사랑이 국제 경기에서 꼭 금메달을 따오고, 기능올림픽에서 금메달을 걸고 와야만 愛國이 되겠는가?

이 모든 技能도 훌륭한 愛國의 行爲에는 틀림이 없으나, 보이는 곳에서 또는 안 보이는 곳에서 조용히 자기 일을 誠心껏 해 나가는 삶의 意志의 實現도 작은 愛國이 아니겠는가? 이 작은 愛國的 行爲의 땀을 먹고 하나의 社會가, 國家가 先進國家의 軌道에 進入할 수 있을 것으로 믿는다.

올림픽을 맞는 우리의 姿勢

古代 올림픽은 B.C. 776년에서 A.D. 393년에 이르기까지 1200년간 293回 實施되었다.

近代 올림픽은 쿠베르탱(Coubertin, 1863~1937)에 의해 다시 再建되어 1896년 제1회 아테네大會에서 비롯되어 LA大會까지 23回에 이른다. 서울 올림픽은 第24回로 아시아 大陸에서는 두 번째, 世界的으로는 16번째 國家가 되는 셈이다.

古代 올림픽은 제우스神을 위한 祭典 競技로 이를 전후하여 3個月은 戰爭까지도 中斷하였다는 記錄이 있다.

近代 올림픽은 순수하게 敎育的 動機에서 다시 出發되었다. 普佛戰爭으로 프랑스 國民을 비롯한 歐羅巴人에게 새로운 士氣를 振作하고 이들은 英國 등 諸國을 서로 訪問하여 스포츠 精神의 偉大性, 나아가 世界化의 意志를 널리 폈던 것이다.

올림픽 憲章 精神은 스포츠를 통한 肉體的, 道德的, 資質 啓發에 있으며 各 國家 單位의 相互 理解, 友好 精神을 통하여 平和 世界의 建設과 이를 實現하기 위하여 靑少年敎育 및 國際 親善의 擴大·增進에 두었던 것이다.

올림픽 憲章 精神을 集約的으로 表現한다면 올림픽 標語인 '보다 빠르게, 보다 높게, 보다 힘차게'로 表現할 수 있다.

그런데 1964東京大會는 日本이 先進化로 跳躍하는 데 큰 디딤돌이 되었으나, 그 후 1968멕시코大會는 단순히 스포츠 잔치로 그친 面이 있고, 1972뮌헨大會는 문자 그대로 流血慘劇이 빚어진 事故 大會였고, 1976몬트리올大會는 人種 問題로 반쪽 大會에 그쳤고 또 혹심한 赤字 大會였다. 1980모스크바大會는 政治的 汚染으로 완전한 반쪽 大會였고 1984LA大會는 市民 奉仕, 模範的 大會로 이끌어 나간 面도 있으나, 지나친 商業主義와 '80모스크바大會의 政治的 反作用으로 인하여 역시 반쪽 大會에 불과하였다.

이번 1988서울大會는 世界史上 처음으로 全人類가 함께하는 祝祭로 浮上하고 있는 것은 물론, 우리 民族의 底力도 作用하였으나 보다 根本的으로 말한다면 歷史의 攝理로밖에 더 以上의 註釋을 할 수 없을 것이다.

서울올림픽의 5大 特徵으로 和合의 올림픽(unity), 文化의 올림픽(culture), 福祉의 올림픽(compassion), 希望의 올림픽(future legacy), 繁榮의 올림픽(new era)을 들 수 있다.

우리는 이번 올림픽을 契機로 하여 韓國과 韓國人의 새 모습을 世界 万邦에 보여주어야 할 것이다. 무한한 民族的 自矜心, 되살아난 우리의 漢江, 풍요로운 韓國 文化를 全世界 사람들에게 드러내 보여야 할 것이다. 뿐만이 아니라 政治的 外交의 面에서도 國民 和合의 契機를 마련하고 先進國 隊列에 進入하기 위한 傳統 友邦과의 紐帶 强化와 對共産圈에 대해서도 획기적으로 外交를 改善해서 國益의 方向으로 定着시켜야 할 것이다. 그리하여 社會·文化的 面에서도 國民 意識을 先進化하고, 生活 環境을 改善하고 傳統 文化를 계속 補完 發展케 하여, 이 기회를 國民 體育 振興의 발판으로 삼아야 할 것이다.

1988서울大會에는 올림픽 패밀리 33000명, 觀光客 24万名, 觀衆 270万名이 參加할 것이고, 각 報道 放送 媒體를 통하여 世界 50億의 人口가 觀覽할 것이다.

隱國의 나라로 오랫동안 歷史의 기슭에서 맴돌았던 우리가 이제

5000년 만에 처음으로 歷史의 舞台에 오를 滿潮의 時期를 맞이하였다.

이제 오랫동안 응어리졌던 民族의 恨을 풀고 크게 世界史의 舞台에 과감히 나설 때가 돌아온 것이다.

우리는 20세기에 들어와서 몇 차례의 民族의 共感帶를 이루었던 것을 되새김질 할 必要가 있다.

1919년, 1929년, 1945년, 1948년, 1950년, 1960, 1988년—이 偉大했던 해, 雄大했던 해, 아파했던 해, 感激했던 해를 결코 우리들은 잊을 수 없다.

1988년 우리의 모든 힘을 結集하여 한 民族의 雄大함을 유감없이 發揮할 때가 到來한 것이다.

두 동강난 우리의 韓土에서 올림픽이 擧行되고, 歷代에 얼룩진 올림픽을 말끔히 治愈해서, 全世界를 새롭게 建立하는 使命이 이번 서울大會에 주어진 것이다.

歷史의 뜻은 너무도 意味 深長하게 우리에게 다가오고 있다.

지금 우리에게 절실한 것은 높은 자부심(pride)과 마음속 깊이에서 우러나는 즐거움(pleasure)과 삶에 대한 깊은 보람(prestige)이 要請된다. 이 세 가지를 日常性 底邊에 깔고 그 위에 온 國民의 親切心, 온 國民의 바른 秩序 意識의 習慣化, 온 國民의 自發的인 淸潔한 마음가짐과 이를 決行하겠다는 굳은 意志가 所重하다고 하겠다.

지금으로부터 24년 전 日本社會는 여러모로 유치하기 그지없었다. 敗戰의 앙금이 아직 가시기 전이요, 國內的으로 國外的으로 많은 挑戰에 直面하였다. 그러나 그들은 1964東京올림픽大會를 效果 있게 해냈던 것이다. 이 기회를 第二의 明治維新으로 삼아 先進國에로 進入하고 마무리를 하는 데 成功하였던 것이다. 日本 國民들의 마음속에는 1964東京大會가 영원히 잊을 수 없는 金字塔으로 남아 있다.

그로부터 24년 후 우리에게도 그와 꼭 같은 機會가 주어진 것이다. 社會의 發展 程度로 본다면 그 당시 日本 社會보다 우리가 더욱 유리한 高地에 서 있다. 뿐만이 아니라 日本보다 몇 배나 더 强烈한 世界

史의 領軸이 우리에게 다가오고 있다.

萬一 이 機會를 놓친다면 우리는 國際的인 孤兒가 될 것이며, 政治, 經濟, 安保面에서도 돌이킬 수없는 後退를 거듭하게 될 것이다.

이번 國際的인 行事에는 與野가 있을 수 없다.

解決해야 할 國內的인 허다한 課題도 올림픽 行事보다 더 優位에 둘 수는 결코 없는 것이다. 왜냐하면 이번 國際 行事는 단순히 體育의 行事만이 아니라, 우리나라가 主導하여 밖으로는 最大 最上의 東西 和合을 이루는 것이요, 안으로는 政治, 經濟, 體育, 文化, 藝術 등을 綜合的으로 先進國型으로 格上하는 일이다.

歷史의 滿潮 時期에 태어난 우리들 모두는 祈禱하는 마음으로, 禪을 하는 정성으로 우리들의 모든 智慧와 能力과 努力을 한데 몰아 全世界人의 가슴에 警異로운 衝擊을 안겨줄 決定的 時間이 우리의 눈앞에 다가온 것이다.

23회 올림픽이 주는 의미

이번 올림픽은 우리에게 주는 의미가 자못 컸다고 본다. 비단 4년 후에 우리가 치러야 할 차례이기 때문인 것만은 아니다.

우리의 무한한 잠재력을 일깨워 주었고 또 확인한 데 더 큰 뜻이 있다고 하겠다. 비단 금 6, 은 6, 동 7이라는 메달의 수도 값진 것이려니와 하면 된다는 평범한 진리를 마음속 깊이 각성케 하였다.

처음으로 세계 정상을 탈환한 6명의 기쁨도 기쁨이거니와 세계 10위라는 위치도 새삼스런 감회를 주는 쾌거가 아닐 수 없다.

23회 올림픽은 과거로 지나가고 있다. 앞으로 4년 후를 내다보면서 몇 가지 반성이 따라야 하겠다.

첫째로 우리는 이번에 승리와 함께 너무 기쁜 나머지 통곡을 수없이 보아왔다. 물론 승리는 값진 것이다. 그러나 그렇기 때문에 통곡할 필요는 없다. 기쁨의 눈물을 보다 내면화하는 지성이 필요할 것 같다.

둘째로 우리 선수들이 세계의 기록에서 너무 먼 인상을 준 종목이 한두 가지가 아니다.

육상, 멀리뛰기, 수영, 사격, 역도, 승마, 체조, 사이클, 펜싱, 커누, 요트, 조정, 마라톤 등에서 우리와 세계의 거리가 큰 것을 이번에 실감하였다. 단순히 '하면 된다'든가 투혼만으로는 한계에 부딪힌다는 것도 이번에 절감하였다. 철저한 과학적 관리가 요청된다.

셋째로 부의 편중 현상을 들 수 있다. 아직도 허기진 배를 부여안고

운동을 계속해야 하는 현실을 가족들과의 인터뷰에서 우리는 피부로 느꼈다. 부의 분배, 안배를 위하여 더 일층 박차를 가해야 할 것이다.

넷째로 메달을 딴 선수에게 갈채는 보낼수록 부족함이 없겠으나 대부분 메달권에 진입하고도 운과 컨디션과 기량의 부족으로 메달을 따지 못했던 많은 어린 선수들, 특히 대전의 운이 나빠서 처음부터 탈락한 선수들에 대해서 당국과 국민의 배려가 너무도 미흡했다는 것을 크게 반성하지 않을 수 없다. 이번 참가하였던 선수의 대부분이 86, 88 올림픽에 참여해서 코치로, 또는 선수로 메달을 따낼 수 있는 자원이라고 하겠다.

물론 승부의 결과는 냉혹하지만 우리 사회에서까지도 이분법으로 대하는 사회의 분위기는 크게 시정되어야 할 것이다. 특히 어느 방송에서는 메달을 딴 가족만의 축하잔치는 눈에 크게 거슬린다고 하겠다. 이번 참가한 모든 선수와 지도자들이 다같이 노력한 성과로 보아야 할 것이 아닌가?

다섯째로 우리는 자진해서 우리의 모두를 세계에 보여줄 기회와 부담을 안았다. 세계와 역사 앞에 우리의 모든 것을 보여줄 시험대는 불과 4년밖에 남지 않았다. 가을이 세 번만 지나면 좋든 싫든 우리들은 세계 앞에 우리들 모두를 드러내지 않을 수 없다. 우리가 지녀온 전통철학, 비전을 보다 세련되게 가다듬어 내놓아야 하는 막중한 책임이 지어졌다.

메인스타디움을 비롯하여 각종 경기장, 주차장, 교통 시설 등은 일정한 투자로 가능하고, 또 이를 시한에 맞추어 진행하면 된다.

그러나 눈에 보이지 않는 국민의 자세, 손님을 맞는 태도, 일정한 질서, 명랑한 대인관계 등은 일조일석에 이루어지는 것은 아니다.

눈에 보이는 대상만이 아니라 눈에 보이지 않는 국민의식, 생활태도의 혁신에 보다 큰 성의를 다해야 할 것이다.

이번 23회 올림픽을 성공적으로 치른 뒤에는 미국민의 시민정신, L.A. 시민들의 눈에 보이지 않는 지원을 우리는 결코 가볍게 볼 수만은 없다. 남의 이목에 노출되었던 이들보다, 그늘에 가려서도 묵묵히 자기 관리를 해 온 이들의 영광을 우리는 크게 배워야 할 것이다.

다섯째로 근대화를 위하여 달리고 있는 우리에게는 24회 서울 올림픽이 큰 의미를 지닌다.

일본은 지금부터 20년 전 1964년 도쿄 올림픽을 계기로 하여 국가 사회를 선진으로 이룩시키는 데 그 매듭을 짓는 과업을 해냈던 것이다.

지금은 버젓이 우리 제품이지만 서구에 나가 비싼 로열티를 주고 선진국가의 제품으로 물건을 내어 보내는 경우가 허다하다. 그 이유는 국력이 약하고 아직 우리를 덜 신용하기 때문이다. 이러한 현실이 비단 생산계뿐만 아니라 복잡하게 얽히고설켜 있어, 이 모든 것을 이번 계기에 풀어야 하는 과제가 남아 있다.

4년 후 24회 올림픽을 계기로 모든 면에서 일단 마무리를 져야 하는 중차대한 시점에 와 있다.

운동선수는 선수대로, 코치는 코치대로, 정부는 정부대로 과학적이고 합리적인 방향으로 성실한 땀과 지혜를 퍼부어야 한다. 뿐만이 아니라 우리 국민 모두가 근대화의 하나의 마무리 단계를 맞아 주어진 환경에서 부지런히 달려야 할 것이다.

결국 말만으로는 애국애족이 가능치 못하다는 것을 이번 기회에 크게 깨달을 필요가 있다.

마지막으로 사람을 기른다는 사회적 분위기를 조성하는 일이다. 아마추어와 프로는 아주 다른 세계다. 아마추어는 아마추어대로 키우고 프로는 프로대로 키워야 한다. 이 둘이 혼돈될 때 서로가 퇴색되기에 이른다.

메달을 딴 선수에게 약삭빠른 광고를 시킨다든가, 각종 매스컴에서 경쟁하듯 프로를 방영하여 어린 선수들의 보다 자랄 수 있는 그릇을 더 못 크게 한다면 중차대한 과오를 범할 수도 있다.

의연히 주어진 여건에서 계속 투혼을 살려 자기를 발전케 하고 후배를 소신껏 키울 수 있는 사회적 여건이 절실하다고 하겠다.

　이미 프로로 전향한 선수들은 그들대로의 길을 가려니와 고독한 아마추어 전선에서 진격하는 지도자와 선수들을 물량으로 유혹하는 일은 크게 삼갈 줄 안다.

　한 사람을 길러내는 데는 거의 20년 이상이 걸린다. 그러나 물이 들려면 하루아침에 물들 수가 있다.

　주어진 재능을 마음껏 성실히 발휘하는 고고한 삶에 대하여 이를 밑받침해 줄 수 있는 정책적 배려와 아울러 사회적 분위기 속에서 기량은 크게 자랄 것이기 때문이다.

제 5 부

60고개에 서서 보는 행복

내가 고등학교 시절에는
60고개에 다다를 것을 미처 생각해 보지 못했지요.
마음은 그때와 별로 변한 것은 없으나
자식들이 이미 서른을 넘었고
그래서 결혼생활에 들어간 지도
분명 30여 년이 지났소이다.
이제 반백이 되어 60고개의 문턱에 서서 보니
지금은 일흔도 미리 짐작해서
생각해 볼 수 있게 되었고
또 '생의 끝'도 상상해 볼 수 있게 되었소이다.

이제 60고개에 서서 보는 행복은
과연 어떤 것이요.

평생 한길을 갔던 직장에서
정년퇴직을 하는 것이지요.
누구나 세월이 흐르면
퇴직을 하게 되어 있다고
대수롭지 않게 여기는 사람들도 있지요.
정년퇴직이야말로 아무나 할 수 있는 것이 아니야요.
또 어떻게 생각해 보면

선민중의 선민에게만 주어지는 특권이 아닐까 싶으이.
더욱이 건강한 몸으로
부부가 식장에서 함께 소담한 꽃다발을 받을 수 있는 축복이
어이 아무에게나 주어지는 것이겠소.

다시 60고개에 서서 보는 행복은
과연 어떤 것이요.

퇴직을 할 때 아직 둘째 그리고 막내가 있어 필혼은 못했어도 좋소.
그때에 적어도 개혼만이라도 시작했다면 그로 족한 것이지요.
그 뒤에도 계속 헌신하면 되는 것 아니겠소.

형제자매가 여럿이다 보면
항시 문제가정이 있게 마련이오.
어떻게 보면 지지 않아도 되는 짐을
자기만이 지게 되었다고 불만을 품을 때도 있으나
많은 사람들이 이에 대해 입을 꼭 봉하고 있소 마는
이런 짐을 지고 살아가는 사람이
그렇지 않은 사람보다
훨씬 더 많을 터라.

자식이 하나면 하나대로
어려움이 있게 마련이고,
몇이다 보면 기우는 쪽이 있어
또 번민에 부닥치게 되지요.
자식이 몇이 있으면
문제아가 하나는 끼게 마련인데
이 녀석 하나 안 낳으면 하련마는
많은 사람들이 한결같이 말은 안 해도
이런 짐을 지고 살아가는 사람들이
이런 짐을 안 지고 살아가는 사람보다

훨씬 더 많더라.

또다시 60고개에 서서 보는 행복은
과연 어떤 것이요.

신새벽 찬 대기를 가르며 산에 올라
생수를 길어 오는 것이외다.
비록 매일, 매주는 못 해도
가끔 생수를 등에 지고 오는 사람은
지극히 행복한 사람이지요.
생수를 길어 온다는 것은
자기와 가정을 누구보다 소중히 여기는
사람이기 때문이지요.
그 땀방울은 늙은이를 젊게도 한답니다.

혹 승진하면, 출세하면, 사업에 성공하면
과연 행복한 것인가요?

아니올시다. 아니올시다.
전연 그런 것이 아니올시다.

비록 아들, 며느리, 딸, 사위, 손자, 손녀와
함께 살지 않아도
언젠가 그때가 되면
항시 둘이 가서 누울 한 평의 공간만이 마련되어 있으면
결국 그곳 신세를 지지 않아도
그 부부는 행복한 삶을 영위한 징표가 아니겠소.
살다 보면 외기러기가 되는 것은 필수 조건이지요.
양로원에 들어가서 홀로 시들어져 간다고 해도
그이는 이 세상에 와서 그래도 제 할 일을 다 한 것이 아니겠소.

가끔 손자, 손녀들과 통역 없이 대화를 할 수 있고, 웃을 수 있고,
순간이나마 함께 지낼 수 있는 시간이 허락된다면
이 얼마나 큰 축복이 아니겠소.
새롭게 아해들이 진학할 때마다
할배, 할미의 정성을 담아서 전할 수 있는
작은 재력을 끝까지 갖고 있다면
이 또한 엄청난 행복이 아니고 또 무엇이요.

다시금 60고개에 서서 보는 행복은
과연 어떤 것이요.

영 이 세상을 떠날 때, 제 차례가 되면
그 기차를 타고 가는 것이지요.
뒤차를 한두 번 먼저 보낸 사람은
자기만이 불행을 당하고 있다고 믿고 있으나
혼자만이 당하는 일은 아니지요.
이 세상에는 너무도 그런 사람이 많소이다.
그러나 계속 뒤차만 앞서 보내고
자기만이 뒤쳐지면
그것이야말로 큰 환난을 맞는 것이지요.

이 모두를 고루 순서 있게 행하기 위해서는
물론 그 개인의 끊임없는 정성과 노력이 요청되어지오만
그러나 사람의 인력만으론
그 모든 것이 제대로 되어지는 것은 아니야요.
이 세상에 와서 씨를 뿌린 사람은
비록 하늘을 우러러 부끄러움이 없어도
큰 참회의 종장이 필요하답니다.
그래서 기도가 필요하지요.
먼저 간 조상님께,
천지신명께,

저마다 믿고 있는 저마다의 하나님께
조용하고, 간절하며, 간곡한
기도가 요청되지요.
이에 더하여 주위의 모두에게
참담한 이해에로 나아가야지요.
순간마다 이해하고 용서하고
또 이해하고 용서하며
결국 삶 전체가 기도로 승화되어지는 삶.
이 삶이 참 행복이 아니겠소.

華谷 徐明源 님을 보내오며

독립만세, 독립만세, 대한독립만세,
온 강토가 하나 되어
바다처럼 출렁이던
기미년에 오셔서 팔십칠 년,
오직 교육에 의하여 국권을 회복하고,
민족과 민족성을 고양하려고,
고난도 파란도 홀로 헤쳐나아가
우뚝 솟은 기념비적인 삶의 무게
예 있으니 華谷이외다.

님은 사람의 존엄을 제일의로 하고
저마다의 소질을 극대화하며,
모난 사람을 둥글게 하여
하나의 조화로 성사케 하는,
빼어난 성품과 능력을 지니셨기에,
교육행정의 수장자리를
고루 거치면서
뚜벅뚜벅 걸어간 자취
세월은 흘러도 그 자취 뚜렷하외다.

나라 잃은 시절에도

이날을 위하여 줄곧 준비하셨고
참혹한 학도징용공에 차출되었어도,
불사조처럼 다시 일어나
겨레의 광복을 맞으셨고
태평양을 건너 그 웅지를 다지고 나서
파란만장한 현대한국교육사의 첨단에서
天園과 함께 교육의 키를 잡으니
그래서 오늘이 있는 것이 아닙니까.

말년에는 빛나고 아름다운
교육의 골짜기를 지으려
교육개혁심의위원회를 진두지휘한 일은
우리들 교육자의 마음속 깊이에
기리 인각되어있나이다.
님이여! 이젠 보다 평안한 곳에서
영원한 안식을 누리소서.

天園頌

天園의 삶은 시들 줄 모르는 꽃이었다.
이 꽃은 산수유처럼 봄이 오는 길목에서
맨 먼저 피었고,

들꽃처럼 남이 보지 않는 곳에서
짓밟히고 내던져졌어도,
다시 일어나 그 자태와 품위를 지켰고,

라일락처럼 온몸으로
대기에 그 향기를 내뿜기 수십 년,
그렇게 하기를 여든일곱 해,

이 꽃의 지성으로
우리들은 어린이의 해맑고 때 묻지 않은
웃음소리를 듣게 되었고
주어진 시간에 충실하고 수월을 추구하는
숱한 젊은이를 갖게 되었나니
이로 인해 우리들 모두는 바야흐로
영광된 역사 창조에 돌입하게 되었거니
그러나 이 꽃은 우리와 너무도 너무도 멀리 있다.